JN116447

理念の経済倫理

——人権，アニマルウェルフェア，脱炭素——

山口　拓美著

創風社

はじめに

　今から三十数年前，銀行で働いていた頃のことですが，時々次のようなセリフを耳にしました。「銀行は慈善事業じゃあないからね」。環境問題に取り組んでいる企業に，優先的に資金を貸し付けるようなことはできないだろうか，というような文脈の中で出てきたセリフだったと思います。銀行は民間企業の中でも特に公共性の高い仕事をしているのですが，それでも株式会社である以上，やはり利益を上げることが第一目的です。特に，当時はバブル景気真っ盛りの世の中でしたので，日々の業務と環境問題や社会問題があまり結びつかなかったのかもしれません。

　しかし，近年は企業活動の様子がだいぶ変わってきています。多くの企業がSDGs（持続可能な開発目標）に取り組んでいます。かつて私が働いていた銀行も例外ではなく，取引先企業がSDGsに取り組む際，それをサポートする業務も行っているようです。日本政府がSDGsを推進していますから，企業としてもこれに取り組む姿勢を示す必要があるのかもしれません。また，近年の変化にはESG（環境，社会，企業統治）投資の普及という要因もあると思います。企業が気候変動対策に非協力的であったり，人権侵害に無関心であったりすると，投資家の評価が低くなり，資金調達に難が生じたり，資金を引き揚げられてしまったりすることがありえます。企業としては株主価値の向上や円滑な資金調達のためにも環境問題や社会問題への対応が求められるようになっているわけです。

　もちろん現在でも株式会社の活動は「慈善事業」ではありません。しかし，かつてはこの言葉に含まれていた領域の一部が，今では

企業の関心の中に入り込んできているように思われます。経済の象徴ともいえる一万円札の顔に渋沢栄一が選ばれたことも，このようなビジネス観の変化を反映しているといえるかもしれません。渋沢栄一は数多くの企業を設立し，日本資本主義の父と呼ばれる一方，「利用厚生と仁義道徳の結合」を唱え，慈善事業にも熱心に取り組んだ実業家でした。彼の『論語と算盤』は100年以上にわたって広く読み継がれてきた名著ですが，近年，改めて注目されています。倫理道徳と調和した新しい資本主義を構想する際，大きな示唆を与えてくれるからであると思われます。

　しかしながら，渋沢栄一が依拠した『論語』と現代のESGの背景にある倫理観との間には，少なからず懸隔があるようにも思われます。ESG投資は国連の責任投資原則から出てきたものですが，初めにこれが普及したのはヨーロッパにおいてでした。もともと環境や人権に対する関心が高いヨーロッパで広がり，その後，日本でも行われるようになった投資手法です。ですから，ESGの文脈で語られる「人権」については，ヨーロッパのカラーが強く出ているように思われます。その一方，現代ヨーロッパの人権概念は，東洋の伝統的倫理観と必ずしも調和し得る性格を持っているとはいえません。儒教的な社会観や家族観は，欧米的な個人主義やジェンダー平等の考え方と少なからず相違しているように思われます。そしてもしそうであるとすれば，SDGsやESGに取り組む際，私たちはもはや『論語』だけに依拠して企画書を作成することはできません。渋沢栄一に学ぶことよりも，欧米で流行している倫理思想や政治思想を勉強し，先進的な欧米の制度や運動を模倣することが何よりも必要であるといえるかもしれません。

　とはいえ，明治維新から150年以上たった今日ですら，欧米諸国の社会と日本社会との間には大きな違いがあります。日本は長い歴史と独自の文化を持っているわけですから，違いがあるのは

むしろ当然だといわなければなりません。そしてこの相違を作り出している思想的要因として，儒教倫理の影響力を見逃すことはできません。社会は様々な政治的，経済的，文化的出来事の歴史的な積み重なりの上に存立しています。私たちが日本の社会制度や慣行の中で生活し，日本語でものを考えているかぎり，かつて支配的であった儒教や仏教の倫理から全く自由であるということはできません。ESGに着目して日本の資本主義を多少なりとも倫理に適ったものに変えていこうとする場合，伝統的倫理思想に何の言及もせずに済ますことは不可能であると思います。ですから，資本主義と倫理というテーマで研究を進める際，はじめに渋沢栄一に遡ってみるのは自然なことであるといえます。本書でも，まず渋沢栄一の「利用厚生と仁義道徳の結合」という思想に学び，その精神に基づいて，人権，アニマルウェルフェア，脱炭素といった倫理的な理念と経済との関係を考察することにしたいと思います。

　人権，アニマルウェルフェア，脱炭素。これらは欧米で生まれ，欧米で育まれた倫理的な理想あるいは理念です。私たちは日本の経済社会を持続可能で倫理に適った構成に変えるために，これら欧米起源の理念を受容する必要があります。しかし，欧米とは異なる伝統を持つ社会では，これらの理念を実現するのは簡単なことではありません。また，欧米による理念の押し付けに対しては，「帝国主義的」であるとして反発する声が以前から少なくありません。本書は，人権，アニマルウェルフェア，脱炭素の理念に付随する欧米中心主義に着目し，これに対する批判に多くのページを割いています。また，古い伝統的な慣行や習慣や規範にも合理性があることを論じています。しかし，それでもやはり，これらの理念を受け入れ，現代的な意味での「利用厚生と仁義道徳の結合」を図ることが必要です。このことを本書では示したいと思います。

目　次

はじめに　3

序章　資本主義と倫理　13
　　（1）渋沢栄一の思想：利用厚生と仁義道徳の結合　13
　　（2）「利用厚生」の原義　15
　　（3）現代社会における「利用厚生」　17
　　（4）欧米発の倫理的理念と日本の伝統的倫理　19
　　（5）本書の特徴と概要　23

第1章　資本主義の倫理の歴史的背景　29
　第1節　大西洋奴隷貿易とその廃止　29
　　（1）大西洋奴隷貿易　29
　　（2）奴隷制廃止とモラル資本　32
　第2節　キリスト教禁止と日本の伝統的社会倫理　35
　　（1）儒教と仏教による政治　35
　　（2）忠臣蔵と忠犬ハチ公と教育勅語　38
　第3節　渋沢栄一とフランスの経済思想　43
　　（1）若き渋沢栄一の経済思想　43
　　（2）フランスでの渋沢栄一　46
　　（3）サン＝シモン主義の経済思想　51
　第4節　奴隷制と人権の理念　54
　　（1）サン＝シモン主義と渋沢栄一の相違　54
　　（2）人権宣言とハイチ革命　57
　　（3）奴隷制の廃止と工場法の制定　59

第2章　雇用慣行と人権　　65
はじめに　　65
第1節　奴隷労働と自由労働　　67
　（1）自由労働としての賃金労働　　67
　（2）自由労働の倫理学　　71
第2節　日本型雇用慣行　　74
　（1）日本型雇用慣行と儒教倫理　　74
　（2）儒教倫理の衰退とブラック企業の出現　　80
第3節　日本型雇用慣行の今後を考える　　84
　（1）伝統主義的な見解　　84
　（2）近代主義的な見解　　91
　（3）コロナ後の視点　　100

第3章　アニマルウェルフェアの理念と日本の伝統　　113
はじめに　　113
第1節　欧米の産業動物福祉と動物倫理　　116
　（1）アニマルウェルフェアの理念とその歴史的背景　　116
　（2）欧米の動物倫理思想　　127
　　1）功利主義の動物倫理理論——ピーター・シンガー　2）
　　義務論の動物倫理理論——トム・レーガン　3）徳倫理学
　　の動物倫理理論——マーサ・ヌスバウム
第2節　日本の動物保護をめぐる倫理と政治経済　　139
　（1）豊臣秀吉の時代　　139
　（2）江戸時代　　143
　（3）明治以降　　148
　（4）日本の伝統的動物倫理　　153
第3節　EUアニマルウェルフェア政策の日本における妥当性
　　　　を考える　　164

（1）EU基準の導入に反対する見解　164

（2）EU基準の導入に賛成する見解　172

（3）コロナ後の視点　180

第4章　公害と脱炭素　195

はじめに　195

第1節　高度経済成長と水俣病　198

（1）江戸の循環システム　198

（2）水俣病　201

（3）水俣病の倫理学　208

（4）水俣病と日本の伝統思想　216

（5）公害裁判と革新自治体　219

第2節　脱原発と脱炭素　221

（1）公害から気候変動問題へ　221

（2）新たな公害としての原発事故　223

（3）脱原発か脱炭素か　230

（4）気候ショック　234

（5）脱炭素のための諸手段　238

（6）カーボンプライシング　240

（7）環境税としての肉税　245

第3節　肉税をめぐる諸論点　248

（1）肉税に賛成する見解　248

（2）肉税に反対する見解　255

（3）コロナ後の視点　259

第5章　倫理的理念と政治経済　269

第1節　奴隷制廃止と人権の理念　269

（1）人間社会と理念　269

（2）アメリカ独立宣言と奴隷制　　270

（3）奴隷貿易廃止の理念と帝国主義　　274

（4）日本での奴隷船裁判　　278

（5）現代の強制労働問題　　280

（6）ビジネスと人権　　282

（7）人権の理念をめぐる東西の相違　　285

第2節　アニマルウェルフェア，脱炭素，理念帝国主義　　288

（1）アニマルウェルフェアをめぐる贈収賄事件　　288

（2）アニマルウェルフェアへの政権政党の対応　　293

（3）脱炭素への対応　　297

（4）理念による帝国主義　　301

第3節　日本発の普遍的な倫理的理念　　307

（1）人種差別撤廃提案　　307

（2）渋沢栄一の尽力と原敬の正義　　310

（3）倫理的理念を掲げることの意義　　314

（4）理念の波及効果　　317

引用文献　　322

あとがき　　334

理念の経済倫理
——人権，アニマルウェルフェア，脱炭素——

序章　資本主義と倫理

（1）渋沢栄一の思想：利用厚生と仁義道徳の結合

　日本資本主義の父といわれる渋沢栄一は，『論語と算盤』の中で次のようなことを述べている。

　我が国は西洋文明を輸入することで大いにその恩恵に浴したが，一方で「世界的害毒の流入」も許してしまった。「かの幸徳一輩が懐いていた危険思想のごときは，明らかにその一つ」であって，「あれほどの悪逆思想はいまだかつて無かった」（渋沢 2008，142 頁）。

　ここで渋沢が言及している「危険思想」は，社会主義ないし無政府主義のことであると考えられる。「幸徳一輩」の代表である幸徳秋水は，堺利彦とともに日本で初めて『共産党宣言』を翻訳出版した人であるが，その後，無政府主義へと傾斜していった。1911 年に大逆罪で処刑された 12 名の中では最も著名な「危険思想」家であった。

　渋沢は，このような「危険思想」の侵入を許してしまう社会的要因として実業家の利己主義を挙げ，次のように記している。

　　今日のいわゆる実業家の多くは，自分さえ儲ければ他人や世間はどうあろうと構わないという腹で，もし社会的及び法律的の制裁が絶無としたならば，彼らは強奪すらしかねぬという，情ない状態に陥っている。もし永くこの状態を押して行くとすれば，将来貧富の懸隔は益々甚だしくなり，社会はいよいよ浅間しい結果に立ち至ると予想しなければならぬ。（同上 144 頁）

　渋沢は，実業家による私利私欲の追求が社会を不健全にし，そうした社会状況が「危険思想」の温床になると憂慮した。実業家はむしろ社会を強健にし，「危険思想」の病毒を寄せ付けないようにすべきであって，その方策として渋沢が提唱するのが「利用厚生と仁義道徳の結合」（同上 143 頁）である。

　　この際われわれの職分として，極力仁義道徳によって利用厚生の道を進めて行くという方針を取り，義理合一の信念を確立するように勉めなくてはならぬ。（同上 145 頁）

　実業家が仁義道徳に則して利用厚生を進めていくならば，その社会は頑健となり，たとえ「危険思想」という疫病に遭遇したとしても，免疫力の高い健全な社会はそれに侵されることはないであろう，というのである。

　このような渋沢の見解は，現代においても有効であるだけでなく，その説得力をさらに強めていると思われる。いうまでもなく現代社会において「貧富の懸隔」は世界的にますます甚だしくなっており，世界には新たな「危険思想」が浸透しつつある。「幸徳一輩」のテロ事件は計画の段階で終わったが，21 世紀以降の現代では種々のテロリズムが繰り返し実行されており，その推進力として原理主義的な過激思想があるとされる。かつて幸徳を捉えた社会主義は，歴史の風雪の中で角が取れ，穏当な福祉国家思想の一種になったが，他方で，もっと古くからあった宗教や自民族中心主義や人種差別主義等が「貧富の懸隔」を背景として過激化し，新たな危険思想として社会を侵食しつつある。また，気候変動という渋沢の時代には存在しなかった脅威も深刻化している。これも「自分さえ儲ければ他人や世間はどうあろうと構わない」という利己的経済活動に起因する問題である。国連は 2030 年までの達

成目標として SDGs（持続可能な開発目標）を掲げているが，そこで強調されているのも貧困や不平等の解消，そして環境保全である。現代においては利用厚生と倫理道徳の結合が，より一層必要とされるようになっているのである。

（2）「利用厚生」の原義

ところで，渋沢が問題としている利用厚生とは，そもそもどのようなことであろうか。渋沢は『論語と算盤』の中で「生産殖利」（2008, 141 頁）という語も用いており，こちらは一見してその意味するところを理解し得るが，利用厚生の方はそうでもない。生産殖利は資本主義的生産の本質を言い当てた直截的な語として受け取ることができる一方，利用厚生という語には経済活動についてのもっと普遍的な意味合いが含まれているように見える。そこで，まず，この語の来歴を初出文献に遡って見ておくことにしたい。

「利用厚生」は中国の古典である『書経』の中に現れる語である。『書経』は『尚書』とも呼ばれ，もっと古くは単に『書』とも呼ばれた最古の古典であり，古代の伝説的な君主である堯，舜，禹についての記述から始まる。堯は舜に帝位を禅譲し，舜は禹に帝位を禅譲するが，「利用厚生」は舜と禹との対話の中で，禹によって次のように語られる。

　　徳惟善政，政在養民。水火金木土穀惟修，正徳利用厚生惟和，九功惟敍，九敍惟歌（小野沢 1985, 363 頁）

この漢文の意味するところについて，まず，漢学の専門家の解釈を見てみよう。小野沢精一（1985）は，「正徳利用厚生」の語釈として「人の徳を正すこと，それをもとにして，物の利用の円滑と生活の豊かさとを図ること」（365 頁）と記すとともに，上の漢

文を次のように訳している。

　帝の徳とは政治をよくしていくことですし，政治とは人民を養っていくことです。それには，水・火・金・木・土・穀という生活のもとになる材料の六府がよくととのうようにし，一方その上に立って人間自体の徳を正しくすること，財貨の利用を円滑にさせること，人民の生活の豊かさを図ることの三事が調和をえて行われるようにし，この九つの仕事がみな順調に運ぶと，その九つの順調さが歌にたたえられるまでになります（同上364頁）

　また，野村茂夫（1974）は同じ文をより多くの言葉を用いて次のように訳している。

　帝王の徳は，個人としての善行に限られるのではなくて，民に善政を施すのも王者の徳であります。その政治の目的は，民の生活を豊かに養うことにあります。水火金木土と穀物の六者は，万物の生きてゆく基礎となるものでありますが，これを過不足なくあんばいしなくてはなりません。そのうえ，教育によって民の徳を正すこと，道具を作り，物品を流通させて民の生活を便利ならしめること，衣類・食糧を豊富にし不足なからしめること，この三つのことを円滑におこないます。前の六者とこの三つ，合わせて九つが順調に人々の間にゆきわたると，民はその九者の恩恵を讃えて歌いましょう。（48頁）

　ここから，われわれはまず「正徳利用厚生」が，正徳と利用と厚生の「三事」あるいは「三つのこと」に分けられる用語であることを知ることができる。そして，「利用厚生」の意味としては，

物流を円滑にし利便性を高めること，生産を振興し生活を豊かにすること，といった殖産興業を内容とするものであることも分かる。さらに，舜と兎の対話というそもそもの文脈から，われわれは「利用厚生」が，個々人による利殖の追求といったことではなく，国を統治する者が行うべき施政方針として提示されているということも理解できる。つまり，元来「利用厚生」とは，私利私欲を追求する利己心の領域の概念ではなく，経済社会全体の発展を希求する公共心の領域に属する概念なのである。

（3）現代社会における「利用厚生」

しかしながら，魅力的な響きを持つ言葉というものは，その元々の文脈から切り離されて独り立ちし，異なった文脈で使用されることがある。「利用厚生」もその例外ではないのであって，例えば1930年代の日本資本主義論争で著名な平野義太郎（1949）は，この語を次のように使用している。

　　カルテル化し独占産業化せる独占資本が，かかる農村の半隷農的土壌，また，そのうえにのりかかる苛重な租税のために困窮する貧農家から流出しつつある労働力のみならず，総括して，独占資本主義機構における半封建的生産関係を系統的に全面的に利用厚生しているのである。（167-168頁）

平野義太郎や山田盛太郎に代表される講座派マルクス経済学者は，戦前の日本資本主義の基本的性格を「半封建的」と規定したが，平野はここで，日本社会に色濃く残存する封建主義的主従関係を資本家階級が自分自身の利益のために無遠慮かつ徹底的に利用していることを指摘している。つまりここでの利用厚生は，英語で言えばexploitationのことであって，利己的利用あるいは搾取で

ある。上で見たように，渋沢栄一は「利用厚生」が私利私欲によって行われていることを嘆き，「利用厚生と仁義道徳の結合」を主張したのであるから，渋沢の用法が正しいとするならば，このような平野の使用法も全くの間違いとはいえないのであって，むしろ当時の実態に合致していたということになるであろう。

　経済学では，「厚生」という語は welfare の訳語として使用されている。日本語で「厚生経済学」といえば，それは welfare economics のことである。この経済学によれば，市場における売り手と買い手は自分自身の「厚生」にしか関心がないが，市場価格に基づいた彼らの行動は消費者余剰と生産者余剰の合計を最大にし，結果として総「厚生」を最大にする。マンキュー（2019）は，この理論の事例研究として臓器市場を取り上げ，腎臓の売買を自由化すべきことを論じている（200-201 頁）。これによって効率的な資源配分が実現し，「厚生」が最大化されるというのである。しかし，腎臓市場が自由化された場合，主な売り手は貧しい人々になるであろうから，腎臓の買い手は貧富の格差を「利用」して自分自身の「厚生」を高めることになるであろう。このような「利用厚生」は，臓器売買に反対する人々からは exploitation すなわち搾取と言われてきた社会現象である。

　このように，現代では「利用厚生」という語を目にしたときに我々が思い浮かべるイメージは，公益のために為政者が執り行う経国済民政策というよりはむしろ，私的な厚生の最大化を求める経済行為，私益のために他者を利用する利己的活動に近いものになるのが自然であるように思われる。現代社会では「利用厚生」の「厚生」は，「公益」ではなく「私益」あるいは「自己利益」になっているのである。

　実際，バブル崩壊後の日本では，市場での自己利益の追求が推奨され，市場競争で勝者となることが露骨に奨励されるようになっ

た。小渕恵三内閣総理大臣の諮問機関であった経済戦略会議は「過度に平等・公平を重んじる日本型社会システム」を否定し，「市場原理を最大限働かせる」ために必要な構造改革を実行するよう訴えた（竹中 1999，210 頁）。2000 年代になると，実際にこのような考え方に基づく構造改革が実行に移され，市場で攻撃的に自己利益を追求し，抜け目なく富を獲得する人々が目に付くようになった。2008 年に起きたリーマン・ショックの後も，富裕層の自己利益に対する欲望は衰えず，2012 年から 2020 年まで 8 年近く続いたアベノミクスの期間にも，「貧富の懸隔」は拡大し続けたのである。

（4）欧米発の倫理的理念と日本の伝統的倫理

とはいえ，すでに触れたように，一方ではこうした利己主義の流れに反対に作用する力も働きつつある。SDGs（持続可能な開発目標）はその代表的な国際的運動であるが，それ以前からもフェアトレードや倫理的（エシカル）消費，社会的責任投資といった運動があり，また近年では ESG（環境，社会，企業統治）に着目した投資手法が定着するようになった。このような動きは，渋沢が唱えた「利用厚生と仁義道徳の結合」という理念と共通する部分を多く持つように思われる。渋沢は商業の真の目的は「自他相利」（2008，251 頁）にあると述べたが，例えばフェアトレードは，コーヒー等の消費者が，発展途上国の零細な生産農家の厚生に配慮して公正な価格で商品を購入するというもので，「自他相利」の精神に即しているといえるであろう。

しかしながら，もちろんフェアトレードは欧米で生まれた運動であり，渋沢が信奉する儒教倫理を背景としているわけではない。この運動は，キリスト教の慈善活動の一環として始まったといわれており（渡辺 2010，32 頁，畑山 2016，103-104 頁），その後も

キリスト教文化圏を中心に発展してきている。古くから儒教文化圏に属してきた日本にとって，フェアトレードの考え方は馴染みが薄いといえるかもしれない。また，エシカル消費や社会的責任投資，ESG 投資も事実上欧米起源の運動ないし活動であり，キリスト教文化と無縁ではないように思われる。SDGs についても，それが 2015 年の国連サミットで導入されたという経緯から分かるように，日本社会の中から自発的に出て来たものではなく，国連という特別な国際機関が決定した目標である。日本の市民や企業にとってこの目標は，外から提供される情報を消化した上で何らかの対応をとらなければならない一種の宿題のようなものとして意識されてきたのである。

　このように，渋沢が唱えた「利用厚生と仁義道徳の結合」という理念は重要だが，グローバル化が進展した今日では，「利用厚生」の部分だけでなく「仁義道徳」の部分にもグローバル化の波が押し寄せている。かつて 19 世紀に日本が近代化の大波に直面したとき，明治の先人たちは「和魂洋才」の方式でその波に乗ることができた（森嶋 1984，78 頁）。渋沢は，これを実践した代表的な人物の 1 人であったということができるであろう。しかし，現代の「利用厚生」と結合すべき倫理道徳ということになれば，渋沢の時代とは違って，それを伝統思想にのみ見いだすことは困難である。SDGs と ESG 以降の時代には，欧米で生まれ欧米で育まれた倫理思想や倫理的理念を忌避し続けることはできない。むしろそれらと向き合い，その普遍的な内実を改めて受容し直す必要があるように思われるのである。

　しかし，欧米の倫理学については，渋沢は次のように述べている。

　　欧米にも倫理の学は盛んである。品性修養の声も甚だ高い。しかし，その出発点が宗教によりて，わが国の民性と容易に一

致しがたき所がある（渋沢 2008，265 頁）

　ここでいわれている「宗教」はキリスト教のことであると考えられる。確かに欧米の有力な倫理学にはキリスト教を出発点とするものがあり，特に「品性修養」を重視する欧米の倫理学説にこのことが当てはまる。この倫理学は徳倫理学とよばれ，アリストテレスの倫理学をその土台としている。欧州ではアリストテレス哲学はキリスト教ローマ・カトリック教会の教義と融合したことにより特別な地位を得ている（加藤・児玉 2015，333 頁）。それゆえ，渋沢のような 19 世紀の東洋人の眼から見て，欧米の倫理学がキリスト教と切り離しえない倫理の学であるように見えたとしてもおかしくはない。そして，もしそうであるとすれば，渋沢がいうように，欧米の倫理思想は「わが国の民性と容易に一致しがたきところがある」といえるかもしれない。というのは，日本ではある時期にキリスト教が徹底的に弾圧され根絶されたという歴史的事実があり，この歴史的出来事の影響が渋沢の時代のみならず現代においても残存していると考えられるからである。

　かつて江戸幕府はキリスト教を根絶するために，ほぼすべての家族に仏教寺院の檀家となることを求めた。これにより，すべての日本人に共通する倫理は仏教によって提供されたといえるが，一方，武士をはじめ豊かな農民や商人は儒学を学んだ。江戸時代末期に富裕な農家に生まれた渋沢栄一が学んだのは漢学であり，それによって武士身分に成り上がろうとしたのであった（渋沢 2008，84 頁）。つまり江戸時代の日本では，幕府が仏教と儒教をキリスト教の敵対者の位置に置き，これらを用いてキリスト教を根絶したが，その過程で日本的な社会倫理が形成され，これが「わが国の民性」を構成する大事な要素となったのである。

　また，この約 250 年続いた江戸時代の間に，日本と西欧の国々

は全く異なる経験をすることとなった。江戸幕府が鎖国政策を続ける一方，イギリスをはじめとする西欧諸国はグローバルな商取引を発展させていった。次章で見るように，この歴史的経験の相違が，それぞれの国の経済倫理にも大きな影響を及ぼしている。これまでのところ，欧米と比べて日本ではフェアトレードが広く浸透することはなかったが，その理由の一つに，このような歴史的経緯の相違があると推察される。倫理や道徳は長い歴史の中で形成され蓄積されてきたものであって，礼儀作法を見れば明らかなとおり，そう簡単に変わるものではない。伝統の力は思いのほか強靭である。欧米起源の倫理的理念を受け入れる際，日本では伝統的倫理思想との摩擦や相克が生じることになるが，それはむしろ当然であるというべきであろう。

　いうまでもなく，現代の日本社会はかつての鎖国時代とは異なり，欧米の思想や理念の流入を意図的に防ごうとしているわけではない。それでも，伝統や歴史的経緯の相違のため，欧米起源の理念が日本の経済社会の中で容易には実現されないということがある。このような場合，欧米の政府が日本政府に圧力をかけてくるということが以前からあったが，近年では欧米の機関投資家が株式市場や株主総会などを通じて日本企業に対しジェンダー平等や脱炭素を求めるという動きが目立っている。株式市場と株主総会は現代資本主義の中核を成す場であるから，ここを通じた投資家の要求は無視しえない力を持つ。フェアトレードの場合は日本人消費者にはあまり根付かなかったということで話を終えられるが，ESG投資については，事情は全く異なってくる。理念の正しさに金融の力が加われば，それは企業に対して1つの強制力として作用する。日本の企業と社会は，欧米人が押し付けてくる理念に対してどのように向き合うべきか，対応を迫られているように思われる。欧米起源の理念をそのまま受容して制度や慣行の欧米

化をさらに進めるのか，あるいは日本の伝統と実情を踏まえつつ
「利用厚生と仁義道徳の結合」に改めて取り組むのか，議論の余地
は大いにありそうである。

（5）本書の特徴と概要

　本書のテーマは経済と倫理であるが，このテーマに関する種々
の論点の中でも特に，人権，アニマルウェルフェア，脱炭素とい
う欧米で生まれ欧米で育まれた倫理的理念と経済との関係を取り
上げる。これらの理念が欧米起源であることは，アニマルウェル
フェアを見ると最も明確である。この語には「動物福祉」という
立派な訳語があるにもかかわらず，農林水産省はアニマルウェル
フェアというカタカナ表記を好んで用いている。これによって，
これが外来の理念であることを強調したいようにも見える。日本
の畜産関係者はアニマルウェルフェアの日本への浸透をあまりに
危惧したため，2018年に農林水産大臣を巻き込む贈収賄事件を引
き起こしている。欧州から流入する理念に対して日本社会が適切
に対応できなかった事例といってよいと思われる。アニマルウェ
ルフェアは，畜産物生産の在り方を動物の習性に則したものにし
ようとする科学および倫理であり，ESGの中にも取り入れられて
いる（水口2017，168-174頁）。しかし，アニマルウェルフェアの
倫理は日本の伝統的動物倫理とかなり異なる要素を持っており，
おそらくこのことが汚職事件の背景の1つになっていたのではな
いかと推察される。アニマルウェルフェアは日本では人気の高い
テーマとはいえないが，欧米起源の理念が日本社会の中で引き起
こす文化的および経済的摩擦の性格を把握するためには大変よい
題材である。このため本書ではこの項目に多くのページが割かれ
ている。

　脱炭素は気候変動問題に対応して1980年代後半以降に出てきた

理念である。この理念は，アニマルウェルフェアや人権の理念とは異なり，日本の伝統的な倫理思想と相克するような特性は持っていない。しかし，アニマルウェルフェアや人権の理念に随伴する1つの重要な要素が，脱炭素をめぐって特に鮮明に現れている。それは，西欧諸国による理念と国際基準の帝国主義的ともいえる一方的な押し付けである。アニマルウェルフェアについては，イギリスやEU（欧州連合）は早くからこの政策を進め，自国内の体制を整えた後，OIE（国際獣疫事務局）という国際機関を通じて自分たちが決めたルールを国際基準として全世界に拡げようとしている。同じように，脱炭素についても西欧諸国は早くから対策を進め，炭素税や排出量取引などの制度を整備し，EV化や再生可能エネルギーの開発を進めつつ，自分たちが決めたタクソノミーとルールを種々の国際会議や炭素国境調整措置などを通じて全世界に遵守させようとしている。こうした動きには先進国としての責任を果たすという道義的な面もあるとはいえ，これによって先進国としての優位な地位を保持しようとする計算高い面もあるように思われる。というのは，新たな理念を考案して世界に輸出し，この理念を実現するための国際基準を自己の都合に合わせて設定することに成功すれば，西欧諸国はこの領域で優越的な地位を確保することができるであろうからである。

　倫理的に正しい理念がこれを実行する国に政治経済的利益をもたらすことは，19世紀のイギリスの例によって示されている。イギリスは，キリスト教のクエーカーや福音派に主導された市民運動を経て，1807年に奴隷貿易廃止法を，1833年には奴隷制廃止法を議会で成立させた。イギリスは大西洋奴隷貿易で最も利益を得た国の1つであったが，奴隷貿易廃止後はこの廃止主義（abolitionism）を世界に輸出することで，むしろ道徳的威信を高めることとなった。奴隷貿易廃止という理念の下，イギリス海軍

は奴隷船を拿捕し奴隷を解放するという正義の行使者として振舞うことができた。しかもこれは道徳的に余りにも正しい理念であったため，他国への軍事侵攻と植民地化をも正当化することができた。19世紀に起きたアフリカの分割には，奴隷貿易を廃止しアフリカを文明化するという高邁な理想が大きな役割を果たしたのである。

　倫理的な理想あるいは理念を掲げ，その実現のために力を傾けることは，しばしば「現実主義者」の冷笑の対象となる。しかし，実際のところ，理念の力は強力であって，「現実主義者」もいつの間にか理念の影響下に置かれてしまうことになる。アメリカ独立宣言の自由と平等の理念は奴隷制と矛盾していたが，南北戦争を経て奴隷制は廃止され，これを実現したリンカーンは歴代合衆国大統領の中でも最も尊敬される人物の1人となっている。そしてアメリカは現在，『人身取引報告書』や『国別人権報告書』を公表して人身売買や強制労働が行われている国を批判し教導する立場に立っている。一方，日本は欧米で行われたような奴隷貿易や奴隷制には関与しなかったにもかかわらず，人身売買や強制労働を適切に取り締まっていないとしてアメリカから指導される立場に立たされている。倫理的な理念を掲げ，これを実現した国は，道徳的な権威と政治的な優越性を獲得し，そこから経済的な利益をも引き出すことができる。彼らは，その領域で，国際的な基準やルールを自国の事情に合わせて作り出し，他国に対してその遵守を求め，違反者に対しては経済制裁を科すことができるのである。

　イギリスは2015年に「現代奴隷法」を導入し，自国で一定規模以上の事業を行う企業に対して，奴隷労働や強制労働，人身取引が行われていないことを確認するよう求めた。これは自社内だけでなく，サプライチェーン上にも及ぶもので，企業は事業活動から強制労働等を排除するための措置を講じているか否かを公表し

なければならなくなった。このような取り組みは人権デュー・ディリジェンスと呼ばれるが，日本企業もイギリスで事業を行うかぎり，この「現代奴隷法」に従うことになる。もし仮に，ある日本企業が外国人技能実習生を虐使する企業と取引関係にあることが分かったとすれば，その企業は，取引先の人権状況を改善しないかぎり，イギリスで事業活動を続けることが困難になる。しかも，人権デュー・ディリジェンスを法制化する動きは欧米諸国で広がっている。日本で行われてきた滅私奉公的な長時間労働やサービス残業，外国人技能実習制度は，欧米諸国が掲げる人権の理念とますます合致し難くなっているといえる。

　とはいえ，ここで改めて考えてみると，イギリスやアメリカのいう強制労働は，それが日本で行われているものである場合，本当に強制労働なのかという疑問も残る。英米のように過酷な黒人奴隷制を実行した国々で言われる強制労働とそれを経験しなかった日本で思念される強制労働との間には，概念上の差異あるいはズレがあるといえるかもしれない。例えば日本的雇用慣行の中で普通に行われてきたサービス残業，すなわち時間外手当不払いの時間外労働は，無償労働であるがゆえに，英米の人権基準で見れば強制労働であろう。しかし，サービス残業は昭和時代以来，大企業や官公庁で当然のように行われてきたものであり，現在でも程度の差こそあれ維持されている。英米基準で見れば強制労働であり人権侵害にあたる現象が，日本基準で見れば倫理的に問題のない，場合によっては道徳的に望ましい労働慣行として現れることがある。日本の外国人技能実習制度はアメリカの『人身取引報告書』で強制労働の温床として非難されてきた制度であるが，この制度が抱える問題の背景にもこのような労働慣行あるいは雇用慣行の相違があるといえるかもしれない。そしてもしそうであるとすれば，英米が強制労働として批判する労働形態は，英米とは

異なる歴史と文化を持つ国においては倫理的に妥当な慣行であり，むしろ英米による批判は，独善的で帝国主義的な内政干渉であるという議論も成り立つかもしれない。少なくとも，英米と日本とでは労働に関わる倫理が異なっていたことは確かであり，この差異を英米基準に合わせて解消すべきなのか，あるいは日本の独自性を今後も保持すべきなのか，こうした点を改めて論じる必要があると思われる。そして，このような事情は，すでに触れたアニマルウェルフェアと脱炭素についても当てはまる。欧米発の理念を受容することの是非について，改めて議論してみる必要があるのである。

　そこで，本書では第2章から第4章で取り上げる各テーマについてディベート風の節を設けてある。すなわち，雇用慣行，アニマルウェルフェア，脱炭素に関わる論題のそれぞれについて，相反する2つの立場の見解をディベートの立論のように提示している。また，新型コロナウイルス感染症のパンデミックを通じて浮き彫りになった側面を「コロナ後の視点」として付け加えてある。

　本書は，現代の「利用厚生」と結合させるべき「仁義道徳」の内容を検討しようとするものであるが，そのためにはまず，欧米の資本主義に付随する倫理と日本の伝統的な経済倫理の内容を把握しておく必要がある。これらの倫理は古代以来の長い歴史のなかで形成されてきたものであるが，経済倫理という点でとりわけ重要なのは日本の江戸時代とその前後数十年に凡そ対応する時期の状況である。この時期に，西欧では自由と人権の理念が，日本では伝統的な倫理思想が人々の間に深く浸透したと考えられる。このため次章では，16世紀以降に起こった歴史的出来事の幾つかを，本書のテーマに関連するかぎりで，やや詳しく振り返ってみる。特に，大西洋奴隷貿易とその諸帰結は，現代の資本主義の前提ともいえる自由と人権の理念の歴史的土台となっていることから重

要である。日本は，南北アメリカおよびカリブ海諸国の奴隷制に関与せず，奴隷制廃止のために議会や戦場で人々が戦ったという経験を持たない。イギリスやアメリカ，フランスの資本家階級は，奴隷貿易と奴隷制の廃止に取り組まざるをえなかったが，日本の資本家階級にはその必要がなかった。この歴史的事実が持つ現代的意味を，渋沢栄一の半生を振り返ることを通じて考察するとともに，欧米社会が生み出した人権の理念について改めて理解を深めることとしたい。

第1章　資本主義の倫理の歴史的背景

第1節　大西洋奴隷貿易とその廃止

（1）大西洋奴隷貿易

　大航海時代に日本にはじめて鉄砲を伝えたのは，種子島に漂着したポルトガル人であったといわれている。1543年のことである。この時期に，ポルトガルはすでに世界規模で奴隷貿易を始めており，これにオランダやイギリス，フランスなどの西欧諸国が続いた。ポルトガル人は日本にヨーロッパの物品やキリスト教を伝えたが，他方で日本人を奴隷として購入し海外で販売するということもしていた。豊臣秀吉は日本人の売買を禁止しようとしたが，ポルトガル商人らによる日本人の輸出は徳川秀忠の時代まで続いていたようである（下重2012，208頁）。しかし，1639年にポルトガル船の来航が禁止され，鎖国政策がほぼ完成されるに至り，日本は世界的な奴隷貿易の体系から離脱することになる。

　一方，1655年にスペインからジャマイカを獲得したイギリスは，本格的に奴隷貿易に乗り出し，やがてポルトガルと並ぶ最大の奴隷貿易受益国となる。当時の典型的な奴隷貿易は，ヨーロッパの港を起点とする三角貿易の形態をとったが，特にイギリスのリバプールは大西洋奴隷貿易の中心地として大いに栄えた。すなわち，布，鉄製品，銃などを積載した船がリバプールを出港しアフリカに向かう。西アフリカの沿岸地域に着くと，そこで積荷が人間と交換される。船は，鎖でつながれた人間を載せて西インド諸島（カ

リブ海諸島）やアメリカへと向かう。目的地に到着すると積荷の人間が奴隷として売られる。奴隷を吐き出した船は，砂糖，綿花，タバコなどを積んでリバプールへ帰港する。最盛期の1799年には，リバプールを出港した船が4万5千人以上の奴隷をアフリカからアメリカ等に運んだといわれている（National Museums Liverpool 2010, 29頁）。この奴隷貿易が，イギリスの産業革命と資本主義の発達に大いに寄与したことは確かなようである（Blackburn 2013, 101-108頁，布留川 2019, 9-11頁）。

　しかしながら，鎖で拘束された人間を商品として船に積載し，2カ月前後かけて大西洋を横断するという航海は，積荷とされた人間にとって極めて苛酷である。大勢の人間が暑い船内にぎゅうぎゅう詰めにされること自体大きなストレスであるが，それに排泄物からの悪臭や非人間的で暴力的な取り扱いが加わり，赤痢などの病気や自殺等により多くの人々が航海中に死亡した。一回の航海で10％から25％の奴隷が死亡したといわれている（National Museums Liverpool 2010, 38頁）。もちろん船が目的地に到着すれば，あとは奴隷として売買されることになる。それまで家族や友人であった者たちもバラバラに引き裂かれ，異なった場所へと連れて行かれる。その際の精神的苦痛は想像に難くない。奴隷たちの最終的な目的地の多くは砂糖やタバコ等のプランテーションであり，そこで死ぬまで酷使された。「西インド諸島に到着後，奴隷は8年間だけ生きてくれれば良いと思われていた」（ライリー 2012, 48頁）という事実を現代イギリスの中学校歴史教科書は紹介している。アメリカではプランテーション以外にも様々な場面で奴隷が使役された。大学や学校も例外ではなく，修道女によって運営されていたあるカトリック系の学校では，授業料として奴隷を受け取ることもあった（Swarns 2019）。こうした事実が，現代においても改めて新聞で取り上げられている。大西洋奴隷貿易で奴隷と

されたのはアフリカの黒人であったから，奴隷という社会的役割が黒人という自然的属性と癒着するようになり，ここに人種差別主義が生まれることになった。いうまでもなく，人種差別主義は現代における最も深刻な危険思想の 1 つである。

最初に組織的な形で奴隷制に反対した人々は，17 世紀にイギリスで生まれたキリスト教プロテスタントの一派，クエーカーであったといわれている。創始者のジョージ・フォックスは 1671 年に西インドの植民地を訪れた際，その島の総督に「我々が黒人たちに反逆するよう教えた」というのは「誹謗であり虚偽である」と書き送っており（Blackburn 2013, 150 頁），実際にもクエーカーの中には奴隷貿易で財を成した人々もいた。しかし，アメリカ独立戦争でイギリスが敗退する頃には，クエーカーは奴隷制廃止のために献身的に活動するようになっていた。彼らは奴隷制廃止運動の先駆者であった（布留川 2019, 116-123 頁）。

しかし，イギリス議会で奴隷貿易廃止法が成立するのに大きく貢献したのは，やはりイギリス国教会に属する人々であった。なかでもジェームズ・ラムジー，トマス・クラークソン，そしてウィリアム・ウィルバーフォースらがよく知られている。ラムジーは国教会の司祭であったが，それ以前は西インド諸島で船医等をしていたため奴隷貿易の実態に通じていた。クラークソンは奴隷制廃止運動の中心的な専従的活動家であり，リバプールを訪れた際には船員の一団に襲撃され殺されかけたこともあった（Meier 2007, 18-19 頁）。国会議員であったウィルバーフォースは 1789 年に議会で奴隷貿易に反対する演説をして以来，常にこの問題に取り組み続け，1807 年に奴隷貿易廃止法を成立させた。1791 年に廃止法案が否決されたときには賛成 88 票に対して反対 163 票であったが，1807 年には賛成 283 票に対して反対は僅か 16 票であった。奴隷制そのものを廃止する法案がイギリス議会で成立するのは，

それからさらに遅れて 1833 年のことである。

（2）奴隷制廃止とモラル資本

　このように，イギリスではまず奴隷貿易と奴隷制に反対する人々が現れ，この目的のための協会が設立され，このテーマに関連する種々の本やパンフレットが多数出版され，世論が盛り上がり，各地で集会が開催され，そして議会で繰り返し審議された後に，長い歳月をかけて奴隷貿易と奴隷制そのものの廃止を定めた法律が制定された。この歴史的事実は，日本の経験と比較する場合，極めて重要である。こうした奴隷制をめぐる長い論争と多数派形成のプロセスを経たことで，奴隷制の廃止はイギリスの国民的事業となり，廃止主義は国民全体に共有される理念となったからである。そして一度この理念が法として実現されるや，イギリスは奴隷貿易と奴隷制について高い道徳的地位を獲得し，今度は奴隷貿易撲滅の実行者として，奴隷制廃止の伝道者として，世界を導く立場に立った。ヘーゲルはウィルバーフォースの同時代人で，1818 年から 1831 年までベルリン大学で哲学を講じていたが，『歴史哲学講義』の中で次のように述べている。

　　以上にのべたさまざまな特徴からうかびあがるのは，黒人の野放図な性格です。こうした状態にある黒人は，発展することもなければ文化を形成することもなく，過去のどの時点をとってもいまとかわらない。過去から現在にかけての黒人とヨーロッパ人の唯一の実質的なつながりは，奴隷売買というかたちのつながりです。黒人は奴隷制度を不都合なものとは思っていないので，奴隷売買と奴隷制度の廃止に最大限の力をかたむけるイギリス人が，黒人から敵としてあつかわれるしまつです。（ヘーゲル 1994，168 頁）

　ここでは，奴隷貿易と近代奴隷制の犠牲者である黒人が貶められ，奴隷貿易の最大の受益者であり加害者であったはずのイギリス人が正義の味方として扱われている。途方もない顚倒であるといわなければならないが，しかし実際のところ世界はこのような認識の下で動いてきた。いうまでもなくヘーゲルは歴史上最も偉大な哲学者の一人であり，奴隷制の反対者でもあった（植村 2019, 78-104 頁）。そのヘーゲルですらこのような人種差別的な見解を表明するのであるから，私たちはこの人種偏見という病弊の根深さにここで改めて気付かされ，驚くのである。しかし，それ以上にここで私たちが注目すべきはイギリス人に対するヘーゲルの見方である。ここではイギリス人が「奴隷売買と奴隷制度の廃止に最大限の力をかたむける」人々として道徳的な敬意の対象となっている。近代世界では国民的な努力によって，あるいは戦いによって，何らかの理念を勝ち取った人々が道徳的権威を持つようになる。そして彼らはその道徳的権威から政治的な優越性をも得ることができる。それは資本の所有者がそれを用いることでそこから利益を引き出すことができるのに似ている。道徳的権威や道徳的評判はある種の資本，すなわちモラル資本であって，それはこれを持つ人々に政治的な利益をもたらすのである（Kane 2001, 7 頁）。

　イギリスは奴隷制の廃止によって獲得したモラル資本を，アフリカの植民地支配に充用することができた（Brown 2006, 457 頁）。すなわち，イギリスは奴隷貿易の中心地であった西アフリカのラゴスに対して奴隷貿易廃止条約の締結を求めたが，ラゴス王がこれを拒否したため武力攻撃に踏み切り，王を自分たちの意に沿う者に挿げ替えた（布留川 2019, 219-221 頁）。これがヨーロッパ列強によるアフリカ植民地支配の始まりである。アフリカの分割は，

奴隷貿易廃止という「アフリカにとっての善」のために行われたと理解され，奴隷制に反対する人道主義者も植民地支配には反対しなかった。上で見たヘーゲルの文は，イギリスが得た道徳的評判がモラル資本として機能している様子を如実に表しているといえる。

　一方，アメリカ合衆国は19世紀中葉まで黒人奴隷制を維持し，その後も人種差別に関わる事案を生み出し続けている。しかし，南北戦争によって奴隷制を廃止したことでアメリカでは廃止主義が国家理念となり，リンカーンはアメリカ史上最も偉大な大統領の1人として尊敬されている。このリンカーンの道徳的権威はアメリカという国のモラル資本でもあり，アメリカは，現在では人権問題においてイギリスとともに世界を主導する地位にある。アメリカ国務省は毎年『人身取引報告書』を公表し，世界の国々を人身取引撲滅対策の達成度に応じて4段階に分類しているが，2001年にこの報告書が初めて公表された時，日本は英米独仏等の他の先進諸国とは異なり最上位に分類されていなかった。これを受けて日本政府は，風俗業や児童ポルノ，外国人技能実習制度等の領域で新たな対策を立て，2018年版報告書で，日本は初めて最上位にランクインすることとなった。人権問題において，日本はアメリカ政府による評価に逆らうことはできないということである。

　このように，日本が明治維新を成し遂げ西洋化と資本主義化の道を歩み始めたとき，イギリス，フランス，アメリカの資本家階級によって成し遂げられた最大の倫理的事業は奴隷制の廃止であった。そして，奴隷制の否定が資本主義の倫理の1つとして欧米社会の中に浸透していったのである。この奴隷制廃止と資本主義との関係は非常に重要なので，第4節で論じるとともに，第2章でも改めて取り上げる。その前に，同じ時期の日本はどのよう

な状況にあったのか，本書のテーマに関連するかぎりで日本の歴史を振り返っておこう。

第2節　キリスト教禁止と日本の伝統的社会倫理

（1）儒教と仏教による政治

　近代西洋の奴隷制が廃止されるにあたっては，キリスト教プロテスタントの諸派が重要な役割を果たした。前節で見たように，イギリス国教会の福音派とは別に，クエイカーの果たした先駆的な役割は良く知られており，また，メソジストのジョン・ウェスレーなども反奴隷制の考えを広めるのに影響力があった。一方，キリスト教ローマ・カトリックは，近代黒人奴隷制の開始と拡大において大きな役割を演じたと考えられている。新世界の植民地で奴隷の使役を始めたのはポルトガルとスペインであるが，これら両国の植民地経営はカトリック教会の布教活動と共に進められた。16世紀にカトリックの司祭であったバルトロメ・デ・ラス・カサスはスペイン植民地での原住民に対する残虐行為を告発したことで有名であるが，しかし彼も当初は黒人奴隷の必要性を訴えていたのであった（Blackburn 2013, 37頁）。19世紀に至ってもカトリック教会は反奴隷制の立場を明確にすることはなかったといわれている（同上，384頁）。

　フランシスコ・ザビエルによって日本に初めて伝えられたキリスト教はカトリックであり，その後もポルトガル人とスペイン人の宣教師によってカトリックの布教活動が続けられた。しかし，江戸時代になるとキリスト教は厳しく禁じられるようになり，ポルトガル人とスペイン人は日本から追放された。西洋諸国の中で唯一日本が交易を続けたのは，プロテスタントで布教に無関心な

オランダだけとなった。オランダからは西洋の知識が伝えられ，後に蘭学が発達するようになるが，もし仮に，このときキリスト教が禁止されず，ローマ・カトリックが広く浸透していたとしたら日本はどうなっていたであろうか。おそらくカトリックの神学と一体化されていたアリストテレス哲学も日本に紹介され，日本の学問的，倫理的伝統は今とはかなり異なったものとなっていたことであろう。しかし，もちろんキリスト教は徹底的に弾圧され，根絶された。そして，そのために用いられたのは仏教の寺請制度であり，学問の中心に置かれたのは儒学であった。

徳川家康は西洋人を召し抱え，西洋の学問も知っていたが，結局のところ，やはり中国の古典を好んだ。儒学者の林羅山を取り立て，彼から朱子学を学んだ。羅山は秀忠，家光，家綱にも仕え，朱子学の官学としての基礎を築いた。第五代将軍徳川綱吉は特に学問を好み，儒学の振興を図ったことで知られる。綱吉は孔子廟として湯島聖堂を創建し，羅山の孫にあたる林鳳岡をその大学頭に就かせた。また，自分自身も儒学を研究し，しばしば家臣を相手に『大学』や『易経』などの古典を講じるほどであった。さらに，武家諸法度第一条の「文武弓馬の道，専ら相嗜むべき事」を「文武忠孝を励し，礼儀を正すべき事」と改め，儒教色を前面に押し出した。儒教は支配階級である武士の教養となり，儒教教育は武士を有能な官僚に仕立て上げることに大いに貢献することとなった（森嶋 1984，86 頁）。

しかしながら，綱吉は儒教について次のように述べている。

學儒道者泥經傳之言祭或常食用禽獸是以不厭害萬物之生如此則世將至悉不仁而如夷狄之風俗是可恐之甚也（福田 2010，71 頁）

この漢文の意味するところについて，歴史学の専門家の助けを

借りることにしたいと思う。まず，福田千鶴（2010）はこれを次のように訳している。

　　儒道を学んで経博の言に拘泥すれば，祭日あるいは常日に禽獣を用い，万物の生を害することを厭わなくなる。そうなれば，世はまさに不仁にいたり，夷狄の風俗となり，これは恐るべきこと甚大である。（72頁）

また，山室恭子（1998）は，より明快に次のように訳している。

　　儒学を学ぶ者は禽獣を平気で食して，万物の命を害することを厭わないので，世の中は不仁で夷狄の風俗のようになってしまっている。まことに憂うべきことだ。（130頁）

　つまり，儒学者は動物を殺すのを厭わないので日本的でなくて良くない，といっているのである。綱吉は，儒教だけでなく仏教も学ぶ必要があると考え，特に仏教の慈悲の思想を重要視した。そして，この理想を明確に具現化した法令を導入した。すなわち，綱吉の代名詞ともなっている「生類憐みの令」である。「生類憐みの令」は動物保護に係る様々な法令からなり，25年間に少なくとも135回発令された（山室1998，153頁）。これらの法令は，猟師や漁師以外の人々が禽獣を殺すことを禁じただけでなく，趣味の魚釣り，趣味の昆虫飼育も禁止し，動物に芸を仕込んで見世物にすることも禁じた（根崎2006，193-197頁）。しかし，綱吉の動物保護政策を特に印象付けたのは犬の保護である。彼は江戸に巨大な犬小屋を作り，そこに野良犬を収容したが，保護された犬の数は10万匹近くに及んだといわれている。綱吉は，「生類憐み」という理想を掲げ，それを本気で実現しようとした理念先行型の君

主であったといえる。

　「生類憐みの令」は綱吉の死後，即座に撤廃され，巨大な犬の収容施設は姿を消した。しかし，それによって慈悲を重視し殺生を忌避する思想が大きく後退したというわけではなかった。犬を常食する慣習は廃れ，獣肉食一般に対するタブー視も存続した。特に，牛と馬を食用目的に屠畜することは禁止され続けた。この屠畜の禁止が解除されるのは，明治になってからのことである。

　「生類憐みの令」は極端に禁欲的な生活を人々に強いていたように見えるが，実際には綱吉の治世に経済が発展し，元禄文化として知られる日本独自の文化芸術も繁栄したのであった。また，この時代には後に繰り返し時代劇として作品化されることになる極めて日本的な事件も起こっている。すなわち，赤穂事件がそれである。

（2）忠臣蔵と忠犬ハチ公と教育勅語

　1701年，高家の吉良上野介は，赤穂藩藩主の浅野内匠頭を補佐して天皇からの使者を江戸城で接待していたが，その最中に突如，補佐の浅野内匠頭から刀で斬りつけられ，負傷するという事件が起きた。凶行に及んだ浅野内匠頭は将軍綱吉から切腹を命じられ，即日絶命した。この即日切腹という処罰は過度に厳格であるように見えるが，天皇の使者の接待は決められた作法に則って執り行われるべき重要な典礼の1つであって，儒教では特に儀礼が重視される。また，禽獣の殺生すら禁じていた「生類憐みの令」の時代であるから，江戸城内における刃傷沙汰などもっての外である。一方的な加害者である浅野内匠頭に切腹を命じた綱吉の判断は，彼の価値基準からして当然であったといえるであろう。とはいえ，主君を失った赤穂藩家臣の立場からすれば，原因を作った吉良上野介が生き延び，しかも何のお咎めもないのは正義に反するよう

に見えた。また世間にも幕府の判断を疑問視する声があった。そこで主君の仇討を誓った赤穂藩の 47 人の家臣は吉良上野介の邸宅に討ち入ることを決め，それを実行した。すなわち，吉良を殺害し，そしてその首を泉岳寺にある浅野内匠頭の墓前に捧げたのである。

　この赤穂浪士の討入は，途中で姿を晦ました 1 名を除く 46 名全員切腹という結果に終わっており，実利的な損得勘定からすれば全く非合理的な行為に見える。しかし，綱吉が定めた武家諸法度の第一条は「文武忠孝を励し，礼儀を正すべき事」であった。赤穂浪士は「礼儀」の点で問題があったかもしれないが，「忠」については際立った働きをした。儒教の徳目の中でも特に「忠」を重視する見地からすれば，主君の仇を討つために命を捧げることは道徳的に最も崇高な行為ということになる。赤穂浪士の統率者であった大石内蔵助は「忠臣」の鑑とされ，後に『忠臣蔵』というタイトルで時代劇化されることになる。

　赤穂浪士の討ち入りは 12 月 14 日に決行されたため，この時期になるとテレビで毎年のように『忠臣蔵』が放映されたものである。主人公はもちろん大石内蔵助であり，視聴者は彼とその同志の忠臣ぶりに深い感銘を受けたのである。この時代劇は昭和時代に非常に高い人気を誇り，現在でも支持を得ているが，それは恐らく日本社会の中に儒教に由来する忠という徳目が深く浸透していたためであろう。こうした事情は，例えば今も渋谷駅の前にいるハチ公の物語にもよく表れていると思われる。大正時代に東京帝国大学の上野英三郎教授に飼われていた秋田犬のハチは，上野教授の死後も毎日渋谷駅に現れ教授が帰るのを待ち続けた。このハチの姿は，あたかも飼い主に忠義を尽くし続けているかのように見え，「忠犬ハチ公」と呼ばれるようになり，銅像まで作られたのである。

　しかし，駅で飼い主の帰りを待つという行為は，飼い主が死ん

でしまっているのであるから，決して報われることはない。毎日，今日も帰ってこなかったという空しい結果に終わるだけである。したがって，実利的な結果主義の見地からすれば，ハチ公の行為は意味をなさない。新しい事態に適応できないバカな犬，という判断を下す人もいるかもしれない。しかし，それにもかかわらずハチは忠犬として称賛されるのであるから，忠という徳目は実利的な結果主義には属しておらず，むしろそこから離れていればいるほど価値を高める性格を持つといってよい。忠義を尽くすという行為はそれ自体に価値があり，むしろその行為に実利が伴わないほど価値を増すのである。この徳目との関連においては，例えば滅私奉公や殉職は，高く評価されるべき善であるということになるであろう。

　明治維新の後には，この忠の倫理は，藩主や将軍にではなく，天皇に対して直接向けられるようになった。また，殖産興業が進められ資本主義が導入されてからは，忠の倫理は企業の中でも機能した。森嶋通夫（1984）は，大企業の従業員について次のように述べている。

　　彼らは彼らの父親が藩主（大名）につかえていたように，新しい藩主である企業に一生を捧げたのである。（138頁）

　明治維新政府は，国民が天皇に忠義を尽くす天皇中心国家を作ろうとし，その宗教的基盤を神道に求めた。しかし，神道は古くから仏教と混合し，神仏習合の状態が長く続いていたので，政府はまず神仏分離政策を進めた。これに呼応して，廃仏毀釈といわれる仏教排斥運動が全国に広がり，仏教寺院や仏像，仏具，仏典などが破壊された。また，政府は牛馬の屠畜や仏教僧侶の肉食妻帯も解禁した。こうしたことにより，不殺生の教えを説いてきた

仏教の道徳的権威は，一時急速に衰えた。一方，儒教は引き続き
道徳教育の土台を提供し，軍人勅諭や教育勅語を通じて広く日本
国民の中に浸透していった。教育勅語はごく短い文章であるが，
前置きの後に来る本体部分は次のように始まる。

　　我カ臣民克ク忠ニ克ク孝ニ億兆心ヲ一ニシテ世々厥ノ美ヲ済
　セルハ此レ我カ国体ノ精華ニシテ教育ノ淵源亦実に此ニ存ス

　綱吉の武家諸法度と同じように，ここでもやはり忠孝という儒
教の徳目が挙げられている。秋田犬のハチが渋谷駅前で主人の帰
りを待っていたのは大正から昭和初期にかけてのことで，この時
代にはほとんど誰もが教育勅語を暗唱できていたであろうから，
ハチが「忠犬」とされて顕彰されたのも自然なことであったとい
えるであろう。
　このように，江戸時代の武士，言い換えれば，封建時代の支配
階級の倫理学であった儒教は，近代日本の社会倫理ともなった。
明治維新は江戸時代の封建的身分制度を解体し，営業の自由や移
動の自由を保障したが，社会倫理の中核は引き続き「忠孝」を最
重要視する儒教が占めることとなった。明治維新は，新たに勃興
してきた階級によって成し遂げられた革命ではなく，従来の支配
階級である武士の一部分を中心とする勢力によって成し遂げられ
た変革であったから，旧支配階級の倫理思想が受け継がれたのは
驚くべきことではない。そしてこの古い社会倫理は資本主義的企
業の中にも浸透し，欧米とは異なる日本的な労使関係を生み出す
ことになる。
　欧米，すなわちイギリスやフランス，アメリカでは，新しく勃
興してきた階級，すなわちブルジョワジーあるいは資本家階級が
革命を成し遂げ近代国家を形成した。前節で見たように，彼らは

奴隷貿易や奴隷使役によって大きな利益を得たが，他方で奴隷制の反倫理性を自覚し，民主主義的手続きを経て，あるいは戦争によって，奴隷制の廃止を実現した。日本が明治維新によって近代国家への道を歩み出した時期は，アメリカが南北戦争を経て奴隷を解放し戦後の「再建」に取り組んでいた時期と重なる。また，もっと前に奴隷制を廃止していたイギリスやフランスでは，資本主義的な賃金労働者の労働条件や生活条件の改善が課題になっていた。そして，このような時期に日本を訪れた欧米人の眼には，日本にはまだ奴隷が存在しているように見えた。

　すでに見たように，かつては日本でも人間を奴隷としてポルトガル商人に売るということが行われていた。しかし，こうした奴隷貿易は鎖国以降なくなり，国内での人身売買も禁止されていた。したがって，欧米のような過酷な奴隷制を実施したことがない日本が，まさにその欧米人から奴隷について批判されるというのはまことに遺憾なことのように思われる。しかし，明治維新の頃の遊女は売買の対象であり，奴隷といわれても仕方のない状況に置かれていた。そこで，政府は1872年に「芸娼妓解放令」を布告し，遊女を奴隷的な身分から解放するという措置を講じた。近代国家としての体裁を整えるためには，奴隷がいてはならないのである。

　しかしながら，遊女は形式的には奴隷的な地位から解放されたとはいえ，実質的には以前と変わらない立場に置かれ続けた。しかも，隷従的な地位に置かれていたのは遊女だけではなく，その程度こそ違うとはいえ，当時の人口の多くを占めていた小作人もそうであった。彼らは地主から多額の小作料を取り立てられ，江戸時代とさほど変わらない生活を余儀なくされた。また，都市で働く賃金労働者も，欧米的な基準からその労働条件を見るならば，決して自由な労働者とはいえなかった。特に下層の労働者は低賃金での長時間労働を余儀なくされた。日本儒教の忠の倫理は，労

働者の勤労倫理を高めるのには好都合であったが，地主や資本家の利己主義を規制する力は強くなかったようである。おそらく，そうであったからこそ，渋沢栄一は「利用厚生と仁義道徳の結合」ということを主張しなければならなかったのであろう。

第3節　渋沢栄一とフランスの経済思想

（1）若き渋沢栄一の経済思想

　日本の資本主義は，経済倫理の観点から見れば，封建時代から続く儒教倫理の土壌の上で誕生し成長した資本主義であるということができるであろう。一方，欧米の資本主義は，キリスト教倫理の土壌の上で成長したということに加えて，奴隷制の否定という近代的な倫理をも内属させているといえる。この奴隷制否定の倫理規範は極めて普遍性の高いものであって，キリスト教の枠を超えて通用する。そして，そうであるからこそ明治政府は「芸娼妓解放令」を布告せざるをえなかったのであり，また平成時代の日本政府も，人権状態の不備についてアメリカ政府から指摘されたとき，素直にそれに耳を傾けざるをえなかったのである。

　奴隷制の否定という倫理規範は，それをさらに推し進めれば，そこから「端的な意味での奴隷制ではないが奴隷制に類似したものの否定」という倫理規範が出てくる。例えば，西洋の農奴は端的な奴隷ではないとはいえ奴隷的な側面を持つ身分であった。イギリスでは早くから農奴制がなくなっていたが，ロシアで農奴解放令が出されたのは1861年のことである。その頃の日本の農民も，封建領主の支配の下で様々な自由が制限されていた。渋沢栄一（2008）によれば「当時のいわゆる平民は，一種の道具であった」（63頁）のである。

　例えば，諸藩の代官などという人にその領地の農民が会見すると，実に軽蔑される。彼は知識もなく何らの長所も持たぬけれども，ただ役柄上尊大であって農民は奴隷視される。（渋沢1984，219頁）

　前節で見たように，日本は鎖国政策によって国際奴隷貿易システムから離脱し，黒人奴隷制には関与していなかったため，奴隷制廃止運動を経験することもなかった。しかし，農民を奴隷のように取り扱う身分制に対する反感は江戸時代末期になるとかなり高まっていたようである。上記引用文は，実際に自分自身が体験した事実を渋沢が記したものであるが，この時，代官から奴隷視されたことに対する強い反発と疑問が，彼の思想形成上の重要な転機となった。すなわちそれは，彼が漢籍の学習によって身に着けた儒教倫理に止まることなく，西欧の平等主義と産業主義を進んで受容し，日本資本主義の父へと成長する契機となったと考えられる。この点は日本資本主義の倫理を考察する上で重要であるから，ここで彼の経歴の主なエピソードを見ておくことにしよう。

　渋沢栄一が上述の代官と会見したのは1856年，彼が数え年で17歳の時のことである。父親の代理として陣屋に出向いたのであった。その際，代官は500両の御用金を栄一に求めたが，父親の名代として出向いているので帰って父親に相談すると答えたところ，代官は「直に承知したという挨拶をしろ」と言って栄一を叱責し，嘲弄した（渋沢1984，26-27頁）。この時，渋沢は次のように思った。人が自分の財産を守ろうとするのは当然であり，また「尊卑の差別」は「智愚賢不肖」によって生ずべきものである（同上27頁）。

　しかるに今岡部の領主は，当然の年貢を取りながら返済もせぬ金員を，用金とか何とか名を付けて取り立てて，その上，人を軽蔑嘲弄して，貸したものでも取返すように，命示するという道理は，そもそもどこから生じたものであろうか，察するに彼の代官は，言語といい動作といい，決して知識のある人とは思われぬ。（同上）

　渋沢は，この代官のような「智恵分別もないものに軽蔑せられねばならぬ」のは「残念千万」なことだから「これは何でも百姓は罷めたい」と思うに至る（同上 28 頁）。そして実際に百姓をやめて武士になる。1864 年，彼は後に将軍となる一橋慶喜に家来として仕えることになったのである。では，武士になった渋沢は，領地の農民に対してあの代官とは異なる対応をしたのだろうか。

　したのである。しかし武士としての渋沢の活動を見る前に，ここに示されている彼の倫理観を確認しておこう。1 つは，年貢とは別に御用金として「返済もせぬ金員」を強制的に取り立てるのはおかしいという認識である。もう 1 つは，知識のない愚者が賢者を軽蔑するようなことは道理に反するという考えである。人はその財産を無理に取り立てられるべきではなく，賢者は愚者から嘲弄されるようなことがあってはならない，というのが渋沢少年の倫理原則であったといえる。前者は金銭搾取の否定，後者は能力主義と言い換えることができるであろう。そしてもしこのような理解が妥当であるとするならば，この 2 つの原則から導かれる倫理的に望ましい活動とは，次のようなものになるであろう。すなわち，智者が創意工夫を働かせて他者から金銭を搾取することなく財貨を増やす，という活動がそれである。実際，武士になった渋沢が自ら企画し実行したのは，このような活動であった。

　一橋家に仕官した渋沢は，まず兵備の仕事で顕著な成果をあげ

るが，その後「経済上の道理から少しでも収納を多くして，領分の者も富むような事を工夫して見たい」（渋沢 1984，102 頁）と思うに至り，経済振興策を企画立案する。それは，年貢米の売却方式の見直し，売買の工夫による木綿生産の振興，硝石製造所の開設という 3 つの事業であった。この企画は採用されるところとなり，渋沢によって実行に移された。その 1 つは次のようなものであった。

　　まず木綿を拵える者から価を高く買取って，それを大阪または江戸へ送りて，売るにはなるたけ安くする道を設ければ必ず盛んになって，領分の富を増すに相違ない。ついてはこの売買の間に一橋の藩札を作ってこれを流通させ，而してその売買の便利を謀ろうと企てました。（同上 110 頁）

　このような事業は，まさに『書経』で語られる本来の意味での利用厚生にあたるものであるといえる。渋沢がかつて対面した代官は，農民から一方的に御用金を取り立てるだけであったが，渋沢が実現しようとしたのは，流通の工夫によって生産を刺激し，富を増やすということであった。この企ては成功し，結果として村民も「怡びの色を現わし」（同上 114 頁）たのであった。

（2）フランスでの渋沢栄一

　このような渋沢の経済開発主義は，フランスに渡ることによってさらに強められることになる。1867 年，渋沢は将軍となった徳川慶喜の弟，徳川昭武（民部公子）の随行員としてフランスへと向かった。パリで開催される万国博覧会に将軍の名代として徳川昭武が参列することとなり，渋沢は昭武一行の会計係に指名されたのであった。途中，エジプトで工事中のスエズ運河を見た渋沢は，

その時の驚きを次のように記している。

　　私は其の工事の大規模である事よりも，寧ろ泰西人が独り一
　身一為のためのみならず，国家を超越して，進んで斯くの如き
　世界全人類の利益を計る為め，斯くの如き規模の遠大にして目
　途の広壮なる大計画を実行する点に感服せざるを得なかった。
　（渋沢 1927，143 頁）

　先に渋沢が実行した経済開発は，一橋家領内の利益の増進を目
的としていたが，目の前で実行されていたスエズ運河の開削は，
一国に止まらず全人類に利益をもたらす壮大な開発であった。渋
沢は尊王攘夷の志を遂げるため，横浜に居留する泰西人を殺戮す
る計画を立て，実行寸前のところまで準備を整えていた人である
が，それから僅か 3 年後には，このように泰西人が行う事業に素
直に感服している。このことは，渋沢の本質的な情熱の所在が，
尊王攘夷のような政治の領域よりも，経済開発あるいは利用厚生
の領域にあったということを示しているといえる。ナポレオン 3
世が開催した万国博覧会は，こうした渋沢の本質の実現に拍車を
かける絶好の機会となったのである。
　とはいえ，フランスで渋沢の経済思想に直接の影響を及ぼした
のは，コンセル・ゼネラル（総領事）として徳川昭武一行の世話
係を務めたフロリヘラルドであったようである。渋沢は次のよう
に述懐している。

　　フロリヘラルド氏の勧めで現金を持って居るよりは，公債を
　買った方が有利だと云うので，其の勧めに従いフランスの公債
　を買ったが，其後鉄道株が有利だと言うので，公債を売った鉄
　道株を二万円ばかり買い取った。処が祖国の政変の為めに，其

年の秋急遽帰朝する事になったのであるが，其時の計算による
と正当の利子の外に五百円ばかり余分に儲ったのである。私は
此時経済というものは斯う云う風にすればよいものだと感じ，
且つ進歩せるフランスの商工業を実地に見聞して，日本をして
盛ならしむるには，どうしても商工業の施設を完備して大いに
之れが発展を計らなければならぬと痛感したのである。私が政
治に志を立てて実業界の発達に微力を尽そうとしたに就いては
種々の原因もあるが，フランスに於ける実地見聞に依って刺戟
された事が，私の実業界に身を投ずる最も大なる動機となった
のである。(渋沢 1927，175-176 頁)

フロリヘラルドは元来が銀行家なので，パリで徳川昭武一行の
会計事務を担う渋沢に，資金運用をはじめ経済全般について知識
を授けることができた。また，フロリヘラルドは普段の何気ない
振る舞いによっても渋沢に影響を与えていた。渋沢は，フロリヘ
ラルドが政府の役人と交際するときの様子について次のように述
べている。

民部公子の教育監督ビレット氏は政府の役人であり，コンセ
ル・ゼネラルを依頼したフロリヘラルド氏は銀行家で純然たる
民間の人であるが，此の二人の交際振りを見るに全く対等の交
りであって，階級的観念は微塵もなく，頗るよく調和して居る。
日本でも斯くありたいものだとつくづく感じたのであった。(同
上 175 頁)

当時の日本では「政府の役人」と「民間の人」との関係は，前
者が後者を見下す関係であって，対等ではあり得なかった。この
ことを 17 歳の渋沢は身をもって体験したのであった。あの体験が，

財界人として終生民間の地位向上のために尽力するようになる起動動機であったとすれば，フランスで見たフロリヘラルドの役人に対する振る舞いはその終局目的であった，ということもできるであろう。

　ところで，鹿島茂（2013a）によれば，渋沢がフロリヘラルド（フリュリ＝エラール）を通じて学んだ経済思想は，英米流の古典的資本主義とはかなり異なる産業主義思想であった。すなわちそれは，サン＝シモン（1760 生 − 1825 没）の死後，彼の信奉者たちによって形成された社会思想であるところのサン＝シモン主義であった。その証拠として鹿島は，フロリヘラルドがソシエテ・ジェネラル銀行と関連の深い人物であったこと，ソシエテ・ジェネラル銀行にはサン＝シモン主義の中心人物であったアンファンタンの思想が流れ込んでいたことを挙げている（2013a，264-265 頁）。ただし，フロリヘラルドが渋沢にサン＝シモン主義思想を直接教授したというのではなく，経済についての実際的な知識を授ける過程で，間接的にサン＝シモン主義的な思想をも伝える結果となった，ということである。それゆえ渋沢は，「そうとは気づかぬサン＝シモン主義者」（鹿島 2013a，506 頁）なのである。

　このような鹿島の見解は正しいであろうか。仮に，フロリヘラルドがサン＝シモン主義者ではなかったとしても，渋沢がサン＝シモン主義から何らかの影響を受けたのは確かであるといえる。というのは，渋沢が感銘を受けたスエズ運河，万国博覧会，さらには第二帝政期における産業の発展には，サン＝シモン主義者が深く関わっていたからである。特に，サン＝シモン主義者のペレール兄弟が経営したクレディ・モビリエ銀行の活発な産業投資は目覚ましく，銀行，鉄道，海運，不動産，鉱山，化学等，重要な産業部門に属する株式会社の設立を実現し，フランス経済の発展に貢献した（中川 2004，103-106 頁）。クレディ・モビリエ銀行は皇

帝ナポレオン 3 世の庇護を受けていたことから，また，初期のサン＝シモン主義が社会主義の一種であったことから，この銀行によって推進されつつあった経済開発を同時代人のマルクスは「皇帝社会主義」と呼んだ。彼によれば，クレディ・モビリエの業績を知った今では，イギリス人も「フランスの皇帝社会主義に羨望のまなざしを投げかけずには」いられなかった（マルクス 1964a，20 頁）。イギリスに比べ経済発展が遅れていたフランスが，今や「皇帝社会主義」によってイギリスからも注目される成果を上げ始めていたのである。

渋沢がフランスの地を踏んだ 1867 年に，クレディ・モビリエは活動を停止している。不動産投資の失敗が直接の原因であるが，結果論的に見れば，それはクレディ・モビリエを主体とする「皇帝社会主義」の経済開発が大方完了したということでもある。渋沢が実地に見聞した「進歩せるフランスの商工業」は，サン＝シモン主義者の活動を抜きにしては語れないナポレオン 3 世統治下の経済発展の産物であったのである。こうして実業への志を胸に秘めて日本に帰国した渋沢は，大蔵省の役人として日本経済の基盤整備に努めた後，第一国立銀行を設立し，その頭取を続けながら数多くの株式会社の創設に関わることになる。ここにサン＝シモン主義の間接的影響を感知したとしても大きな間違いとはいえないであろう。

しかしながら，こうしたフランスでの体験がなかったとしても，実業家としての渋沢の活動が第二帝政期におけるサン＝シモン主義者の活動と類似したものになった可能性はかなり高いと思われる。というのは，上で見たフランス渡航前の渋沢の考え方は，サン＝シモン主義の主要な主張とかなり類似しているからである。すなわち，渋沢少年が岡部藩の代官に面罵されたときに思った倫理観からは，智者が創意工夫を働かせて他者から金銭を搾取する

ことなく財貨を増やすのが望ましいという経済倫理が出て来るが，これがサン＝シモン主義の経済思想と類似しているのである。

（3）サン＝シモン主義の経済思想

　サン＝シモン主義の経済思想は，サン＝シモンの死後，その信奉者たちが 1828 年から翌年にかけて行った講演会『サン＝シモンの教義』（邦訳は『サン‐シモン主義宣言』）によって知ることができる。この講演会録の出版は後の社会思想に絶大な影響を及ぼした「画期的出来事」（ハイエク 1992，234 頁）であって，クレディ・モビリエを「大いんちき会社」（1964b，196 頁）と批判したマルクスも，実はその影響下にあった思想家であった。

　サン＝シモン主義者の重要な主張の 1 つは，「すべての人はその能力に応じて評価され，その働きに応じて酬われる」（バザールほか 1982，106 頁）べきであるとする能力主義の原理である。しかし，労働のために必要な土地と資本は，能力に応じて配分されているわけではなく，実際には出生の偶然によって配分されている。すなわち，土地と資本は一部の特権階級によって所有され，彼らの家族内で相続されている。この所有権の構成により，これら資産の相続人は，能力の点でどれほど劣っていようとも，自分たちが所有する資産を勤労者（経営者と労働者）に貸与することで「他人におんぶして生活する」（同上 98 頁）ことができる。とはいえ，彼らは無能なので，自分たちが所有する土地と資本を適切な事業に投下することができない。このため，過剰生産や過少生産が生じ，産業の発展が阻害されている。では，どうすればよいのか。サン＝シモン主義者が注目したのは，当時新しく発展しつつあった銀行の機能である。

　銀行家は，何が必要な事業で，誰が有能な勤労者であるかを評価することにおいて高い能力を持っている。銀行は，特権階級が

所有する資本と，資本を必要としている勤労者とを適切に仲介することができ，これによって利子率は低下し，勤労者のもとにより多くの資本が供給されるようになる。そしてその結果，社会の富は増大する。ただし，現状では銀行が信用を供与する際に主に依拠するのは物的担保であって，勤労者の能力ではない。また，銀行が関与していない産業領域が多く残されている。このように現行の銀行制度には不備があるが，未来においては中央銀行の下に二次的銀行や特殊銀行が組織され，この銀行組織が「社会全体の利益のため，とりわけ平和的，産業的勤労者の利益のためにあらゆる産業を管理するだろう」（同上 119 頁）とサン＝シモン主義者は構想する。そのような将来社会では「資本はそれをもっともよく利用する能力のある人々の手に委ねられる」（同上 120 頁）ことになり，産業は大いに発展する，というのである。

　銀行制度を中心に置くこのようなサン＝シモン主義の将来社会論は，次のような歴史認識に基づいている。

　　人間による人間の exploitation，これが過去における人間関係の状態であった。共同した人間による自然の exploitation，これが未来が見せる光景である。（Bazard et al. 1831，162 頁）

サン＝シモン主義によれば，人間による人間の exploitation（エクスプルワタシオン）とは，端的には奴隷制のことである。奴隷制において，奴隷は家畜と同様に主人の所有物であって，主人は奴隷の全労働を自分のものとする。主人による奴隷の exploitation は全的である。農奴制においても，農奴は領主に exploitation されるが，しかしそれは全的ではなく部分的である。というのは，農奴は領主の直接の所有物ではなく，家族を持ち，自分のために労働することもできるからである。現代の所有者と労働者の関係

においては exploitation の度合はさらに弱まっている。現代の労働者は，奴隷や農奴のように軍事力によって支配されているわけではなく，経済力によって支配されている。所有者階級による労働者の exploitation は，奴隷制や農奴制のような剝き出しの形態ではなく，婉曲な形態の exploitation になっている。人間による人間の exploitation は歴史的時間の経過とともに衰退してきているのである。そして，これに代わって拡大されていくのが人間同士の共同であり，共同した人間による自然の exploitation である。すなわち，共同した産業者によって運河の開削，鉄道の敷設，鉱山の開発等が推進されて行くのが必然だ，というのがサン＝シモン主義の歴史認識なのであった。

　このように，「人間による人間の exploitation から，共同した人間による自然の exploitation へ」というのが，能力主義と並ぶサン＝シモン主義のもう 1 つの重要な主張である。

　ところで，『サン＝シモンの教義』の邦訳版では，最初の exploitation が「搾取」，2 番目の exploitation が「開発」と訳されている（バザールほか 1982，83 頁）。また，鹿島茂（2013a）は，2 番目の exploitation を「活用」と訳している（233 頁）。どちらも文脈に即した適切な訳語選択ではあるが，しかし，原著者は exploitation という同一の語を用いることで標語的な文に仕上げているのであるから，日本語に直す際にも同一の語を使うのが最も適切な翻訳であるはずである。私は以前この問題を研究し，結局，エクスプルワタシオンあるいはエクスプロイテーションというふうに，カタカナ表記するしかないのではないかという結論に至ったことがある（山口 2013）。しかし，序章から続く本書の文脈においては，平野義太郎の用語法に倣って exploitation を「利用厚生」と訳すこともできるように思われる。そうすれば，先のサン＝シモン主義の標語は次のように訳されることになる。

　人間による人間の利用厚生から，共同した人間による自然の
利用厚生へ。

　ここで，19世紀のフランスから幕末の日本へと視線を移すなら
ば，この標語は，若き日の渋沢栄一の人生行路を上手く言い当て
た表題であるように見えてくる。すなわち，岡部藩の代官は農民
から御用金を一方的に搾り取るだけであったが，渋沢はこれに憤
慨し，自ら武士となって木綿生産の振興や硝石製造所の開設に尽
力した。年貢の他に御用金をも搾取するというような農民の利用
厚生ではなく，知恵を働かせて自然を利用厚生し，富そのものを
増やそうとしたのである。彼が実践したのは，農民の利用厚生を
止め，自然の利用厚生を進めることであったのである。つまり，
渋沢の経済思想はサン＝シモン主義のそれと初めから相性が良
かったのである。

　フランスでフロリヘラルドから銀行についての実際的知識を授
けられた渋沢は，第一国立銀行を設立し，その頭取として数多く
の株式会社の創設に関与する。その際，彼が掲げたのは合本主義
という経済思想であったが，その思想内容をサン＝シモン主義風
に表現すれば，「共同した人間による自然の利用厚生」と言うこと
ができるであろう。鹿島茂は，渋沢を「そうとは気づかぬサン＝
シモン主義者」と呼んだが，この人物評は渋沢の産業者としての
性格を適切にとらえているといえる。日本資本主義の父の思想は，
フランスの近代思想と調和しうる性格を持っていたのである。

第4節　奴隷制と人権の理念

（1）サン＝シモン主義と渋沢栄一の相違

　しかしながら，サン＝シモン主義と渋沢の経済思想との間には
重要な違いを見いだすこともできる。サン＝シモン主義は，サン
＝シモンが死去直前の 1825 年 4 月に出版した『新キリスト教』に
共鳴した人々の宗教的グループとしてスタートしている。すなわ
ちサン＝シモン主義思想とは，宗教団体の神学のようなものだっ
たのである。その際，同書でサン＝シモンが打ち出したのは，「新
しいキリスト教」の原理であり，それは「宗教は最も貧しい階級
の境遇をできるだけ速やかに改善するという大目的をめざして社
会を導いていかなければならない」というものであった（サン＝
シモン 2001，250-251 頁）。ここで，この最も貧しい階級は「最も
多人数の階級」（同上 244 頁）でもあり，要するに労働者階級のこ
とを意味する。労働者階級の境遇改善を目的としたサン＝シモン
教は，それゆえ社会主義グループの一種と見なされることもある。
サン＝シモン主義教団は，1832 年に裁判所によって解散を命じら
れ，メンバーたちは各々世俗的な事業に従事するようになるが，
この「最も貧しい階級の境遇の改善」という「キリスト教的」な
動機が，彼らの社会活動の道徳的推進力として作用していたこと
を，われわれは見落としてはならないであろう。
　これに対して渋沢栄一が依拠した倫理学は，いうまでもなく『論
語』であった。儒教の最も重要な徳目は「仁」であるが，それは「最
も貧しい階級の境遇の改善」を優先するというようなものではな
い。渋沢は，生活困窮者や孤児の保護を目的とする養育院の院長
を引き受け，その運営に長く携わる一方，資本家としては工場法
の導入にきっぱりと反対している。すなわち，19 世紀の末頃にな
ると日本でも繊維産業が大いに発達するのに伴い，工場での長時
間労働が問題視されるようになっていた。1896 年，大阪紡績会社
（後の東洋紡）の創設者でもあった渋沢栄一は，工場法制定の是非
を検討する政府の諮問機関の会議に出席し，次のように述べたと

伝えられている。

　時間の事に付ても欧羅巴人などは，極く健康を重んずる風習があり，又そう云う法律も行われて居る国から比較致しましたならば，働く時間が長いと云うことはございましょう，佐りながら大抵其職工が堪えらるる時間と申して宜い，…（中略：引用者）…夜間の仕事をさする方が，算盤の上で利益であるから，やって居る，為めに衛生の上から云うと，害があって職工が段々衰弱したと云う事実は，能く調査は致しませぬが，まだ私共見出さぬのでござります。（森岡 2015，30-31 頁）

　渋沢は，封建領主が農民から御用金を搾り取ることには反発したが，工場主が職工を長時間働かせることには倫理的問題を見いださなかったようである。前節で見たように，日本の支配階級を律する社会倫理は忠孝を重視する儒教であり，渋沢は人一倍『論語』の道徳を実践しようと努めた人である。この時代の繊維産業は日本の基幹産業であったから，臣民としての任務に忠実な渋沢は，工場労働者の境遇の改善よりも国家社会の利益の方を優先させたといえるかもしれない。また，そもそも一橋家の家臣であった頃から渋沢にとって最も重要なことは，領地あるいは国家社会の富を増大させることであった。フランスで彼我の経済力の違いを実感した彼が経済成長を最優先したことは，やはり当然であったといえるであろう。
　しかし，労働者の境遇に対するサン＝シモン主義者と渋沢の反応の違いについては，より一般的なもう１つの要因を指摘することができるように思われる。すなわち，第１節と第２節で見た奴隷制に関する西欧と日本の歴史的経験の相違である。フランスは，イギリスとほぼ同じ時期に奴隷貿易と奴隷制植民地経営に参入し，

この領域でもイギリスのライバルであった。特に 1697 年にスペインから獲得したハイチ（サン＝ドマング）はフランス最大の植民地となり，フランス革命が勃発した年には世界供給の半分近くの砂糖とコーヒーを生産していた（Popkin 2012, 2 頁）。その際，労働に従事したのは奴隷であり，1789 年には全人口 490,103 人のうち黒人奴隷が 434,429 人に達していた（浜 1998, 15 頁）。このハイチで，黒人奴隷による大規模な反乱が起きた。

（2）人権宣言とハイチ革命

　1791 年 8 月 22 日の夜から翌日にかけて，1 万人を超える奴隷たちがプランテーションから脱走し，奪った銃や労働用具で武装して，白人奴隷主に対する反逆を始めた。蜂起の規模は拡大し，一カ月ほどの間に 5 万人を超える奴隷たちによって千人以上の白人が殺害され，数多くの砂糖プランテーションとコーヒープランテーションが放火された（浜 1998, 116 頁）。その後，蜂起した奴隷たちは優れた指導者を得て軍となり，混乱に乗じて介入してきたスペイン軍とイギリス軍を退けるとともに，1803 年にはナポレオン（1 世）によって本国から派遣されたフランス軍を最終的に撃退して，歴史上初めて黒人奴隷による革命を成功させた。1804 年 1 月，ハイチは独立を宣言し，奴隷制を廃絶した初の近代国家となった。
　最大の植民地を失ったことで，フランスは巨額の経済的損失を被り，また戦闘によって多くの人命が失われた。しかし，フランス革命の理念という観点からすれば，黒人奴隷の蜂起は，この理念の現実化を推し進める決定的に重要な出来事であったといえる。1789 年 8 月に憲法制定国民議会が採択し 1791 年憲法に取り入れられた「人権宣言」の第 1 条は，「人は，自由かつ権利において平等なものとして出生し，かつ生存する」（高木他 1957, 131 頁）と

いう宣言で始まっていた。いうまでもなく，この宣言と黒人奴隷の存在は両立するものではない。革命当初から植民地の問題は難題として伏在していたが，1794年2月の国民公会で，ついにこの問題が審議の焦点となった。2月4日，ハイチでの出来事についての演説が行われた後，次のような動議が提出された。

　　憲法を作成したとき，われわれは黒人のことまでは思い至らなかった。このままでは，われわれは後世の人々に責めを負うことになりましょう。誤りを正そうではないか。黒人たちの自由を宣言しようではないか。議長，国民公会がこれ以上議論を重ねることは，それだけわれわれの不名誉を重ねることになるのであります。(浜1998，124-125頁)

　この動議は盛大な拍手で承認され，これに続く諸提案についての審議を経て，最終的に「国民公会は，すべての植民地における黒人奴隷制が廃止されることを，宣言する」とする奴隷制廃止決議が可決された（浜1998，126頁）。それは，「フランス革命全体をとおしても，最も感動的な瞬間であった」（同上，130頁）。これによってフランスは，歴史上初めて黒人奴隷制の廃止を決議した国となったのである。その後，1802年にナポレオン（1世）がこの廃止決議を反故にし，植民地の奴隷制を再開したが，しかしそれも1848年には廃止されるに至る。結局のところ，革命を通じて掲げられた人権という理念は，奴隷に群がる人々の経済的利害よりも強力であったのである。

　このように，人権の理念は，フランスやイギリス，アメリカでは，黒人奴隷制との相克の中で実体化されていったといえる。これらの国々では人権の理念がその反対物によって具象化されていたのであり，奴隷を見れば人権侵害の意味は一目瞭然だったのである。

端的な意味での人権侵害とは奴隷制のことであり，奴隷制を廃止することが人権の理念の実現を意味した。それゆえ，むしろ黒人奴隷制という究極の人権侵害があったからこそ，欧米では人権の理念がより現実的なものとして受け止められ，社会の中に根付いていったといえるかもしれない。

（3）奴隷制の廃止と工場法の制定

　人権の理念に添うように，植民地での黒人奴隷制は廃止されていった。しかし，フランス本国やイギリス本国の工場に目を転じれば，端的な意味での奴隷制ではないが，婉曲な形において「人間による人間の利用厚生」が行われているように見えた。すなわち，工場では白人の労働者，とりわけ児童が奴隷のように長時間労働を強いられていたのである。このような状況からは，自然に次のような主張が出てきた。植民地の黒人が奴隷労働から解放されるのであれば，本国の児童も工場での長時間労働から解放されるべきである，というのがそれである。

　イギリスでは 1833 年に植民地の奴隷制を廃止する法律が制定されたが，本国ではそれ以前から工場労働者の長時間労働が問題となっていた。産業革命を経て「世界の工場」へと発展しつつあったイギリス社会の中で，1 日の労働時間を制限する「標準労働日」を求める運動が広がっていたのである。この運動の推進者の 1 人として著名なリチャード・オーストラーは「ヨークシャーの奴隷制」と題した 1830 年の論説で次のように述べている。

　　7 歳から 14 歳までの数千の子供たち，男子も女子も，しかし主に女子が，朝 6 時から夜 7 時まで日々労働を強いられている。しかも，――英国人よ，読んで赤面しろ！――食事と休憩にはたった 30 分が許されているだけだ。哀れな子供たち！汝らは実

際，貪欲の祭壇の生贄にされている。黒人奴隷の慰安すらなしに。つまり汝らは奴隷であるにすぎないのだ。(Hargreaves and Haigh 2012, 10頁)

そして，次のように記している。

　国は，今や最も断固として，黒人を自由にしようと決めている。英国人がアフリカの子孫と共通の権利を持つことを国に忘れさせてはならない。(同上，11頁)

　ヨークシャーは，奴隷貿易廃止を実現したウィルバーフォースの選挙区であったところである。そのヨークシャーで白人児童が奴隷のように酷使されているというオーストラーのこの主張は大きな反響を呼び，標準労働日を求める運動の強力な推進力となった。そして，奴隷制廃止法が成立した1833年には工場法も制定され，9歳未満の子供の雇用が禁止されるとともに，9歳から13歳未満の子供の労働時間は1日9時間，13歳から18歳未満の子供の労働時間は1日12時間に制限された。1833年のこの工場法は，これ以降「近代産業にとって1つの標準労働日がようやく始まる」(マルクス1997a，481頁)と評価されるところの当時としては画期的な労働法であった。これにより，工場で働く子供たちには「毎日少なくとも1時間半の食事時間が与えられる」(同上)ことになった。ヨークシャーの奴隷制も，ついに廃止の方向へと進み始めたのである。
　フランスでは，イギリスの1833年工場法に類似した法律が，1841年に制定された。すなわち，この法によって，8歳未満の子供の雇用が禁止されるとともに，8歳から12歳未満の子供の労働時間は1日8時間，12歳から16歳未満の子供の労働時間は1日

12 時間に制限された（水町 2001, 62 頁）。

　日本では，1896 年に工場法の導入が議論されたが，先に触れたように渋沢栄一らの反対によって実現しなかった。その後，1911 年になって日本で初めて工場法が制定され，12 歳未満の子供の雇用が禁止されるとともに，女性および 15 歳未満の子供の労働時間は 1 日 12 時間に制限された。この工場法について，渋沢は次のように述べている。

　　年齢に制限を加えるとか，労働時間に一定の規定を設けるとかいうようなことは，かえって労働者の心に反くものではあるまいか。如何となれば彼らは子供にも働かせ，自分もできるだけ長時間働いて，たくさんの賃銭を得たいとの趣意であるが，もし子供は工場に用いぬとか，時間も一定の制限があるとかいうことになれば，彼らの目的はまったく外れてしまうようになるからである。（渋沢 2010, 185-186 頁）

　ここで渋沢は，児童労働や長時間労働を否定していないだけでなく，むしろ肯定的に捉えている。親が金銭を得るために子供を工場で働かせることに何の疑念も持っていない。こうした思考の背景に『論語と算盤』の著者としての彼の儒教倫理があるものと推察されるが，それに加えて「日本資本主義の父」のこの主張の中には，西欧と異なる「日本的な」資本家としての見地も現れていると考えられる。

　日本社会は，新世界の黒人奴隷制のような過酷な奴隷制を経験しなかった。日本の資本家階級は，奴隷貿易の禁止や奴隷制の廃止のために闘う必要がなかった。これは，イギリスやフランスやアメリカの資本家階級と大きく異なる点である。第 1 節で見たように，これらの国々の資本家階級は議会での長い議論を通じて，

あるいは戦争で血を流すことによって，奴隷制の廃止を勝ち取ったという歴史を持つ。奴隷制の廃止は，彼らが成し遂げた最大の倫理的事業であった。だが，そうであるならば，他方で労働者が奴隷的に取り扱われているという訴えに対しては，彼らは真剣に耳を傾けざるを得なくなる。

　黒人奴隷制に深く関与したこれらの国々では，自由労働の周辺には常に奴隷労働が存在していた。自由労働の在り方は奴隷労働と比較され，児童労働や長時間労働について，その奴隷労働との類似性が容易に可視化され得る状況があった。中でも児童は大人の指示に従うしかないのであるから，児童労働者が使用者の奴隷であるように見えたのは自然であり，資本家階級もオーストラーの主張を無視することができなかったと考えられる。こうして，児童労働が禁止され，同じく強制労働のように見える長時間労働も次第に厳しく規制されるようになった。奴隷制が廃止され，かつての奴隷たちが法によって保護されるのであれば，自由人であるはずの白人労働者も工場法によって保護されるのが当然だという主張は，説得力を持ったのである。

　他方，奴隷制廃止という倫理的事業に関与する必要がなかった日本の資本家階級は，労使関係から奴隷的な要素を除去しなければならないという倫理的義務を持つ必要もなかった。また，奴隷制が目立たなかった日本では，児童労働が奴隷労働とオーバーラップして見えるような状況を経験しておらず，強制労働と自発的労働の区別も強く意識されることがなかった。こうした社会では，「子供にも働かせ，自分もできるだけ長時間働いて，たくさんの賃銭を得たいとの趣意」を尊重することこそが労働者の利益になるという主張も説得力を持ち得たといえるであろう。また，このような社会では，労働に対する嫌悪感が人々に広く浸透するようなことはなく，むしろ勤労を尊ぶところの労働性善説とでもいうべ

き勤労倫理が受け入れられやすかったとも考えられる。すなわち，もし労働がそれ自体善であるのならば，労働時間は長ければ長いほど善いということになるであろう。しかも，それが金銭という善を産み出すものであるならば，児童労働も悪ではなく，むしろ是認の対象となりうるであろう。少なくとも，労働それ自体を悪や不効用と見なす思想は，日本では人気があるようには見えない。むしろ献身的な労働によって国家や社会や家族に貢献することこそ，教育勅語に記された日本的な倫理であるといえるであろう。

　渋沢は領主から御用金を搾り取られ，代官から面罵されたが，その際彼が反発したのは，能力のない者が威張り，返済する気のない金銭を搾取することに対してであった。彼は農産物の生産や取引といった労働を否定していたわけではなく，むしろそれに喜びを見出していた。しかも彼はその後武士となり，今度は代官に指示を出す立場に立つ。彼が体験した幕末の領主と農民の関係は，欧米の主人と奴隷の関係に比べればそれほど厳格な身分差別ではなく，かなり温和なものであったといえる。渋沢は代官が農民を「奴隷視」していたと述べているが，その際の農民の「奴隷」性の度合は，新世界の黒人奴隷と比べれば，極めて低い水準のものであったのである。そして，それが低い水準であったがゆえに，渋沢は強制労働と自由労働とを区別する「欧羅巴人」的な労働観を十分には理解しえず，児童労働や長時間労働を規制する工場法に反対の立場をとったといえるかもしれない。

　このように，黒人奴隷制を経験したフランス，イギリス，アメリカなどの欧米諸国と，そうした経験を持たない日本との間には，強制労働や労働者の人権に対する考え方において相違が生じ得る。そしてこの相違は，現代においても続いているように見える。とうのは，強制労働や人権侵害に対して欧米諸国が敏感に反応する一方で，日本社会はこの問題に対して比較的鈍感であるように見

えるからである。例えば，イギリスには「現代奴隷法」（Modern Slavery Act 2015）があり，この法によって奴隷制や強制労働，人身売買，臓器売買，児童労働等が禁じられているだけでなく，企業は「奴隷制と人身売買報告書」を作成して公表することが義務付けられている。これは，自社およびそのサプライチェーンにおいて奴隷制と人身売買が行われていないかどうかを確認するよう求めるものであり，強制労働の関与者が遠い海外の原材料供給者であったとしてもこの報告書の対象となる。つまり，イギリスは世界中の強制労働や児童労働にも目を光らせているのである。これに類似した法律は，フランス，オランダ，オーストラリア，スイス，アメリカ・カリフォルニア州などにもある（冨田 2018, 38 頁）。しかし，日本には存在していない。それどころか，日本の外国人技能実習制度は現代の奴隷制ではないかと海外から批判されている。さらに，日本の労働者が行うサービス残業や超長時間労働も，奴隷的ではないかといわれることがある。日本国内でも 2000 年代に「ブラック企業」という新語が生まれ，労使関係の在り方が改めて批判されるようになった。

　とはいえ，このような批判が的を射たものなのか，あるいは単に歴史的背景の相違を無視した短絡的な断定であるのか，こうしたことは慎重に論議されるべき事柄である。次章では，人権の理念を見据えつつ，欧米と日本との雇用慣行の相違について議論を深めることとしたい。

第2章　雇用慣行と人権

はじめに

　森嶋通夫は日本の雇用慣行の特徴について次のように述べている。

　　近代的な雇用は，人間を時間ぎめで売り買いする行為であり，
　　奴隷売買の経験があった国では，労働市場は奴隷市場の代替物
　　ないし近代版であると意識される。したがってそれらの国では，
　　できるだけ奴隷の記憶を呼び起こさないように，労働市場，し
　　たがって労使関係がつくられている。それゆえ労働者の自由を
　　保障することが至上命令なのである。これに対して奴隷売買の
　　経験のない国（例えば日本）では，無神経に奴隷的要素が導入
　　される。例えば「終身雇用」は日本では労働者の忠誠心と企業
　　者の親心をあらわす美徳——封建的であるかもしれないが，と
　　にかく美徳——と考えられがちだが，ヨーロッパではこういう
　　一生にわたる固縛は，奴隷的と見なされる。（森嶋 1994, 69-70 頁）

　森嶋通夫は 1970 年代と 80 年代にロンドン大学の教授を務め，
数理経済学者として世界的な名声を博した人である。彼はイギリ
ス社会と日本社会の相違に強い関心を持ち，両国を比較した社会
学的な考察も多く残している。この引用文は，ヒックスの学説を
紹介する項の中で，労働市場を「極めて社会学的な市場である」（森
嶋 1994, 69 頁）と捉えるヒックスに同意しつつ記されたものであ
る。ここで森嶋は，欧州では「労働者の自由を保障すること」が

規範とされ，日本では「終身雇用」が美徳とされると指摘している
るが，彼はこのような相違の由来を奴隷売買の経験の有無という
歴史的事実に求めている。英米と日本の雇用慣行の相違はかねて
より数多くの研究者によって論じられてきたテーマであるが，そ
の中でも森嶋の所説は日本の「終身雇用」を奴隷的と性格づけた
点で異彩を放つものとなっている。

　いうまでもなく，資本主義社会では人間の労働力が商品として
売買されている。とはいえ，労働力は人間自体から切り離し得な
いものであるため，他の諸商品とは異なり，その取扱いにあたっ
ては特別な倫理的配慮が必要とされる。われわれが例えば時計を
購入する際に，その時計をどのように使用するかは全く問題とさ
れず，購入後それをすぐに分解して捨ててしまうことも可能だが，
労働者の使用についてはその方法が労働法によって制限されてお
り，就業規則や倫理規範によっても制約されている。しかも，使
用者と労働者との関係に関わるルールは長い歴史の中で形成され
てきた慣行が重要な要素となっていることから，国民的経験や文
化の相違に応じてその内実も異なってくる。森嶋は，労使関係に
おける社会慣行上の望ましさについて，奴隷売買の歴史を持つ欧
州では労働者の自由の保障が規範となっているのに対して，日本
では終身雇用が美徳となっていると指摘している。これは1990年
代前半になされた指摘だが，イギリスの事情に通じた世界的な日
本人経済学者の見解として，今なお十分に傾聴に値する内容を保
持している。本章では，森嶋のこの見解を手掛かりとして，まず
第1節で英米の労働観を奴隷制との関りで概観し，第2節で戦後
日本の典型的な雇用慣行を振り返る。その上で，第3節では人権
の観点から見た望ましい労働力市場の在り方について，その幾つ
かの可能性を考察する。

第1節　奴隷労働と自由労働

（1）自由労働としての賃金労働

　英国や米国では，賃金労働が，奴隷労働との対比で，自由労働として位置付けられることが多い。

　第1章で見たように，西欧諸国やアメリカ合衆国は黒人奴隷売買に深く関わった歴史を持っている。特に森嶋通夫が長く居住したイギリスは，大西洋奴隷貿易から最大の利益を引き出した国の1つであるが，議会での審議と議決を通じて奴隷貿易と奴隷制を廃止した。その際，奴隷制廃止へと至る長い論議の中で奴隷制の不適切性を示す有力な論拠の1つとなったのが，自由労働と奴隷労働の経済的優劣であった。すなわち，自由労働である賃金労働と比べた場合，奴隷労働は倫理的に望ましくないだけでなく，経済的にも劣っているというのである。例えば，奴隷制廃止運動をイデオロギー的にリードしたトマス・クラークソンは，自由労働は奴隷労働よりも生産性が高く，したがって商品をより安く生産できること，また自由労働の場合，労働者が死亡しても無償で新たな労働者を補充できるが，奴隷労働の場合にはそうはいかないことを指摘し，結局，奴隷労働の維持は経済的に不利になると主張した（Meier 2007，74頁）。

　クラークソンのこのような主張は，おそらく，アダム・スミスが『国富論』の中で示していた奴隷労働についての次のような見解に由来している。

　　どの時代のどの国でも，奴隷を使った生産は，奴隷の生活費だけを負担すればいいと思えるが，結局はもっとも高くつくこ

とが示されていると思われる。資産をもてない人は，できるだけたくさん食べ，できるだけ働かないようにすること以外には関心をもてない。自分の利益のために働くことはないので，力ずくで強制しないかぎり，自分の生活を支えるのに必要な程度しか働かない。（スミス 2007，400 頁）

『国富論』の出版から 200 年ほど後に，奴隷労働がヨーロッパからほとんど完全になくなった理由について，ヒックスも次のように述べている。

　　自由労働が奴隷労働にとって代わった主たる理由は，その変化が起きた条件のもとでは，自由労働の方が低廉であるということであった。（1995，219 頁）

ただしヒックスは次のようにも述べている。

　　奴隷労働と自由労働のうち，一方の労働の供給価格が他方の労働のそれよりも高いという必然性も，低いという必然性もまったくない。もし奴隷労働が豊富であれば，それは自由労働を駆逐することになり，逆に自由労働が比較的豊富であれば，それは奴隷を駆逐することとなる。（1995，221 頁）

ヒックスは，ヨーロッパで奴隷労働がなくなった一方で，アメリカに再び奴隷労働が出現したのは，労働者が開拓農民として生きていくことができたアメリカでは賃金が高く，「奴隷制度が自由労働制度よりもいま一度低廉になったからである」と指摘している（1995，227 頁）。彼は，19 世紀に黒人奴隷制が廃絶されたのは，経済的理由というよりも「道徳感情の昂揚」によるものであった

と考えている（同上 219 頁）。いずれにしても，黒人奴隷制の歴史を持つ英米では，賃金労働は奴隷労働との対比で自由労働として位置付けられる存在であることを確認しておきたい。

　ところで，ある日を境に奴隷から解放された人々が，以前と同じプランテーションで引き続き労働し続けるとすれば，奴隷労働と自由労働の違いは具体的にはどのようなところに現れてくるのであろうか。イギリスとアメリカの事例を見てみよう。

　1833 年に制定されたイギリスの奴隷制廃止法は，奴隷と自由な労働者との間に徒弟労働者（apprenticed labourer）という身分を設けた。元奴隷は一定期間，元の奴隷主である雇主の下で徒弟労働者となり，その後，完全な自由人になるとされた。この期間は元奴隷と土地との関係によって異なり，土地と関係ない者は 4 年，土地と関係のある者は 6 年であった。この間，徒弟労働者は雇主から衣食等の生活手段を与えられる一方，雇主の下で週 45 時間労働することとされた。

　この徒弟労働者制度は，解放された人々の勤勉を促すという目的を持っていたが，元奴隷にとって満足できるものではなかった。元奴隷は，元奴隷主の下で働かなければならなかっただけでなく，奴隷制時代に有していた様々な既得権益を失うこととなった（布留川 2020，199-202 頁）。徒弟労働者制度に対する反対の声はイギリス本国および植民地で高まり，結局この制度は 6 年を待たずして 1838 年に廃止された。

　徒弟労働者の身分から解放され，完全な自由を得た人々は，農民や職人として働き始めたが，全般的にはプランテーションで賃金労働者として働くケースが多かったようである（布留川 2020，223 頁）。結局，以前と同じ職場で働き続ける人々も多かったということであるが，もちろん労働者の心持は以前とは大きく異なっていた。同じプランテーションで労働に従事するとしても，初め

からその雇主を指定されているのと，農民や職人にもなれるような条件の下で自らの意志でその雇主を選択するのとでは，全く状況が違うということである。

　こうしたことに鑑みると，奴隷労働と自由労働の違いは第一にまず，雇主を選択する自由があるか否かということに求めることができると考えられる。

　アメリカ合衆国では南北戦争（1861-1865 年）を通じて奴隷制が廃止されたが，戦後，重要な問題となったのは，奴隷状態から解放された南部の解放民をどのように処遇するかということであった。辻内鏡人（1997）によれば，南部社会の再建を担った行政機関の解放民局は「不自由労働＝無償労働に反対する立場から労働関係の調整にのりだすことに」なり，「有償労働制 systems of compensated labor を導入すること」を目的の 1 つとした（232 頁）。1865 年に解放民局長官は「黒人は雇主を自由に選択せねばならず，その労働に対しては対価が支払われねばならない」（辻内 1997, 238 頁）という方針を示していたが，その中でもアメリカでは特に「対価の支払い」が重視されたわけである。辻内は次のように述べている。

　　この有償労働は，奴隷制での無償強制労働に対比させた概念で，戦前から北部に浸透した自由労働イデオロギー free labor ideology のひとつの柱を構成するものであった。（1997，232 頁）

　奴隷も生きて労働するためには衣食住の生活手段が必要であり，奴隷の労働の一部分はこれらの生産にあてられていると考えることができるのであるから，奴隷が行う労働がすべて無償労働であるとはいえない。とはいえ，賃金を対価として労働し，労働

の長さや質に応じて賃金額が変化する賃金労働と比べれば，奴隷労働がすべて無償労働に見えるのは自然であるともいえる。特に，北部の自由労働イデオロギーでは，奴隷労働との対比における自由労働の高い生産性が強調されるが，この生産性の高さは賃金の支払いによって引き出される勤勉さに由来すると考えられている（辻村 1997，232-233 頁）。奴隷は懲罰を回避するためにしぶしぶ労働するだけだが，賃金労働者は賃金を得るために進んで労働する。賃金労働との対比において奴隷労働がすべて無償労働に見えることには，やはり一定の必然性があるといえる。

　よって，こうしたことを踏まえると，奴隷労働と自由労働の違いは第二に，その労働が有償労働であるか否かということにも求めることができるといえる。

　このように，英米では賃金労働が奴隷労働との対比において自由労働として規定され，奴隷労働の廃止は「雇主の自由選択」「無償労働の禁止」として現実化した。そこでは自由労働が基本原理であり，そしてそれは高い勤勉性および生産性という美徳と結びついていた。近代資本主義が英米で確立されたとすれば，これが資本主義的労働の規範であり倫理であるということもできるであろう。森嶋が指摘する労働者の自由の保障という規範は，以上のような歴史的背景を持っていると考えられる。

（2）自由労働の倫理学

　このような自由労働の理念は，西洋では，現代のどの倫理学派によっても肯定されうる性格を持っているといえる。

　まず，功利主義の立場からすれば，労働者が受け取る賃金は効用の源泉であり，労働者が行う労働からは不効用が生じる（マーシャル 1966，83-86 頁）。労働者は限界効用が限界不効用と等しくなるまで労働するが，効用が不効用を下回るような条件が続くな

らば労働者は離職するはずである。しかし，離職の自由を持たない奴隷はこのような功利主義的行動をなしえない。功利主義の立場からは，自由労働の方が奴隷労働よりも望ましいのは明らかである。

　カントに代表される義務論は意志の自律と自由を重視する。外的な強制から自由に行われた自律的な行為だけが道徳的な価値を持つとされる。さらにカント（1976）は，「理性的存在者を単なる手段として扱ってはならず目的自体として扱いなさい」という規範を普遍的道徳法則であると述べている（103-113 頁）。この道徳法則に義務として従うことが道徳的な行為ということになる。こうした立場からすれば，人を単なる手段として使用する奴隷制は全面的な否定の対象でしかなく，奴隷労働と自由労働が対比された場合，自由労働が肯定されるのは明白である。

　徳倫理学は，人間にとっての善とは「徳に即した理性的な活動」であると述べたアリストテレスに遡る学派である。アリストテレス自身は古代ギリシアの奴隷制を肯定したが，もちろん現代の徳倫理学は奴隷制を否定している。サンデル（2011）は，アリストテレスの目的論と奴隷論の論理を用いて逆に奴隷制を強く否定してみせただけでなく，自由労働の内容を人間の本性に合致すべきものとして改めて厳格に規定している（316-321 頁）。つまり，奴隷労働をより強く否定したのである。

　マルクスは資本主義に対する批判者として他の誰よりもよく知られた存在だが，彼は必ずしも資本主義的自由労働の一方的な敵対者というわけではなかった。彼は，近代的大工業が「労働の転換，機能の流動，労働者の全面的可動性を条件づけ」，これが「労働者の生活状態のいっさいの平穏，堅固，および安全をなくして」しまうと述べる一方で，この大工業は「一つの社会的な細部機能の単なる担い手にすぎない部分個人の代わりに，さまざまな社会

的機能をかわるがわる行なうような活動様式をもった，全体的に発達した個人をもってくることを，死活の問題とする」（1997b，834-835頁）とも述べている。ここで，「全体的に発達した個人」は，アリストテレスの倫理学においては人間の望ましい姿とされるものである。その上でマルクスは，これらの文が含まれているパラグラフに次のような注記を付している。

　あるフランス人労働者は，彼がサンフランシスコから帰るさいに，次のように書いている──「私は，カリフォルニアでやっていたあらゆる仕事が自分にできようとは，思ってもみませんでした。私は，書籍印刷業のほかにはなんの役にも立たないものと固く信じていました。……自分の仕事をシャツよりも無造作に取り替える冒険者たちのこの世界の真ん中にひとたびはいると，どうでしょう！私は他の者と同じようにやりました。鉱山労働の仕事はあまりもうからないことがわかったので，それをやめて町に移り，そこで，つぎつぎに植字工，屋根ふき，鉛工などになりました。どんな仕事でもできるというこの経験によって，私は，自分が軟体動物というよりもむしろ人間であるということを感じています」（1997b，837頁）

　ここでは，転職を繰り返し様々な職業を経験するアメリカの自由労働が肯定的に描かれている。マルクスは，資本主義的生産関係が労働者を「部分個人」化する場合，これに対しては全く否定的であるが，多様な職種に従事することを通じて労働者が「全体的に発達した個人」になることに対しては肯定的である。そもそも自由労働は奴隷労働に比べれば明らかな前進である。アメリカの南北戦争の間，マルクスは一貫してリンカンの支持者であった。
　現代の経済学が形成され発展したのは主としてイギリス，フラ

ンスおよびアメリカにおいてであるが，これらの国々は大西洋奴隷貿易の主要な担い手でもあった。現代の経済学は奴隷貿易の最盛期といえる 18 世紀に形成され，各国で奴隷制が廃止されていった 19 世紀に発展している。労働は経済学の主要概念の 1 つであるが，これは奴隷労働との対比において自由労働として性格づけられた賃金労働のことである。賃金労働者はそれゆえ，自由に転職でき，無償労働をしない人々ということになる。

　現代の労働者も，もちろん自分の労働力を企業に売るが，それは企業が募集するジョブ（職務）に対応する労働能力である。そのジョブは予め職務内容や責任範囲がジョブディスクリプション（職務記述書）に明確に記されたものであって，企業の都合である日突然に配置転換や転勤を命令されるようなものではなく，ましてや無償労働を求められるようなものでもない。職務に求められる経験や資格やスキルの難易度が高くなるのに応じて賃金も高くなるから，労働者は自分の労働能力を高め，あるいは新たなスキルを身につけ，より高い賃金を求めて 1 つの企業から別の企業へと移って行く。転職は自由であり，であるからこそ自由労働なのである。しかし，森嶋によれば，このような労働者像は終身雇用を美徳とする日本の雇用慣行と必ずしも一致するものではない。そこで次に，日本の労使関係の特徴について振り返ってみよう。

第 2 節　日本型雇用慣行

（1）日本型雇用慣行と儒教倫理

　労働者の自由の保障は普遍的な規範であり，すべての労働者に適用されるべき公然のルールである。現代の先進資本主義国では，労働法が忠実に順守されるならば，それによって労働者の自由が

保障されることになる。一方，日本の終身雇用はこのような性格のものではない。これは労働法によって定められた制度ではなく，慣行として維持されてきた暗黙の規範である。しかも，この規範が適用されてきたのは，主に公務員と大企業の男性従業員であったに過ぎない。とはいえ，終身雇用は年功賃金および企業別組合とともに三種の神器と呼ばれ，戦後の高度成長を実現した日本的経営の不可欠の要素であると考えられてきたのである。

　終身雇用といっても，もちろん労働者が生涯を終えるまで雇用が続くということではない。終身雇用の1つの典型的な例として，かつて私が実地に観察した1980年代のある地方銀行の行員のケースを見てみよう。

　通常，銀行は正社員の中途採用はせず，3月に卒業する高校生，短大生および大学生を新規採用し，同じ年の4月1日から正式な雇用を開始する。いわゆる新卒一括採用である。行員は本店または支店に配属され，そこで窓口，為替，得意先，貸付など幾つかの異なった職務を経験する。この配置転換は，基本的に給与の額とは無関係であり，繁忙期などの際には別の係の業務を手伝うこともある。また，数年に一度，定期人事異動による転勤があり，様々な支店や部署での勤務を経験する。高卒や短大卒の女性行員の場合，転勤は居住地からの通勤範囲内で行われるのが通常である一方，男性行員の転勤には居住地の変更が伴う場合が多い。このため行員の福利厚生として銀行は各地に社宅を用意している。職務や勤務地は無限定であり，多くを経験して支店長になるのが順調な人の行員ライフである。勤続年数に応じて基本給が上がっていく一方，職能給は人事評価に左右されるため，50歳くらいになるころには，同期入行行員の間でも賃金にかなりの差が出てくる。順調に昇進し，大きな支店の支店長を経験した行員は，55歳の定年年齢後も役員として銀行に残り，銀行経営に従事することにな

る。平均的な行員は55歳まで働き，その後も身分の異なる行員として，あるいは関連会社や取引先に再就職するなどして働き続けることができる。人事評価に恵まれず支店長になれなかった行員も，雇用の維持に関しては平均的な行員と変わるところはない。もちろん，進学等の理由で中途退職する少数の例外があるとはいえ，多くの場合，学校を卒業して銀行に就職すれば，同じ銀行の中で働き続けることになる。行員は札幌から大阪へといった転勤命令にも当然のこととして従う一方，行員が大きな不祥事でも起こさないかぎり，銀行は行員を解雇せず定年まで雇用し続けるのである。このような雇用慣行の中に，森嶋がいうような「労働者の忠誠心と企業者の親心」のようなものを認めることは確かに可能であると思われる。

　森嶋によれば，日本の民間企業の中に終身雇用が現れるのは二十世紀以降のことである。まず大企業が年功賃金制を導入し，これによってホワイト・カラー従業員の忠誠心を確保しようした（森嶋1984，137-138頁）。第一次世界大戦の頃からは年功賃金と終身雇用がブルー・カラーにも拡張され，職場での技能教育も行われるようになった（同上138-139頁）。しかし，終身雇用が広く普及するのは，1930年代から40年代初めにかけての準戦時体制下および戦時中のことである。軍部による奨励と極端な労働市場の逼迫により多くの中小企業も終身雇用を採用するに至った（同上166頁）。こうした動きは戦争遂行に必要な重化学工業化をはじめとした「社会大転換」とともに進行したものであり，結局のところ「戦後の日本の成功の地ならしは，戦争中になしとげられたのである」と森嶋は述べている（同上172頁）。戦後，「重要な企業の重役」が占領軍によって追放され，その空席を「若い人たち」が埋めることになるが，これらの若い経営者も労働者も「軍隊であまりにも長いあいだ，年功序列と終身雇用制に親しんできた」

ため，こうした雇用慣行は戦後「一層普及しさえするようになった」のであった（同上 204-205 頁）。

　森嶋は日本の終身雇用制に奴隷制的な要素があると指摘したが，その理由として次のようなことを挙げている。すなわち，自由社会では思想と表現の自由など様々な自由が保証されていなければならないが，「その中で最も重大な自由は社会選択の自由である」（森嶋 1984，152 頁）。しかるに日本では「大企業部門に入るチャンスは一生のうちに，学校を卒業したときにただ一度あっただけ」（同上 138 頁）であり，この意味で大企業の従業員には「職業選択の自由がなかったし，いまもそうである」（同上）。つまり，終身雇用制の中の労働者は社会選択の自由が制限されており，この点でヒックスのいう奴隷労働に似ている，というのである（同上 156 頁）。大企業から大企業への転職は稀であり，大企業を離れれば中小企業に職を求めるしかないが，日本では大企業と中小企業の間には賃金格差があるから，大企業の従業員は転職しようとはしない。そもそも，大企業の従業員は自分が所属する会社に対して強い忠誠心を持っている。「彼らは彼らの父親が藩主（大名）につかえていたように，新しい藩主である企業に一生を捧げたのである」（同上 138 頁）。

　このような企業への忠誠心からは，転職の自由の制限に加えて，長時間労働および無償労働というもう一つの奴隷制的な要素が出てくる。森嶋は次のように述べている。

　　社員は，自分が会社への忠誠心を特別に発揮したと思ったときに仕事からの満足感を感じるから，正規の時間内での勤務より残業の方が仕事からの満足感の度合が大きかった。残業時には経営者側はしばしば不在であったから，残業はまったく自発的なクラブ活動のようである。（1984，147 頁）

　経営者側が不在の時に自発的に行われる残業には，時間外手当を請求しない残業，いわゆる「サービス残業」が含まれることになる。「サービス残業」は無償労働である。アメリカの自由労働の観点から見れば，無償労働は奴隷制の特性であるから，夜遅くまで「サービス残業」に従事する日本の労働者は奴隷のようにしか見えないであろう。しかし，終身雇用される日本の労働者の多くは，善き行為として自発的に無償労働を行ってきたのである。森嶋 (1984) は「サービス残業」や「無償労働」という語を使用していないが，上記引用文の残業には「サービス残業」が含まれていると考えて間違いないであろう。

　森嶋は，このような非自由労働を善とする雇用倫理の由来を，日本的な儒教に見出している。彼は，日本の儒教が本家本元の中国の儒教とは異なり「忠」を極度に重視すること，また「忠」の意味内容についても日中間で相違があることを強調し，次のように述べている。

　　「君に仕えるに忠を以てす」という孔子の言葉は，中国人は「家来は自分の良心にそむかぬ誠実さをもって君主に仕えるべきだ」と解釈するが，日本人は「家来は君主に身を捧げるべきだ」と解釈する。したがって忠は，日本では孝や悌と三位一体の関係にある概念であり，これらはそれぞれ社会の権力的，血縁的，年齢的上下関係を拘束した。(1984，17頁)

　このような「忠」重視の日本的儒教は江戸時代においては武士階級の道徳であったが，明治になって義務教育制度が導入されると，それを通じて「全国民が儒教教育を受けるようになった」(森嶋 1984，137頁)。大企業の労働者は「彼らの父親が藩主（大名）

につかえていたように，新しい藩主である企業に一生を捧げた」（同上 138 頁）。森嶋は，このような儒教的勤労倫理の具体例として 1932 年に行われた松下電器製作所の 15 周年記念式典を取り上げ，「ワガ松下電器ノ使命ヲ自覚シ身命ヲ賭シテソノ本分ヲ全ウセンコトヲ誓ウ」という文で終わる従業員総代の答辞を引用しつつ，次のように述べている。

> このような従業員の会社への滅私奉公の精神，会社を自分の死場所と覚悟する心は，戦前の松下のように極端な程度ではないが，戦後のいまなお日本の会社において支配的である。（1984，153 頁）

このように身命を賭して滅私奉公する会社員が，無償労働を一切拒否するとすれば，そのことの方が不自然であろう。むしろ進んで無償労働をすることで会社への忠誠心を示そうとするのが自然であるといえる。そして，このような自己犠牲的行為は周囲から高く評価され，結果として行為者自身の利益にもなる。アメリカでは黒人奴隷が意思に反して無償労働を強制されたが，日本では大企業の正社員が自発的に無償労働をすることで企業に忠義を尽くしたのである。

　森嶋はこのような日本の雇用慣行を「奴隷的」と性格づけたが，だからといって，彼がこの儒教的雇用倫理を否定したということではない。というのは，彼は次のようなことを主張しているからである。すなわち，「高度成長に貢献した労働人口の大部分は戦前教育を受けた人」（森嶋 1999，23 頁）たちであったが，1990 年代には彼らは戦後教育を受けた人たちによってとって代わられ，やがて日本社会の全領域が戦後生まれの人々によって占められることになるから，2050 年には日本は没落しているであろう，と。森

嶋によれば，戦前教育とは「忠君愛国，挙国一致を促進させるような教育」（同上20頁）であり，日本的な儒教倫理に基づく教育である。戦前教育の理念が記された教育勅語は，日本で「最も流布された儒教経典」であり，学校教育の場で繰り返し読まれたのであった（森嶋1984, 153-154頁）。これに対して戦後の学校教育は，占領軍の下で自由主義，個人主義を根幹とする教育に改められた。いうまでもなく，日本的な儒教とアメリカ式の自由主義・個人主義は，著しく異なる倫理規範から成っている。したがって，戦後教育を受けた人々が増えれば増えるほど，日本社会から儒教的な倫理が失われていき，「1990年代に活躍する日本人の大半は，儒教に対して殆ど何の敬意も抱いていない」（森嶋1999, 46頁）という事態に至ったのである。森嶋は，このような戦後教育を受けた人々には多くを期待できず，日本は没落するであろうと予言したのであった。

（2）儒教倫理の衰退とブラック企業の出現

　長時間労働と無償労働を伴う日本の終身雇用は，英米的な自由労働の見地からすれば奴隷的に見える。しかしこのような所属企業への献身は，それが倫理的満足感とともに自発的に行われているかぎり，かつてのアメリカの奴隷労働とは本質的に異なるものであり，むしろ正反対であるとすらいえるであろう。戦後の日本の大企業では，経営者と労働者の間の所得差が少なく，両者の関係は主人と奴隷のような断絶した関係ではなかった。新卒で採用された労働者が昇進の末に経営者の地位に就いたから，労働者と経営者の会社に対する意識には共通性があり，両者とも自分が所属する企業を「うちの会社」と見なした。経営者も労働者も同じような愛社精神を「うちの会社」に対して持っていたのである。

　伊丹敬之（1987）は，こうした点を特に強調して，日本企業の

経営原理を「資本主義」と対照されるものとして「人本主義」と
呼んだ。すなわち，アメリカの資本主義では「会社は株主のもの」
であるのに対して日本の人本主義では「会社は働く人びとのもの」
であって（伊丹 1987, 36-37 頁），アメリカでは経営者と労働者
の間で情報，付加価値および意思決定権限の格差が大きいのに対
し，日本ではこれらが分散し平等的であり（同上 39-40 頁），アメ
リカ企業は取引相手を固定化しない自由を重視するのに対し，日
本企業は特定の取引相手と長期的な関係を作り出そうとする（同
上 42-43 頁）。資本を所有する株主が主権者であるのが資本主義で
あるとすれば，日本企業では主権者が株主ではなく従業員である
から，日本は資本主義というよりはむしろ人本主義である，とい
うのである。 榊原英資(1990) は，このような伊丹の見解を肯定し
つつ日本経済を「脱資本主義」市場経済と性格づけ，この社会経
済システムが「十分な一般性を持ち，例えば発展途上国の政策等
への参考になりうるものである」（6 頁）ことを強く主張した。 榊
原のこの主張は『資本主義を超えた日本―― 日本型市場経済体制
の成立と展開』と題された著書でなされたが，日本経済が世界で
最も輝いて見えた 1980 年代には，多くの論者がこのように日本の
独自性を讃えたものである。実際，森嶋が儒教的雇用倫理につい
て述べたのも『なぜ日本は「成功」したか？』というタイトルの
著書においてであった。

　しかし，1990 年代になると日本経済のパフォーマンスは悪化し，
今日にまで続く低迷が始まる。この低迷の一因が，森嶋が主張し
たように儒教的雇用倫理の喪失にあるのか否かは別途詳細に論じ
る必要があるが，2000 年代になって雇用をめぐる倫理に大きな変
化が現れ始めたことは確かである。この事態を示す 1 つの症状が
「ブラック企業」という語の自然発生と，その浸透である。

　「ブラック企業」という新語は，2012 年の流行語の 1 つとなった。

通常の流行語は，短い流行期間を過ぎると忘れ去られてしまうことが多いが,「ブラック企業」は日本社会の中に定着し,今日に至っている。今野晴貴（2012）の『ブラック企業——日本を食いつぶす妖怪』によれば，ブラック企業は新規学卒者を正社員として大量採用し，長時間労働や無償労働で酷使し，多くの離職者を生み出す企業であり，過労死，過労自殺，鬱病等の温床となっている。また，ブラック企業の中には，辞職の意向を表明した労働者を辞めさせず,「安く長く働かせる」（今野2012, 97頁）タイプもある。いずれにしても，ブラック企業の経営者は労働者を利潤のための単なる手段として使用しており，そこには儒教的雇用倫理がまったく欠落している。上で見たように，かつての儒教的雇用倫理は「労働者の忠誠心と企業者の親心」から成っていたが，ブラック企業の企業者は「親心」を全く持っていない。この「企業者の親心」は温情主義ともいわれ，労働能力が芳しくない労働者をも雇用し続ける日本的雇用慣行の重要な構成要素であった。しかし使用者の側に「親心」のような徳がなくなれば，労働者を無償労働に駆り立てる心理は自発的な忠誠心ではなくなるであろう。この心理について今野（2012）は，それが正社員の地位を失うかもしれないという不安,「非正規雇用という貧困状態への恐怖」（18頁）であることを示唆している。もしこれが正しいとすれば，ブラック企業の労働者が行うサービス残業はもはや正真正銘の強制労働であるというしかなく，彼らは奴隷に極めて近い存在になってしまっているということになる。ブラック企業の経営者は，長時間労働や無償労働という伝統的慣行にただ乗りし，労働者を一方的に利用厚生することで，日本的雇用慣行の精神的内実となってきた儒教的雇用倫理をも破壊しているといえるであろう。

　ブラック企業はIT関連をはじめとする新興企業の中に多く見られると考えられてきた。しかし労働者を長時間労働へと駆り立

てて過労死へと追い込む圧力は，歴史ある一流企業の中においても強まっていた。2013年，NHKの若い女性記者が過労死した。労働基準監督署は，亡くなる直前の1ヵ月間の時間外労働を159時間と認定したが，この事実が公表されたのは2017年のことであった。2015年には電通の女性社員が会社の寮から飛び降り，自殺するという出来事があった。この女性社員は死亡する直前までに月105時間の時間外労働をしていて，労働基準監督署は女性社員の自殺が過労によるものであることを認定した。2016年にこの事実が報道されると，東京大学卒の新入社員であったこの女性の過労自殺事件は特に大きな注目を集め，政府が進めていた働き方改革の推進に拍車を掛けることとなった。

　2018年，「働き方改革を推進するための関係法律の整備に関する法律」が成立した。これまで日本には成年男性労働者を対象とする法律上の時間外労働の上限が事実上存在しなかったが，この法律によって労働基準法が改正され，時間外労働が年720時間，月100時間未満と定められた。月100時間という残業時間は過労死を惹起し得る長さであり，法律が過労死を許容しているといった趣旨の批判も少なくない。しかし時間外労働の上限が初めて法律によって明示されたということは日本の歴史上重要な出来事であったといえる。これによって，献身的な長時間労働を美徳とする暗黙の倫理規範が，もはやそれほど一般的なものではなくなったことが示されたと理解することができる。あるいは，日本的な「忠」の理念が，欧米起源の人権の理念によって制限されたといえるかもしれない。

　いずれにしても，森嶋が描いたような儒教的雇用倫理は現代の日本社会から失われようとしている。しかし，人間は道徳的な存在であり，人間が対象となる労働力市場には倫理が不可欠である。渋沢栄一や森嶋通夫の青年時代には社会倫理の原典として違和感

なく『論語』を持ち出すことができたが，現代においてはどうであろうか。現代においてはやはり人権の理念に基づいて労働力市場の在り方が改変されるべきであろうか。すなわち，世界標準ともいえる英米流の自由労働の理念を日本社会も十全な形で受け入れ，経済社会のグローバル化を推進すべきであろうか。

　英米の雇用慣行は現在，ジョブ型雇用と呼ばれることが多い。これに対して日本型の雇用慣行はメンバーシップ型と呼ばれている（濱口 2021）。したがって，この用語法を用いるとすれば，ここで論ずべき問題の外形的な部分は次のようなものになるかもしれない。すなわち，日本の企業はジョブ型雇用に転換すべきか，あるいはメンバーシップ型雇用を維持すべきなのか。次節では，日本の伝統を保持すべしとする伝統主義的見解と欧米に倣って明治維新以来の近代化を完成させるべしとする近代主義的見解をディベートの立論風に提示する。また，新型コロナウイルス感染症のパンデミックがもたらした新たな見地からもこの問題を議論する。

第3節　日本型雇用慣行の今後を考える

（1）伝統主義的な見解

　日本型雇用慣行は日本の経済成長とともに成熟し，1980年代に1つの完成形態に到達したといえる。その後は，経済の停滞を背景としてこの雇用慣行への批判が強まり，年功賃金を能力主義や成果主義に変える動きが見られた。また，終身雇用から除外された非正規雇用の数は目に見えて増加した。とはいえ，大企業の正社員をとってみれば，従来の雇用慣行は依然として続けられており，しかも正社員の数はそれほど減っていない（小熊 2019, 43-49

頁)。日本経済団体連合会は，2020 年 1 月に公表した『経営労働政策特別委員会報告』の中で，年功賃金や終身雇用が時代に合わなくなってきていると指摘し，欧米型のジョブ型雇用の導入を推奨した (11-17 頁)。また 2022 年版『経営労働政策特別委員会報告』でも「日本型雇用システムの見直し」について触れ，「ジョブ型雇用の導入・活用を検討する必要がある」と述べている (32-37 頁)。しかし，このことはむしろ日本型雇用慣行が今日まで連綿と続いてきたことを裏付けるものとなっている，といえる。

　かつて日本型雇用慣行の原理を人本主義と名づけた伊丹敬之は，2019 年に『平成の経営』を刊行し，平成時代 30 年間の日本の経験を振り返りつつ人本主義の実績を検証している。その中で伊丹 (2019) は，リーマンショック直後 10 ヶ月間の失業率の悪化を取り上げ，アメリカでは 3.4％も悪化したのに対して，日本では 1.5％の悪化にとどまったことに着目する (94 頁)。また，自動車産業において社長の年収が一般従業員の平均年収の何倍になるかについて，アメリカの GM では 295 倍になるのに対して，トヨタでは 38 倍にとどまることにも着目している (同上 190 頁)。これらに代表される種々の事実から伊丹は，バブル崩壊，金融危機，リーマンショックを経た後でも，日本では従業員主権の人本主義が維持されていることを主張している。さらに伊丹は，カルロス・ゴーンによる「ゴーン革命」を経験した日産と，日本的経営の典型ともいえるトヨタを比較し，リーマンショックの後，日産の利益率がそれ以前の水準に戻れないでいるのに対して，トヨタは売上高も利益率も好調な水準に戻っていることを指摘し (同上 236 頁)，トヨタを「日本企業の多くがめざすべき一つの姿である」(同上 266 頁) と称賛している。

　雇用慣行について伝統主義的な見解を示すとすれば，それはこのような伊丹の考え方に同意するものとなるであろう。また，日

本の雇用慣行の際立った特徴である終身雇用下の長時間労働についても，伝統主義の見地からは当然これを肯定し，社員が自発的に行うサービス残業をも否定しない，ということになる。

　日本型雇用慣行の下で終身雇用を保障された大企業の正社員や公務員は，日夜勉学にはげむ受験生の目標であるといえる。もちろん小学生が大企業への就職を意識して勉強に打ち込んでいるとは思えないが，中学受験，高校受験，大学受験を潜り抜けた後に行き着く目的地は，多くの場合，企業の正社員である。受験生の主観においては開業医や弁護士のような自営業が第一の目標であったとしても，結果から見れば，受験生の多くは企業の正社員になることをゴールとして勉強しているといえる。その際，中学受験を控えた小学生の勉強時間は長大なものであって，小学校での授業や宿題とは別に，多くの受験生は進学塾に通い，そこで晩の9時くらいまで授業を受ける。帰宅後も塾の宿題をこなすのに追われ，就寝するのは11時をだいぶ過ぎてからのことになる。勉学を労働と読み替えれば，受験生は過労死認定水準並みの長時間労働に従事しているともいえる。しかもこのような超長時間学習は日本の子供に限った話ではなく，中国や韓国にも共通するものであって，むしろ中韓両国の方が苛酷だともいわれている。つまり，子供の生活時間のほとんどが勉学に充てられるという生活スタイルは，現代では儒教文化圏共通の特徴なのである。

　大学受験まで禁欲的に受験勉強に打ち込んできた人々は，その後の職業生活でも重要な局面で禁欲的に労働に従事することを厭わないであろう。おそらく，ここで想起されるのはマックス・ヴェーバー（1989）の『プロテスタンティズムの倫理と資本主義の精神』である。ヴェーバーが論じたように，プロテスタンティズムの倫理がその信者をして世俗内禁欲に駆り立て，それによって英米型の資本主義を発達させたとすれば，儒教は子供とその親をして禁

欲的勉学に駆り立て，それによって長時間労働に基づく日本型資本主義の発達を準備したといえるかもしれない。学問のあるエリートが献身的に社会のために働き，一般大衆に対して模範を示すのは儒教社会の伝統である。西洋では，労働は苦痛であり避けるべきものだという考えも有力であるが（有江 2019，35 頁），日本では労働それ自体が嫌悪されたことはない。日本の儒教的伝統において労働は善であり，従って長時間労働はもっと善いのである。

　ただし，サービス残業については，儒教の本家本元である中国では一般的ではないようであり，これはやはりメンバーシップ型雇用を基本とする日本企業の従業員が持つ独自の特徴であるといってよいかもしれない。私は 1980 年代後半にある地方銀行で働いていたが，サービス残業はごく当たり前のことであり，上司に強要されたことはなかったし，サービスで働いてあげているという意識すらなかった。それから 20 年ほど経った後，大学のゼミの先輩と同窓会で会い，この話題になったとき，彼は今でもなんとなく無意識のうちにサービス残業をしているといっていた。彼と私は大学のゼミでマルクスの「疎外された労働」論について学んでいたのだが，私たちの意識の中ではサービス残業という無償労働も「疎外された労働」として嫌悪の対象となるようなものではなかったのであり，従業員としてのごく自然な振る舞いであったのである。もちろん，大学時代のアルバイトの際には，サービス残業などしなかったし，したいとも思わなかった。アルバイトでは始めから労働時間と時給が決まっており，「外から来た手伝い」といった位置づけであったから，時間が来れば仕事を終えてさっさと帰ったものである。しかし，会社の正社員ということになれば，「外」の人ではなく「内」の人になり，所属企業に対して「うちの会社」という意識を持つ。うちの中では利己的に振る舞うものではなく，むしろ利他的に行動するのが自然であり，うちの会社に

88

対して忠誠心のようなものも生じる。私自身は儒教教育を受けたという意識はないが，銀行での研修や実務を通じて身に着けたマナーや礼儀作法は上下関係を重視するものであって，儒教ないし戦前教育に淵源する倫理に基づいていたと思っている。いずれにしても，従業員が上司や会社に対して忠実であり，ごく自然にサービス残業をするような所であれば，自ずとその企業の業績も上がり，その国の経済成長にも寄与することになるであろう。これはメンバーシップ型雇用の長所であるといえる。

　しかしながら，いわゆるブラック企業は，こうした日本型雇用慣行の美徳を悪用し，一方的に労働者を酷使している。サービス残業は，正社員が自発的，無意識的に行うのであれば美徳であるが，固定残業代制度の悪用によるものであったり（明石 2019，85-110頁），露骨な強制によるものであったりすれば，それはもはや奴隷労働に転化してしまっているといわざるをえない。サービス残業は倫理的土壌があって初めて美徳となる。というのは，行為者の動機を見ずに，単に行為の外観のみを観察するならば，サービス残業は無償労働であり，従って違法行為であるということになるからである。機械的に法律を当てはめるだけならば，サービス残業は常に労働基準法違反である。しかし，社内の人事が倫理的に適切に運営されていて，社員が会社に対して忠誠心を持っているならば，10分や20分の時間外労働に対して毎回細々と時間外労働手当を請求するのは利己的な行為に見える。そのような会社では，むしろ同僚や会社に対して利他的に振る舞うことで善意を示したいと思う社員が出てくるのが自然である。

　日本的経営が円滑に機能していたとき，日本型雇用慣行は社内での従業員の利他的行動を自然な形で引き出すことができていたと考えられる。このような利他心の発露は法律によって機械的に抑圧されるべきものではなく，むしろ涵養されるべきものであろ

う。社会にとって大事なのは，個々人の行動を外から強制する法令というよりも，やはり個々人の習慣と一体化した倫理であり道徳なのである。歴史のある老舗企業では日本的な倫理規範がある程度受け継がれているものであるが，ブラック企業の多くは新興企業であり，成長を急ぐあまり伝統的な倫理や道徳を軽視する傾向がある。SDGs を踏まえた経営を行う老舗企業が増え，ESG 投資の影響も増しつつある今日，新興企業も労働者の厚生に配慮した長期的な企業経営が必要とされている。若い企業家は，今こそ日本資本主義の父である渋沢栄一の『論語と算盤』を読み，「利用厚生と仁義道徳の結合」を学ぶべきである。

　とはいえ，日本的な儒教倫理の再学習が必要なのは老舗企業も同様である。日産自動車は 1999 年にカルロス・ゴーンを最高執行責任者として迎え，拠点工場の閉鎖や人員削減，取引先の大幅削減を断行させた。伊丹（1987）の人本主義とは逆の経営である。伊丹は日産における会長・社長と一般従業員の収入の差がトヨタにおけるそれと比較して著しく大きいことを指摘しているが（2019，265 頁），実際にはゴーンの報酬はもっと多かったようである。ゴーンは巨額報酬の過少記載と会社の資産を食い物にした背任の罪で逮捕されたが，2019 年の年末に日本の司法制度を蹂躙してベイルートに逃亡した。

　われわれは，ここでもやはり渋沢栄一の『論語と算盤』の次の一節を復誦しなければならない。

　　今日のいわゆる実業家の多くは，自分さえ儲ければ他人や世間はどうあろうと構わないという腹で，もし社会的及び法律的の制裁が絶無としたならば，彼らは強奪すらしかねぬという，情ない状態に陥っている。もし永くこの状態を押して行くとすれば，将来貧富の懸隔は益々甚だしくなり，社会はいよいよ浅

間しい結果に立ち至ると予想しなければならぬ。(渋沢 2008, 144 頁)

　戦後の日本の大企業では,「経営者は自分たちの給与をむさぼらなかったし, 労働者の厚生施設を充実することに熱心であった」(森嶋 1984, 205 頁)といわれている。その背景には, 会社を一つの家族と見なし, 親の目で従業員の福利に配慮する儒教的倫理があった。この倫理は今日, 株主主権と市場の論理を叫びたてる英米の新自由主義によって押し出されつつあるように見えるが, 長い歴史を持つ伝統的倫理はそう簡単には消失するものではない。

　巣内尚子(2019)の『奴隷労働』は, 聞き取り調査によって外国人技能実習制度の実態を丁寧に描き出した作品だが, その中で紹介されている次の一事例は, 日本の経営者が従業員に対して親のように振る舞うという一面を良く示している。すなわち, あるベトナム人技能実習生は工場での労働の傍ら日本語の勉強に打ち込み, 日本語試験の最高位である N1 を取得しただけでなく, 龍谷大学にも進学することができたが, その陰では, 彼の所属企業の社長がその実習生との間で日本語での日記の交換を 3 年間にわたって続けていたという事実があったのである(巣内 2019, 27-32 頁)。この実習生の賃金は安く, 宿舎も粗末なものであったかもしれないが, この企業の社長は親代わりとしての役割を立派に果たしたというべきであろう。この場合でも, 英米的な見方からすれば, この実習生は奴隷的な存在だったかもしれない。しかし, 儒教的伝統から見れば, 異国の地で賃金を得つつ勉強もし, 大学に進学できたのであるから美談であるというしかない。この社長は外国人技能実習制度の枠の中で十分に温情主義的な利他的行動をとったのである。

　重要なのは労働者と経営者の双方が利他的に振る舞うというこ

とである。経営者は温情主義的に，労働者は忠実に，そして時には自己犠牲的に振る舞うということである。我が国には西欧に負けない長い歴史と高い文化がある。われわれは今こそ古き良き儒教的伝統を再生し，「利用厚生と仁義道徳の結合」を図るべきである。そして，これによってメンバーシップ型雇用を維持発展させるべきである。

（2）近代主義的な見解

　ピーター・シンガーは現代の倫理学者として世界で最も影響力のある人物の 1 人だが，彼は『私たちはどう生きるべきか』（2013，原書は 1993 年刊）という著書の中に「日本人の生き方」という章を設け，その中で日本の雇用倫理を論じている。西洋社会では「近代資本主義社会が繁栄するための条件は諸個人が攻撃的かつ競争的に私益を追求することである」（シンガー 2013，198 頁）という考え方が支配的だが，日本は全く異なった考え方によって繁栄しているように見える。そこでシンガーは，日本人の生き方が西洋社会の個人主義的で競争的な考えに取って代わり得る倫理を示しているといえるのか否かを検討したのである。その際，彼は日本的経営を体現する典型的な経営者とホワイト・カラー労働者の行動様式を『忠臣蔵』のストーリーなども織り交ぜながら紹介し，その上で，日本文化と西洋文化の優劣を比較したバランスシートを作成している。

　彼は，日本の優れた点として経済大国になったこと，犯罪率の低さ，富が比較的平等に分配されていること等を挙げる一方，劣った点としては，子供の塾通い，長時間労働，過労死等を挙げるとともに，とりわけ「よそ者」に対する配慮の欠如という点を日本人の欠点として強調している。すなわち，日本人は自分が所属する集団の中では献身的であり，所属メンバーの厚生の増進に成功

してきたが，所属集団の外部の人々に対する配慮がなく，よそ者，動物，地球環境に対して無関心だ，というのである。その上で，「人がたまたま帰属する集団の集合的利益を追求することは，部外者に加えられる害を度外視しても，自己自身のもっと狭い利己的利益をただひたすら追求することと同様，倫理的に正当化されえない」（シンガー 2013，231 頁）と述べ，日本的経営に体現されている倫理は西洋の競争的個人主義に取って代わり得るものでは全くないと結論している。

　シンガーは動物の権利の擁護者として最も有名な哲学者であり，日本の捕鯨やイルカ漁に対する最も鋭い反対者でもあることから，彼の日本文化論にはある程度バイアスが掛かっている可能性がある。とはいえ，日本の集団主義についてのシンガーの議論はごく一般的なものであって，同様の見解は日本の論者の中にも見られる。例えば，経済学者の松尾匡（2009）は，従来の日本社会が「身内への忠実・身内の外の無視」を倫理規範とする身内集団原理で動いてきたと指摘している（26 頁）。これに対して欧米は開放個人主義原理が優勢な社会であり，日本社会も身内集団原理から開放個人主義原理へと移行する必要があると松尾は主張する。実際，経団連も『経営労働政策特別委員会報告』の中で，従来の「メンバーシップ型」雇用システムから欧米流の「ジョブ型」への移行の必要性を訴えており，日本の集団主義的な雇用倫理が時代遅れになっていることは今や明らかなのである。

　シンガーは，このような日本の集団主義の源を封建主義に求めている。すなわち，「私たちにとって封建社会は遠い過去であるのに対し，日本は比較的最近まで封建社会だった」（シンガー 2013，200 頁）ため，「その時代に生み出された集団的思考様式は今も残っている」（同上 204 頁）というのである。そしてシンガーは次のように記している。

　今日の日本最大の銀行を含む数多くの日本企業の設立に関与した渋沢栄一は，封建制が廃止されるまで侍であった。彼は封建制の思想をビジネスマンを導く規範に変え，ビジネスを名誉と正義と忠義という，侍の規範とあまり変わらない基準に導かれた長期的な事業とみなした。(2013, 204-205 頁)

そしてさらに，次のように述べている。

　要するに，企業が封建領主の権威を引き継いだとすれば，従業員は企業の農奴となったのである。(シンガー 2013, 227 頁)

　近代資本主義社会が封建主義の否定の上に成り立っているとすれば，現代に生きるわれわれが，今後も封建的な倫理規範に従って経済活動に従事し続けることは適切ではないというべきであろう。しかし，このようなことはシンガーにいわれるまでもなく，戦前から日本の経済学者が主張してきたことである。山田盛太郎の『日本資本主義分析』(1977, 初版 1934 年刊) は，戦前の日本を代表する経済学書であるが，そこでは日本の資本主義が次のように特徴付けられている。

　英国資本主義は自由競争の祖国として現われ，独米資本主義は集中独占の本場として現われ，露日資本主義は軍事的農奴制的＝半農奴制的の典型国として現われ，いずれもそれぞれ，世界史的意義を劃している。(山田 1977, 23 頁)

　ここでは，歴史上はじめて近代資本主義を発達させたイギリスが自由競争的，これに続くドイツとアメリカが独占的と性格づけ

られる一方，資本主義の発達が遅れたロシアと日本は半農奴制的と性格づけられている。日本は明治維新によって封建的身分制度を廃止したのであるから，もちろん日本の農民は端的な意味での農奴ではない。しかし，法的には農奴ではないとしても，経済的実質において，戦前の日本の小作農は封建時代とさほど変わらない状態に置かれていた。すなわち，寄生地主制の下で小作人は50％を超える小作料を納めなければならず貧困に喘いでいた。賃金労働者の多くはこのような貧農層から供給される若い女性であり，賃金からの仕送りで家族の生活費を補足していたが，他方では彼女らもまた「拘置的な寄宿舎」「肉体消磨的な徹夜業」（山田1977，47頁）といった劣悪な条件で酷使される「半隷奴的賃銀労働者」（同上24頁）なのであった。

　女工と呼ばれた彼女たちは，英国から大きく遅れて始まった日本資本主義の発達を支える主要な労働力であった。1927年の繊維工業労働者総数に占める女工の割合は81％であり，その中には17歳未満の「幼年女工」が多く含まれていた（平野1949，166頁）。「農家の幼少な少女がプロレタリア化」したところのこの賃労働は，「形態こそ，もちろん，賃労働であるけれども，なお，それへ幾多の半封建的従属形態が追加される」（同上171頁）。日本資本主義は「自由な労働者と自由競争の資本との生産によって特徴づけられるものでなく」（山田1977，200頁），むしろ半農奴制的であり，半封建的であったのである。

　このような戦前の日本資本主義は戦後の民主化政策によって大きな変化を遂げた。特に，寄生地主制は農地改革によって廃絶され，「半農奴」は姿を消した。しかしながら，日本資本主義の半封建的性格は戦後も労使関係の中に残存することになった。労働組合は，企業の中の身分差別を解消することに努め（小熊2019，358頁），戦前は一部の層に限られていた年功賃金と終身雇用を現場労働者

にまで拡げた。しかし，そこからは女性が除外されていた。「長期
雇用と年功賃金が普及した1950年代後半以降，女性の賃金が上昇
する前に解雇する結婚退職制や性別定年制を，明示的に規定する
企業が増えていった」（同上475頁）。日本的経営の中核を成す終
身雇用の労働者は，原則として男性正社員のことを意味していた
のである。このことは，日本型雇用慣行の原理を人本主義と名づ
けた伊丹敬之も明確に認めていることであって，従業員主権につ
いて解説した項の中で彼は次のように述べている。

　　もちろん，従業員のすべてがひとしく実質的な主権者ではな
　いだろう。長期的にその企業にコミットする，コアメンバーと
　でも言うべき人びとのサークルのようなものがありそうで，そ
　れがいわば実質的な所有者サークルあるいは主権者サークルで
　ある。そのサークルの内と外との線引きはそれほど明瞭ではな
　いが，たとえばパートで働く人，あるいは多くの女子社員はそ
　の仲間には入っていないのが現実であろう。（伊丹1987，38頁）

　さらに，次のようにも述べている。

　　パートで単純労働を提供している人は，本質的貢献からもリ
　スクの負担からも，「主権者サークル」に入りにくい。数年でや
　めるOLも，サークルの中核にはなれないことも自然な話である。
　（伊丹1987，73頁）

　このような女性従業員についての認識は，1980年代後半に地方
銀行で働いていた私自身の体験とも一致している。私が勤務した
銀行にも結婚して退職する女性行員が多くいたが，「結婚退職制」
なるものは存在せず，結婚後も働き続ける女性行員も少なくなかっ

た。しかし，当時は労働基準法に「女子保護規定」があり，女性は時間外労働を制限されていたため，女性行員が銀行のコアメンバーになるのは困難であった。例えば，大蔵省銀行局（現在は金融庁）の検査官が銀行の支店に検査に来た場合（検査は抜き打ちで行われる），支店の行員は，通常の支店業務とは別に，検査官に提出する書類を揃えるため夜遅くまで働くことになる。このような場合でも，パート従業員（全員既婚の女性であった）は定時に帰宅する。正規の女性行員は時間外労働をして検査に対応するが，一定の時刻になれば帰宅を命じられる。したがって，最後まで職場に残り，大蔵検査という重要事態に対応する責務を負うのは男性行員ということになる。このようなことは，他の重要事態や緊急事態においても同様である。男性行員は職場に残り，残業およびサービス残業をすることであらゆる事態に対応し決着をつける。また，命令があればどのような遠方であっても転勤に応じる。女性行員は事務能力が高く有能であったが，時間外労働時間が制限されていただけでなく，転勤の範囲も限定されていたため，コアメンバーの一員にはなりきれていなかったのである。

　日本型雇用慣行が世界的に注目された1980年代には，企業における女性の地位はこのようなものであった。そしてこのような企業内での地位は，家庭内での家事，育児，介護等の無償労働のほとんどが女性に割り当てられていたことと対をなしていた。日本社会は，大企業の男性正社員の都合を中心に編成されている「家父長制的」な社会であったのである（大沢2020，69頁）。

　このような体制では，当然のことながら，女性が管理職になるのは極めて困難である。その後，女性に対する時間外労働の法的制限は解除されたが，今日においてもなお女性管理職の割合は世界的に見て著しく少ない。世界経済フォーラムが2019年12月に発表した『世界ジェンダー・ギャップ報告2020』（World

Economic Forum 2019）によると，経済分野（Economic Partici-
pation and Opportunity）での男女の平等度は 153 カ国中アメリカ
が 26 位，イギリスが 58 位であるのに対し日本は 115 位であった。
続く 2021 年版の同報告書（World Economic Forum 2021）では，
同じく経済分野の平等度において日本はさらに順位を下げ 117 位，
2022 年版（World Economic Forum 2022）では 121 位となった。
これは，管理職や専門職の女性比率が低いせいであり，同じ東ア
ジア地域でも中国が 2020 年版で 91 位，2021 年版で 69 位，2022
年版では 37 位となっているのと比べ，その後進性が顕著である。
日本の経済社会における女性の地位の向上はほとんど全く達成さ
れていないといわざるをえない。日本資本主義の半封建的で家父
長制的な性格がいまだに雇用慣行の中に残存しているのである。
　新卒一括採用，年功賃金，終身雇用からなる日本型雇用慣行は
正社員が男性であることを前提として形成されたものであり，こ
れと対を成すのが結婚・出産後の女性のパートタイム労働である。
森岡孝二によれば「1970 年代半ば以降は，女性のパートタイム労
働者の増加が強まっただけでなく，男性正社員の残業の増加もま
た強まった」（2015, 127 頁）。つまり日本社会では，男性正社員
の長時間労働による半封建的滅私奉公が，半封建的男女格差ない
し男女差別と対を成して進行してきたのである。日本では現在，
労働者が正社員と非正社員，あるいは正規労働者と非正規労働者
に二分されているといえるが，森岡はこの区別が企業の枠を越え
て社会的な身分にまでなっていると指摘し，この「雇用身分社
会」の温床を男女差別に見出している（同上 19 頁）。実際，2019
年の雇用形態別の割合を見ると，男性の役員・正規雇用は全雇用
者の 43％を占めたのに対し，女性の役員・正規雇用は 21％，男性
の非正規雇用が 12％であったのに対し，女性の非正規雇用は 25％
を占めていた（コロナ下の女性への影響と課題に関する研究会

98

2021，9頁）。2020年の新型コロナウイルス感染症のパンデミックはこの「雇用身分社会」の非正規層を直撃し，特に女性非正規雇用は2020年平均で前年と比べて50万人も減少したのであった（同上）。

　日本社会が「雇用身分社会」であるとすれば，恐らくその最底辺に位置づけられるのが外国人技能実習生であろう。巣内（2019）によれば，ベトナム人技能実習生の多くは銀行から渡航費等の資金を借り入れることによってはじめて日本に入国することができる（62頁）。これにより，実習生はまず借入金返済のために労働しなければならないが，低賃金の上，日本での滞在期間が3年と限られていることから，彼らの多くは時間外手当が得られる時間外労働を選好する。しかも制度上，転職がほぼ不可能に近いので，使用者側にとっては極めて好都合な存在である。使用者は彼らを低賃金で徹底的に酷使することができるのである。しかし，転職の機会を事実上排除されているということは，彼らは自由な労働者ではなく，むしろ奴隷に近い存在として取り扱われていることを意味する。もちろん，彼らは労働者ではなく実習生ということになっているが，実態としては外国人労働者であり，特に労働力不足に悩む地方の企業にとっては貴重な労働力である。日本社会は，外国人技能実習生に対する人権侵害にあえて目をつぶり，日本経済のために半奴隷制的な制度を維持しているのである。アメリカの国務省は2020年版の『人身売買報告書』（Trafficking in Persons Report）の中で，人身売買問題への日本政府の対応が不十分になっているとして，最高位であった日本のランクをTIER 2に引き下げた。その際，この報告書で特に言及されたのが外国人技能実習制度であり，とりわけ借金に基づく実習生の強制労働であった（Trafficking in Persons Report 2020, 282頁）。2021年版の同報告書でも日本はTIER 2に据え置かれ，「外国人技能実習制度

が外国人労働者を搾取するために悪用」され続けていることが指摘されている（Trafficking in Persons Report 2021, 317 頁）。

　そもそも日本社会では，労働以外の領域においても，欧米先進国で制度化されているような人権に対する尊重が欠落している。例えば，日産の会長であったカルロス・ゴーン氏の国外逃亡事件は，この日本と欧米先進国との人権に対する考え方の相違をよく表している。ゴーン氏が日本からレバノンへ脱出しなければならなかったのは，容疑者の人権を軽視し，容疑者を長期間にわたって拘束し続ける日本の司法制度の前近代性が大きな要因であった。欧米先進国だけでなく，韓国や台湾ですら許されている取り調べ中の弁護士の立会も日本では許されていない。アメリカの国務省は，世界各国の人権状況に関する 2019 年版の『国別人権報告書』（Country Reports on Human Rights Practices for 2019）の中でゴーン氏の長期勾留を取り上げ，これに懸念を表明する専門家がいることを記した。また，2020 年 11 月，国連人権理事会の恣意的拘禁作業部会は，ゴーン氏の逮捕と拘留が不当であるとする意見書をまとめた。日本には，欧米で確立した人権の概念が根付いているとは言えないのである。

　イギリスやフランスでは資本家階級が市民革命を成し遂げただけでなく，奴隷制の廃止をも実現し，それを通じて自由，平等，人権という近代社会の理念を我が物とした。これに対して日本では，明治維新を成し遂げたのは資本家階級ではなく武士階級に属する人々であったから，資本家階級は自由と平等の理念を自ら勝ち取る必要がなかった。また，日本は近代の奴隷貿易と奴隷制に関与しなかったから，日本人は奴隷制や人権の理念にも無反省のままでいることができた。さらに日本の資本家階級は，封建時代に涵養された儒教倫理を長時間労働を美徳とする勤労倫理としてそのまま利用することができた。明治維新以後，日本の紡績業が

「躍進的興隆を遂げえた所の，最奥の基礎は，劣悪な労働条件の下でなされる極度の労役」（山田 1977，46 頁）によるものであった。また，戦後においては，男性正社員の滅私奉公を規範とする日本型雇用慣行が普及し，高度経済成長を実現するのに寄与した。しかし，経済社会が成熟した現在，この雇用慣行は高齢化する社会の実態と合わなくなってきており，他方では長時間労働で若年労働者を使い潰すブラック企業出現の背景ともなっている。また，日本型雇用慣行は女性の能力を有効活用するための障壁となっているだけでなく，他社や外国から有能な人材を高賃金で採用する際の隘路としても認識されるようになっている。つまり，現在では日本の半封建的雇用慣行が経済成長の桎梏になっているのである。今こそ日本は半封建的な雇用慣行を廃絶し，真の近代化を成し遂げるべきである。

　まず何よりも男性正社員の無償労働を含む超長時間労働を解消しなければならない。これは奴隷的な労働慣行として人権侵害であるだけでなく，過労死の原因であり，企業内での女性の昇進を妨げる要因でもある。また，新卒一括採用と年功賃金を見直すとともに，ジョブ（職務）ごとに職務内容や責任範囲，必要なスキル，報酬等を明確に規定するジョブ型雇用を進め，自由な転職が不利にならないようにしなければならない。そしてさらに外国人労働者の人権に配慮した移民制度を整備する必要がある。近代社会の理念である自由，平等，人権は自由労働によってこそ担保されるのである。労働者は企業に奉仕する家臣ではなく，自由で独立した個人である。封建主義的な古い倫理規範を棄却し，自由主義と個人主義に立脚した英米的な真の資本主義の実現が必要である。

（3）コロナ後の視点

2019 年 12 月 31 日，中国湖北省武漢市当局は同市で原因不明の

肺炎が発生していることをＷＨＯ（世界保健機関）に通知した。翌 2020 年 1 月 9 日には肺炎患者から新型コロナウイルスが検出されたこと，この感染症による死亡事例が初めて確認されたことが報道された。日本では 1 月 15 日に最初の感染事例が報告されたが，この患者は武漢から帰国した男性であった。その後，武漢では新型コロナウイルスの感染が爆発的に広がり，同市は 1 月 23 日に封鎖された。中国以外で最初に多くの感染者が発生したのは，2 月 3 日に横浜港に到着したダイヤモンド・プリンセス号を別とすれば，新興宗教団体の教会で大きな集団感染が起きた韓国であった。それゆえ，当初この感染症は中国を中心とする東アジアの病気と思われていた。しかし，その後イランとイタリアで感染が広がり，特にイタリアでは感染爆発により死亡者数が急速に増えた。ＷＨＯ（世界保健機関）がパンデミックを宣言した約 1 週間後には，イタリアでの死亡者数の累計が中国のそれを上回るに至った。感染はスペイン，フランス，ドイツなどヨーロッパ主要国に拡大し，さらにアメリカの感染者数も 3 月中旬以降急速に増大していった。発生元の中国では 3 月に感染が抑え込まれた一方，この第 1 波で最も多くの死者数を出したのは，ヨーロッパではイギリス，世界全体ではアメリカであった。ジョンズ・ホプキンス大学による 2020 年 5 月 25 日午後 4 時現在の集計では，新型コロナウイルス感染症による死者数は，中国が 4,638 人であったのに対し，イギリス 36,875 人，アメリカは 97,722 人であった（『日本経済新聞』2020 年 5 月 26 日）。同じ日，アメリカのミシガン州ミネアポリスで黒人男性のジョージ・フロイドが警察官に頸部を圧迫され，死亡するという事件が起きた。一人の白人警察官が路上に俯せに横たわるフロイドの頸に自分の膝を当てて押さえつけ，フロイドが「息ができない」と助けを求めたにもかかわらず，8 分以上も首を圧迫し続けて死亡させたのである。この出来事は現場にいた人物

によって撮影され，その映像がSNSを通じて瞬く間に全世界に拡散した。Black Lives Matter と呼ばれるアメリカの人種差別抗議運動は日本でも以前からしばしば報道されていたが，ジョージ・フロイドの死はこの運動に火をつけ，これを全米からヨーロッパへと広がる大規模な社会運動に拡大させた。

Black Lives Matter 運動の拡大は，欧米でのような仕方では，日本には波及しなかった。しかし，日本に住む一般の人々にもそのメッセージは理解可能なものであった。というのは，アメリカにおける黒人の地位の脆弱性が，新型コロナウイルス感染症によって極めて明確な形で数量化され，報道されていたからである。例えば，2020 年 4 月 9 日付『日本経済新聞』夕刊は，「米，黒人のコロナ感染深刻」との見出しで，黒人のコロナによる死亡者の割合が白人よりもはるかに大きいことを報道していた。それによると，シカゴ市では黒人の感染死亡者が白人の約 5 倍，ミシガン州では白人の死亡者 29％に対し黒人は 40％，ルイジアナ州では死亡者の 7 割が黒人であった。また，同紙の同年 6 月 3 日付記事によれば，全米の単位で見ても 10 万人あたりの感染死亡者数は白人が 22.7 人であるのに対し黒人は 54.6 人であった。こうした黒人の感染症に対する脆弱性の背景として指摘されたのは，人種間の経済格差と人種差別であった。2020 年 6 月 26 日付『朝日新聞』の記事によれば，ジョージ・フロイドが死亡したミネアポリスでは，白人の中間所得が約 8 万 3 千ドルであるのに対し黒人は約 3 万 7 千ドル，白人の持ち家比率が 75.3％ であるのに対し黒人が 25.0％，貧困層の割合は白人 5.3％ に対し黒人 25.9％ である。日本のような国民皆保険制度を持たないアメリカでは，貧困家庭は病気になっても十分な医療サービスを受けることができない。こうした元々あった黒人の経済的劣位が，コロナショックによる失業の急増によって増幅された。そして，アメリカでは年間約 1000 人が警官

に射殺されるが，黒人は白人の約 2.5 倍射殺されている。Black Lives Matter を標語とする運動が拡大することには十分な必然性があったのである。

　Black Lives Matter 運動がイギリスに飛び火した時，イギリス南西部の港町ブリストルで象徴的な出来事が起こった。ブリストルはかつて奴隷貿易で栄えた都市として知られているが，そこで 2020 年 6 月 7 日に行われた Black Lives Matter のデモ参加者たちがエドワード・コルストンの銅像を引き倒し，港まで押し転がして水中に落としたのである。コルストンは 17 世紀の著名な慈善事業家であるが，奴隷商人でもあった。彼が経営していた王立アフリカ会社（Royal African Company）は，1672 年から 1689 年までの間に約 10 万人の人々を奴隷として西アフリカからアメリカおよびカリブ海諸国に運ぶとともに，航海中に病気等で死亡した 2 万人以上の奴隷を大西洋に投棄した（Bhamra 2020）。ブリストルのデモ参加者たちは，ジョージ・フロイドの死を大西洋奴隷貿易と結びつけ，奴隷商人の像を水中に投棄したのである。

　この出来事を契機に，イギリスとアメリカで黒人奴隷制と人種差別に関係する像の撤去を求める運動が加速した。南北戦争時，南軍の首都であったバージニア州リッチモンドでは 6 月 10 日，当時大統領であったジェファーソン・デービスの像が倒された。イギリスのオックスフォード大学ではセシル・ローズの像が，また，ニューヨークの米自然史博物館ではセオドア・ルーズベルトの像が撤去されることになった。さらに，南北戦争前後の南部社会を描いた名作映画「風と共に去りぬ」の動画配信サービスも一時停止された。南北戦争前の南部を美化しているというのが理由の一つであった（『朝日新聞』2020 年 6 月 26 日）。

　歴史的人物の銅像は，後代になって何らかの意図の下に造られるのが普通である。アメリカ南部では 1915 年から 1920 年代にか

けて白人ナショナリズムが高まり，南北戦争で活躍したリー将軍をはじめとする南軍関係者のモニュメントが多く設置された（渡辺 2020, 82 頁）。そのような記念像は，単なる歴史記念物ではなく，白人の優越性を示す支配の道具として受け取られることがあってもおかしくはない。それらは奴隷貿易以来続く白人支配の象徴であり，銅像の撤去は人種差別を取り除こうとする運動の象徴であるといえる。本章の冒頭で見たように，森嶋通夫は奴隷売買の経験のある国では奴隷の記憶を呼び起こさないように労使関係がつくられていると述べたが，2020 年のコロナ禍が明らかにしたのは，アメリカ社会に根深く潜む奴隷制の残滓であり，これを根絶しようとする運動が，深刻な社会的分断や暴力をも伴いつつ，今もなお続けられているという事実である。

　このように奴隷制の近過去を持つアメリカでは，奴隷労働の反対に位置する自由労働が規範とされ，自由な転職を可能とする労働力市場が発達しており，雇用の流動性が日本に比べて著しく高い。しかし，雇用の流動性の高さは解雇の容易さと表裏の関係にあり，本章第 2 節で見たように，リーマンショックの際，日本では失業率の悪化が 1.5％にとどまったのに対し，アメリカでは 3.4％も悪化した。同様の現象はコロナショックの際にも見られた。すなわち，アメリカの 2020 年 3 月の失業率は 4.4％であったが，感染拡大で都市封鎖が進んだ 4 月には 14.7％に急上昇し，その後も 5 月 13.3％，6 月 11.1％と高水準で推移した。これに対して日本では，3 月の完全失業率が 2.5％，4 月 2.6％，5 月 2.9％，6 月 2.8％と，緊急事態宣言が発令された 4 月と 5 月でもアメリカのような急上昇は見られなかった。この背景には，景気後退期にもできるだけ雇用を維持しようとする日本企業の伝統的な雇用慣行と，労働者を解雇せずに休業者として抱え続ける企業を支援する雇用調整助成金の拡充があったと考えられる。

　しかし，終身雇用と雇用調整助成金による雇用の維持には批判もある。例えば星（2020）によれば，雇用調整助成金は企業を守ることによって雇用を維持する政策であるが，これは本来退出すべきゾンビ企業を救済してしまうため良くないだけでなく，この政策によって維持されるのは終身雇用の現存正社員だけで，若年層の就職機会についてはむしろこれを奪ってしまうというのである。産業の新陳代謝，すなわち衰退産業を市場から退出させ，吐き出された労働者を成長産業が吸収することで経済が成長するというのは，昔から経済学者によって好まれてきた考えである。一国経済の新陳代謝のためには雇用の流動性が高い方が良く，しかも資本主義と経済学の最先進国であるアメリカにおいて雇用が特に流動的であることから，アメリカで正統的な経済学の訓練を受けた経済学者ほど，日本的な雇用の在り方に違和感を持つようである。しかし，これまで見てきたように，アメリカの雇用慣行は黒人奴隷制という極めて特殊な歴史と無関係ではない。しかもそれは，現在も黒人の多くを経済的劣位に置き続けることと両立する雇用慣行でもある。アメリカが資本主義の見本の1つであることは間違いないが，見本から学ぶ際には十分な注意が必要である。そこで最後に，アメリカとの適切な距離の取り方を知る一助として，ある著名な経済学者の思想の変遷を振り返っておきたい。

　中谷巌一橋大学名誉教授は，日本語で書かれたマクロ経済学の教科書として最もよく読まれた『入門マクロ経済学』の著者であり（齊藤 2019, 76頁），新聞，雑誌，テレビを通じて世論への影響力も大きく，また内閣総理大臣に直属する会議のメンバーとして日本の経済政策をも左右した著名な経済学者である。中谷は1996年に『日本経済の歴史的転換』を出版し，バブル崩壊後低迷が続く日本経済に対する処方箋を提出した。中谷の基本認識は，明治以来日本は欧米先進国へのキャッチアップの過程にある途上

国型経済であったが，1980年代に先進国の仲間入りを果たしたため，今では先進国型経済への転換が必要だ，というものである。その際，先進国型経済の見本として彼が取り上げるのは，もちろんアメリカであり，特に個々人にインセンティブを持たせるアメリカの報酬方式である。例えば，平等を重んじる日本では奨学金は所得の低い親を持つ学生に与えられるが，アメリカでは成績が良ければロックフェラー財閥の子供であっても奨学金が与えられる。このため，日本の学生は勉強しないが，高額な授業料の支払いを免れたいアメリカの学生は必死になって勉強し成績を良くしようとする。また，企業経営においては特にアメリカのストックオプション制度に注目している。これは「会社が株式市場から自社株を購入し，給与の一部として経営者や幹部社員にその株式を購入，売却する権利を報酬として与えるという制度」（中谷1996，223頁）であるが，これによりアメリカでは役員や幹部社員に対して，会社の業績が上がり株価が上昇すれば自分の給料も大きく増えるという「長期的なインセンティブを持たせることに成功し」（同上223頁），アメリカ経済は一時の停滞から復活した。ストックオプション制度は，ベンチャー企業の育成にとって効果的な方策であると中谷は主張している。

　中谷によれば，戦後日本の思想的基盤は平等主義であった。これにより，日本では所得分配が著しく平等的であり，経営者と従業員の所得差も極めて低く保たれてきた。しかし，このような平等主義は日本が先進国となった1980年代以降，有効性を失った。先進国から技術やアイディアを導入できる途上国と異なり，先進国型の経済では自ら新しいコンセプトを創造する必要があるが，そのためには平等主義は不適切である。特に日本では「悪平等」がはびこるようになったとして，次のように述べている。

　努力したものが正当に報われず，努力しなくてもある程度の
生活が保障されるようになると，国民のモラルに大きな影響が
でてくる。（中谷 1996，244 頁）

　ここでいわれている「モラル」とは個々人の勤労意欲のことで
あると思われるが，中谷はバブル崩壊後の日本経済低迷の一因を
平等主義による「モラル」の低下に求めているようである。しか
し，この「モラル」が努力しない人々の生活を保障することによっ
て毀損されるというのであれば，先進国型経済における「モラル」
は，社会の一定部分の人々の生活を保障しないことで高められる
ことになるというのであろうか。この点について，中谷は 1998 年
の論考で極めて明確な答えを与えている。

　1998 年は，前年から続く金融危機によって，日本経済が当時と
しては戦後最悪のマイナス成長に落ち込んだ年である。中谷は日
本経済再生のために執筆した論文「クラッシュ回避の五つの課題」
の中で次のように述べた。

　　頑張らなかった人は，いままでは補助金や公共事業のバラマ
　キなどで支えたが，これからは頑張らなかったら，援助の手を
　離し，自分で勝手にしなさい，とする。そうなると，倒産が増
　えるかもしれないし，失業も出るかもしれない。しかし，もは
　ややむをえない。頑張った人にはすごくいいことがあるが，頑
　張らなかった人には，当然の報いとして，苦しんでいただくし
　かない。（中谷 1998，62-63 頁）

　このように，中谷は破産者や失業者には「当然の報いとして，
苦しんでいただくしかない」と断言している。一般に，アメリカ
流の経済学を信奉し自己責任論を振りかざす人々の多くはこれに

類する発言をするものだが，ここまで露骨に自己の経済学者とし
ての本心を書き記し，それを活字化したケースは珍しいと思われ
る。しかもこのとき中谷は，1998年8月にスタートした経済戦略
会議のメンバーとして政府の経済政策に大きな影響力を持つ立場
にあった。「苦しんでいただく」という発言は，中央政府という最
高権力をバックにしていただけに，途方もなく恐ろしい響きを持っ
て迫ってくるのである。ともかく，中谷は，このような敗者の生
活を保障しないという仕組みの中でこそ日本人は必死になって働
き，企業家精神も育成されると主張する。そしてその際，例とし
て挙げるのはやはりアメリカであって，「シリコンバレーの企業で
は，それこそ死に物狂いで働く」（同上63頁）と述べ，このよう
な人々が日本からいなくなったのが問題だと嘆いている。その上
で，平等主義の護送船団行政をやめ，解雇を容易にし，雇用の流
動化を進め，衰退産業から生産性の高いところに労働者が移れる
ような「競争的なシステムへの転換が何より急がれる」（同上67頁）
と結論する。

　実際，1998年には多くの人々が苦しむことになり，バブル景気
以降年間2万人台前半で推移していた自殺者数が，この年一気に
8千人以上増加し3万人台になった。北海道拓殖銀行や日本長期
信用銀行の経営破綻に象徴される金融危機は銀行の貸し渋りを招
来し，従来通りの融資を受けられなくなった企業の倒産が続出し
た。ある中小企業の経営者は次のように述懐している。「何人かの
仲間の経営者は自ら命を絶った。銀行が貸さないので高利貸に手
を出し，どうにもならなくなったケースが多かった」（東京新聞・
中日新聞経済部 2016, 197頁）。失業率も急速に上昇し，1998年1
月に3.6％であった完全失業率が同年12月には4.4％となり，2002
年6月には5.5％にまで悪化した。

　しかし，破産者や失業者に「当然の報いとして，苦しんでいた

だく」という極めて酷薄な表現が，どこまで中谷の日本人として
の本心に基づくものであったのかは疑問の残るところである。と
いうのは，それからちょうど 10 年後に，彼はそれまでのアメリカ
礼賛主義とは全く異なる主張を展開するようになったからである。
リーマン・ブラザーズが破綻し世界金融危機が深刻化しつつあっ
た 2008 年 12 月，中谷は『資本主義はなぜ自壊したのか——「日本」
再生への提言』を出版した。その中で彼は次のように記している。

　　「より多く儲けた者が勝ち」という新自由主義的な価値観は，
　裏を返せば「手段のためには目的を選ばない」「稼げない人間は
　負け組であり，それで飢えたとしても自業自得である」という
　考えにそのままつながる。こうした自己中心的な発想が蔓延し
　たことが，今の日本社会から「安全・安心」あるいは人と人と
　の信頼関係や絆が失われる事態を惹き起こしてしまったのでは
　ないだろうか。(中谷 2008, 25 頁)

　負け組に「当然の報いとして，苦しんでいただく」という「新
自由主義的な価値観」を喧伝していたのは他ならぬ中谷自身であっ
たのだが，今や彼はこの価値観によって日本社会から「安全・安心」
が失われたことを批判する側に立場を変えている。彼は日本の歴
史を縄文時代にまで遡り，日本がいかに自然と共生する平等主義
的な「安全・安心」社会を作り上げていたかを物語り，それがグロー
バル資本主義と小泉構造改革によって変貌してしまったことを嘆
いている。10 年前にはアメリカ流の経済学者として発言していた
が，ここでは日本の歴史と伝統を尊ぶ知識人として発言している
ようである。
　思想的回心を遂げた彼は，デンマークをはじめとする北欧の手
厚い福祉政策を高く評価する一方，それまで賛美していたアメリ

カとその市場主義からは距離をおくべきことを主張する。すなわち，アメリカでは市場主義が普遍的な原理として信じられているが，それはアメリカが文化の異なる移民を普遍的な理念で結びつける「理念国家」だからであり，民族的歴史や文化的伝統を持ち出すことがタブーだからである。この「アメリカ流の市場主義」の見地からすると，日本の終身雇用や年功序列は「不合理な慣習」（同上315頁）ということになるが，島国という閉鎖的で同質性の高い日本社会で生きていくためには長期的な信頼関係を結ぶ方が合理的であったのであり，アメリカ方式が世界のどこにでも当てはまる普遍的原理であるとはいえない。それどころか，医療現場に市場原理が積極的に導入された結果医療費が高騰し，民間の医療保険に加入できない人々が増えただけでなく，医療保険加入者であっても医療費負担のために自己破産する人々が増えており，アメリカ流の市場主義はアメリカ自身にとっても良いとはいえない。そもそもアメリカは平等社会などではなく，「今でも，名門ゴルフクラブの多くは黒人が入会できない」（同上64頁）。アメリカは日本と比べれば階級社会的な社会であって，「頭の良いものが頭の悪いものを支配し，搾取するのは当然だという思想が，自由競争，マーケット・メカニズムの名の下に正当化されている」（同上64頁）。中谷は，かつてこのようなアメリカ社会を見本として日本社会の改革に取り組んだのであるが，その改革の帰結を見た今，日本再生のためにアメリカではなくデンマークを見本とすべきことを提言するのである。

　中谷のこのような思想的転回は，Black Lives Matter が広く知られるようになったコロナ後の現在，より説得力を増しているように思われる。アメリカは明治維新の頃まで大規模な黒人奴隷制を持ち，その後も黒人に対する構造的差別を維持してきた特殊な国である。転職が容易だが解雇も容易だというアメリカの雇用慣

行は，奴隷労働との対比で形成された自由労働を理念としており，自由で民主的な社会に相応しいように見えるが，しかし一方で流動性の高い自由労働の市場は，特定の集団が経済的劣位に置かれ続けることと矛盾せず，人種間の経済格差を再生産し，社会の分断を深刻化させている。「アメリカ経済学が何よりも重視する市場原理」（中谷 2008，39 頁）は，社会の分断を正当化し得るのである。中谷は，「日本とアメリカでは国の成り立ちも大きく異なり，アメリカ流経済学をそのまま日本に適用しても，それで日本人が幸せになれる保証などどこにもない」（同上 41 頁）と述べているが，われわれはこの著名な経済学者の言葉を重く受け止めるべきであろう。政治経済の領域でアメリカが日本の見本であり続けることは間違いないが，労働力市場に限っては，歴史的背景の相違を踏まえて注意深く検討する必要がある。この点については，第5章で改めて論ずることとしたい。

第3章　アニマルウェルフェアの理念と　　日本の伝統

はじめに

　第1章で見たように，イギリスでは1807年に奴隷貿易廃止法が，1833年には奴隷制廃止法が成立し，他の主要国に先駆けて奴隷制を不正と判断する倫理規範が法制化された。イギリスはポルトガルとともに近代奴隷制の最大の受益国であり加害国であったが，それにもかかわらずこの法制化によりイギリスは自国の道徳的威信を高め，今度は逆に奴隷貿易の廃止に向けて世界を導く立場に立つに至った。この奴隷貿易廃止という理念の倫理的威力は極めて強いものであったため，それはアフリカへの軍事介入とアフリカの植民地支配を正当化することにさえ貢献することができた。奴隷貿易と奴隷制の廃止はイギリスの道徳的資産，ないしモラル資本として機能し，イギリスに政治的，経済的利益をもたらしたのである。

　一方，奴隷貿易と奴隷制の廃止を実現した倫理的エネルギーは，若干異なった方面にも波及した。ウィリアム・ウィルバーフォースとトーマス・バクストンは，それぞれ奴隷貿易廃止法と奴隷制廃止法に大きな功績があった人々であるが，彼らは「動物虐待防止協会」the Society for the Prevention of Cruelty to Animals（SPCA）創立時の中心メンバーでもあった（Kean1998, 35-36頁）。この協会は1824年に創立された近代最古の動物保護団体であり，1840年にはヴィクトリア女王の支持を得て「王立 Royal 動物虐待

防止協会」（RSPCA）となって今日に至っている。RSPCA は，現在においても世界最大規模の動物保護団体として大きな影響力を保持している。

　RSPCA が創立された 19 世紀前半には，イギリスではすでに蒸気機関車が開発されていたとはいえ，主な交通手段は依然として馬車であり，馬は都市においても目立つ存在であった。産業革命により人と物の輸送が活発化すると，車両を牽引する馬の酷使や虐待も目に付く光景となり，ウィルバーフォースはこれに心を痛めていたようである。奴隷制を維持する経済社会において，奴隷と家畜はほぼ同等の存在であるから，奴隷の虐待が気になるのであれば，家畜の虐待が気になるのも自然な流れであるといえるであろう。かくして，奴隷制の廃止だけでなく，動物虐待の防止についてもイギリスは世界に先駆けて法制化を進め，この領域においても道徳的威信を獲得するに至った。そして日本が鎖国をやめ，多くのイギリス人が日本を訪れるようになると，彼らの眼には日本人が馬や牛を虐待しているように映った。

　それ以来今日に至るまで，動物の取扱いについて日本はイギリスから大きく遅れた後進国と見なされ，イギリスの先進的な取り組みを学ぶという立場に立たされている。実際，1973 年に成立した日本の「動物の保護及び管理に関する法律」は，日本での犬猫の虐待を批判するイギリスからの圧力の下で導入されたものである（青木 2002, 206-211 頁）。その後，同法は改正を重ね「動物の愛護及び管理に関する法律」として今日に至っているが，この法によって守られているのは主に犬猫のようなペットである。牛, 豚, 鶏等の産業動物の取扱いについては，イギリスや欧州連合（EU）には詳細な法規制があるのに対して，現在も日本にはそれに相当する法規制がない。このため，動物保護の分野では，いまだに日本の後進性が際立っているように見える。

　しかし，動物保護の領域におけるこのような先進性と後進性の評価は，日本の歴史と伝統を尊ぶ見地からすれば，必ずしも無反省に受容されるべき性格のものではない。というのは，まがりなりにも我が国は1000年以上も肉食を忌避してきた歴史を持つ国であるだけでなく，「生類憐みの令」という恐らく人類史上最も厳格な動物保護法を導入し，それを25年間も維持した国だからである。「生類憐みの令」は後に悪法と見なされるようになったが，このような日本の歴史的経験は，むしろ世界に対して意味のある有用な教訓を内包しているといえるかもしれない。また，そもそも家畜の取扱いは食文化と深く関わる領域であるから，それが歴史と文化の相違に応じて異なってくるのは当然である。にもかかわらず西欧で成立した基準を用いて世界各国の状況を測るのは，あまりにもヨーロッパ中心主義的であり，帝国主義的ですらあるといえるかもしれない。

　とはいえ，道徳的権威の力は思いの外強力である。イギリスで始まった animal welfare（アニマルウェルフェア，動物福祉，動物福利，動物厚生）運動は欧米諸国に深く浸透し，欧州とアメリカの諸州で法制化を実現しただけでなく，国際機関である OIE（国際獣疫事務局）を通じて全世界をその影響下に置こうとしている（松木2018）。日本と EU の経済連携協定の中にも動物福祉についての項目がしっかりと置かれている。奴隷制の廃絶，人身取引の禁止が現在も続く世界の潮流であるように，動物虐待をなくし，動物の厚生に配慮する運動も時代のうねりになりつつある。それゆえグローバル化した世界から離脱し鎖国するのでない以上，われわれもこの課題に対して何らかの態度表明をする必要に迫られているといえる。

　本章では，まず第1節でイギリスにおける動物保護運動の生成と発展を改めて振り返るとともに，現代のアニマルウェルフェア

政策を支える欧米の主な倫理思想を概観する。第2節では日本の動物保護政策の歴史を振り返る。そして第3節では，際立って欧米的な理念であるアニマルウェルフェアに対して日本社会はどのように対応すべきか，その幾つかの可能性を検討する。その際，本章で主として取り上げる動物は，犬猫等のペットやクジラ等の野生動物ではなく，産業動物，とりわけ鶏，豚，牛に代表される畜産動物であり，その中でも特に採卵鶏に焦点を当てる。というのは，鶏卵は畜産物の中でも日本人に最も馴染み深く，日本は世界でもトップクラスの鶏卵消費国だからであり，また，日本と欧州の相違が最も大きいのが採卵鶏の取扱いだからである。

第1節　欧米の産業動物福祉と動物倫理

（1）アニマルウェルフェアの理念とその歴史的背景

　近代的な最初の動物保護法はイギリスで1822年に成立した「家畜の虐待と不適切な取扱いを防止する法律」であるとされている。この法律を成立に導いたリチャード・マーチンは，この法律に実効性を持たせるため，ウィルバーフォースやバクストンらの協力を得て動物虐待防止協会を設立した。いうまでもなく，動物は虐待の事実を自ら訴え出ることはできないので，動物に代わって虐待の事実を発見し，それを告発してくれる代弁者が必要となる。そこで動物虐待防止協会の調査員がこの役割を果たすこととなったのである。

　動物虐待防止協会の調査員によって告発される虐待事案の多くは馬車を牽引する馬に対してのものであった（青木2002，30頁）。19世紀のイギリスでは，鉄道が導入された後も人と物の輸送に使役される馬の数は増加し続けた（Kean1998，50頁）。当時のイギリ

スは世界の工場として資本主義の最先進国であったから，役畜と
しての馬も資本主義的に使用された。馬車による輸送サービスを
提供する各企業は，互いに距離と時間を競い合い，その結果「利
潤を増やす目的で馬は常時鞭打たれた」(Kean1998, 50 頁)のであっ
た。

　その後，馬車が自動車に取って代わられると都市における馬の
虐待事案は大きく減少することになる。しかし，だからといって
資本主義的な動物利用の弊害がなくなったわけではなく，今度は
それが農村の畜産部門で見られるようになった。20 世紀前半の欧
米の先進国では，すでに自動車の大量生産・大量消費が可能になっ
ていたことから，同様の方式が畜産物生産に適用されるのは物事
の自然な流れであったといえるかもしれない。鶏や豚は機械化さ
れた巨大な鶏舎や豚舎の中で，数万羽，数千頭の単位で大量生産
されるようになった。また肉牛飼養の領域にも工場化の動きが現
れ始めた。

　しかし，田園地帯で戸外を自由に歩き回っていた動物が建物の
中に閉じ込められ，そこで大量飼養される光景は，多くの人々に
違和感や嫌悪感を与えた。1964 年にイギリスで出版されたルース・
ハリソンの『アニマル・マシーン』は，こうした工場畜産 factory
farming の実態を広く社会に知らしめた記念碑的著作である。その
中でハリソンは次のように述べている。

　　農務省の長官が好んで話すことだが，畜産動物は，人間が特
　にたべものとして飼っている以上，いつもある程度は人間に搾
　取されてきた。しかし最近まで，彼らはかけがえのない個体と
　して扱われており，緑なす牧草地で，陽を浴びて，新鮮な空気
　を吸う，彼ら自身の生来の権利を持っていた。エサをあさり，
　動きまわり，外界の移りゆくさまを眺めることができた。実際，

彼らは生きることを認められていたのである。最悪の場合でさえも，きびしい天候の下で十分に保護してもらえないとか，自然界のエサが足りないとかにすぎず，動物はそんななかでもある程度生きるよろこびを味わって死んでいった。ところが今日の動物搾取の程度はといえば，あらゆるよろこびを排除し，ほとんどすべての自然の本能を抑圧しているばかりか，それの代わりに，激しい不安と退屈を与え，健康を事実上否定するほどになっている。(ハリソン 1979，24-25 頁)

　ハリソンによれば，動物の自然の本能の抑圧が最も進んでいるのは養鶏部門である。肉用鶏は窓のない鶏舎に万の単位で収容され，ある程度大きくなると，ほとんど身動きできなくなるような過密状態で飼養される。鶏たちが喧嘩をしないように，鶏舎内は暗く保たれている。鶏は社会的な動物であり，群れの中で順位が形成されるが，これは突きの順位といわれる。順位の高い鶏は低い鶏を嘴で突き，突かれた鶏も自分より順位の低い鶏を突く。その結果，最底辺の鶏は他の鶏たちからひたすら突かれることになり，殺されてしまうこともある。このため，鶏たちの嘴は切断される。窓のない鶏舎内は蒸し暑く，息苦しく，アンモニア臭が充満していて不快であるのに加えて，鶏たちは退屈している。退屈しのぎに他の鶏を突きたくなるのも自然本能の発現であるといえようが，しかしそれは不自然な環境によって歪曲された本能の発現である。採卵鶏の場合，鶏たちはケージに収容され，そのケージが3段から4段，場合によっては5段くらいまで積み上げられる。この方式のケージはバタリーケージといわれるが，ケージの1区画は非常に狭く，鶏は翼を広げることができない。豚の場合も，経済効率の観点から，豚1頭当たりの専有面積が徹底して縮減される。ハリソンによれば，このように経済効率最優先で大量生産

された畜産物は，それを食べる人間の健康にとってもよくない。というのは，成長促進や病気対策の目的で動物には抗生物質などの薬品が大量に投与されているからである。ハリソンは「健康な動物たちだけが，健康に良いたべものを提供してくれる」（1979, 23頁）と主張したのであった。

　欧州では，ハリソンの『アニマル・マシーン』は，ちょうど同じ時期に出版されたレイチェル・カーソンの『沈黙の春』と並び称されることが多い。カーソンの告発がそうであったように，ハリソンの主張も世論に大きな影響を及ぼすこととなり，これを受けてイギリス議会は畜産動物が置かれている状況を調査するための委員会を設置する。1965年に，この委員会はイギリス議会に報告書を提出するが，この報告書は委員長であった動物学者のフレデリック・ブランベルの名前をとってブランベルレポートと呼ばれている。ブランベルレポートは畜産動物の自然な行動を重視し，動物には「向きを変え，毛繕いし，立ち上がり，横たわり，四肢を伸ばすことが困難なくできるだけの十分な運動の自由」が与えられるべきであると勧告した（Radford 2001, 263-264頁）。

　ブランベルレポートは集約的に飼養されている畜産動物のwelfareを評価した報告書であり，そこでは動物の「福祉（welfare）とは肉体的（physical）にも精神的（mental）にも健康な状態（well-being）と定義されている」（田中2001, 142頁）。19世紀以来，動物保護はcruelty（虐待）の概念を中心に動いてきたが，ここに至って，このように理解されたwelfareの概念が影響力を持ち始め，法律の中でも使用されるようになる（Radford2001, 262-264頁）。

　Animal welfareは「動物福祉」と訳されることが多い。しかし「動物福利」と訳される場合もあり，「アニマルウェルフェア」とカタカナ表記されることも少なくない。また，経済学ではwelfareの訳語は通常「厚生」であるから，animal welfareを「動物厚

生」と訳すことも可能であろう。本書では，これらの語をすべて animal welfare の訳語として用いるが，農林水産省と畜産技術協会では「アニマルウェルフェア」が用いられていることから，以下では主にこの語を使用する。

ブランベルレポートは動物の最低限のウェルフェアを示す基準として，動物が「向きを変え，毛繕いし，立ち上がり，横たわり，四肢を伸ばすことが困難なくできるだけの十分な運動の自由」を挙げていた。これはアニマルウェルフェアの評価基準としての「5つの自由」の原形である。その後1990年代に，イギリスの畜産動物ウェルフェア専門委員会（FAWC）によって次のようなより包括的な「5つの自由」が提示された（佐藤2005，165頁）。

①空腹および渇きからの自由
　　（健康と活力を維持させるため，新鮮な水および餌の提供）
②不快からの自由
　　（庇陰場所や快適な休息場所などの提供も含む適切な飼育環境の提供）
③苦痛，損傷，疾病からの自由
　　（予防および的確な診断と迅速な処置）
④正常行動発現の自由
　　（十分な空間，適切な刺激，そして仲間との同居）
⑤恐怖および苦悩からの自由
　　（心理的苦悩を避ける状況および取り扱いの確保）

この「5つの自由」は，イギリスのみならず現在の欧州連合（EU）のアニマルウェルフェア政策を導く基本理念となっており，さらには国際獣疫事務局（OIE）の陸生動物衛生規約第7条にも取り入れられている。OIE は日本を含む180以上の国と地域が加盟する国際機関であり，動物および動物由来製品の国際貿易に関する

衛生基準の策定等を行っている。国際貿易上の国家間紛争の際には OIE の基準が適用されることから，「5つの自由」は今や全世界に共通するアニマルウェルフェアの基本理念ともなっているということができる。次に，この「5つの自由」の具体的な適用事例として，採卵鶏についての EU 指令を見てみよう。

写真 A

写真 B

写真 C

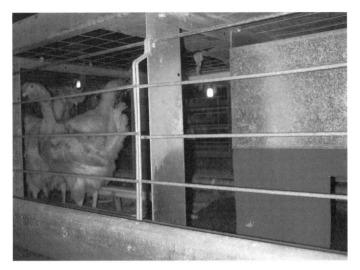

写真 D

写真 E

　現在，EU 域内の採卵鶏は「理事会指令 1999/74/EC」が定める最低基準によって保護されている。この理事会指令は採卵鶏の飼養方式を①非エンリッチド・ケージ，②エンリッチド・ケージ（enriched cages），③非ケージ方式（alternative systems）の 3 種類に分け，2012 年以来①の飼養方式を禁止している。①は日本では現在でも最も一般的な飼養方式であって，90％以上の鶏卵がこの方式で生産されている。写真 A は 2004 年に中国の河南省で撮影されたものだが，これがバタリーケージと呼ばれるケージである。写真 B は日本の養鶏場である。このようなケージの中では鶏の正常行動発現の自由は著しく妨げられているといわざるをえず，EU ではこの飼養方式を禁止したのである。一方，②のエンリッチド・ケージには，写真 C に見られるように止り木が設置されている。また，写真の右下にあるマットには砂が敷かれ，そこで鶏が砂浴びをすることができるようになっている。さらに，写真 D ではマットの右横に巣箱が設置されているのがわかる。これらは，止り木に止まる，砂浴びをする，巣に卵を産むという鶏の習性に配慮した対応であり，鶏の正常行動発現の自由を最低限保障するものとなっている。EU 指令は，このように止り木等の設置を義務付けているだけでなく，鶏 1 羽あたり 750 cm² 以上の面積を確保するようにも定めている。写真 C，D に写っているのは 2 羽だけだが，実際には大きなケージの中に 18 羽の鶏がいる。撮影者の私が近寄ってきたため，他の鶏たちはケージの隅の方へと逃げていったのである。つまり，鶏たちには逃避行動をとることができるだけのスペースが与えられている，ということである。③の非ケージ方式については，1m²あたり 9 羽を超えてはならないこと，7 羽あたり最低 1 つの巣，および適切な止り木を設置すべきことを定めている。写真 E は非ケージ方式の 1 つの例だが，このよう

な方式であれば，鶏たちは外敵からも守られ，正常行動のかなり
の部分をほぼ完全に発現することができると考えられる。

　現在，欧州連合（EU）とイギリスではエンリッチド・ケージが
最低基準となっているが，個々の国や地域のレベルではケージ飼
養そのものから離脱する動きも活発になってきている。大木（2018）
によれば，2016年時点での飼養法別生産構成比を見てみると，ケー
ジ方式の比率はイギリスが51％，ドイツ10％，日本95％，非ケー
ジ方式でかつ屋外に放飼いスペースを持つフリーレンジの比率は，
イギリス47％，ドイツ27％，日本1％となっている（105頁）。イ
ギリスでのフリーレンジの普及にはRSPCA（王立動物虐待防止
協会）の認証制度が大きな役割を果たしたといわれており（同上
106頁），イギリスにおける動物保護の伝統の堅固さを感じさせら
れる。いずれにしても，欧州ではケージフリーの動きが確実に進
んできており，それはアメリカにも波及しつつある（上原2019頁）。
国際鶏卵委員会（IEC）の2020年の調査では，ケージ飼育の割合
は，アメリカ76.3％，ドイツ5.0％，日本94.1％となっている（農
林水産省2022）。もしアメリカ全土でケージフリーが進んでいく
ことになれば，その波は日本にも達することになるであろう。一
部の日本企業はケージフリー卵の販売を拡大し始めているが，EU
においてはケージ飼養の段階的廃止に向けた法整備の動きがすで
に始まっている（『日本経済新聞』2022年12月9日）。

　鶏のウェルフェアの領域では，ケージ飼養の問題とは別に，強
制換羽ないし誘導換羽という鶏卵生産技術も重要な論点であると
されている。鶏のライフサイクルには産卵を休止し羽毛を生え変
わらせる換羽の期間があるが，この換羽を人為的に行うのが強制
換羽である。鶏に絶食を強制すると，鶏は休産し換羽を始めるこ
とから，この性質を利用して産卵の時期を操作したり，休産期
間を短縮したりして経済性を高めるのである。強制換羽には，絶

食・絶水と照明の調節を併用するのが最も効果的であるとされているが（田中 1980, 97 頁），鶏にかかるストレスは大きく，鶏がサルモネラ菌に感染する危険性が増大する（佐藤 2000, 180 頁）。イギリスの法規制（The Welfare of Farmed Animals (England) Regulations）では，家畜が餌と水を毎日摂取できること，と定められているため絶食・絶水による強制換羽はイギリスではできないことになる。日本では，畜産技術協会が「アニマルウェルフェアの考え方に対応した採卵鶏の飼養管理指針」（2020）を作成している。この指針では，24 時間以上の絶食は推奨しないとし，「絶水は行わないこととする」と記されている（同上 5 頁）。日本の幾つかの動物保護団体は，強制換羽が鶏に過大な苦痛を与えるとして，これを法律で禁止するよう求めている。また，畜産学の専門家は，サルモネラ菌感染のリスクの観点から，強制換羽を止めるのが望ましいと述べている（佐藤 2000, 180 頁）。

　以上のような欧州におけるアニマルウェルフェア政策は，動物学者たちによって自然科学的に導かれた「5 つの自由」を理念としているが，すでに見たように，その発端となったのはハリソンの『アニマル・マシーン』であり，これによって喚起された世論であった。すなわち，欧州の伝統的畜産と対比した際の現代的工場畜産の不自然さや，薬品を大量に投与して生産された畜産物への嫌悪と拒絶の感情であった。しかし，それだけではない。こうした道徳的な感情は，さらに現代哲学の合理的な倫理理論によっても補強されるようになった。それは，上で見た「5 つの自由」のために直接考案された倫理理論ではないが，結果としてアニマルウェルフェアを支える役割を果たしており，ケージフリーのような運動を促進する強力な駆動力となっている。そこで次に，欧米の主な動物倫理思想を見ておきたい。

（2）欧米の動物倫理思想

1）功利主義の動物倫理理論——ピーター・シンガー

　現代の動物倫理学をリードしてきたのは，オーストラリア出身の哲学者，ピーター・シンガーである。すでに我々は第2章で彼の倫理思想の一端に触れているが，彼を世界的に著名にしたのは1975年に出版された『動物の解放』である。そこで彼は，人間が動物を一方的に搾取利用するのは種差別であり不正であると論じ，工場畜産については，それを廃止すべきであると主張した。その際，彼が依拠するのは功利主義哲学の創始者であるジェレミー・ベンサムの見解である。彼は『動物の解放』の中で，1789年に出版されたベンサムの著書から次のような一節を引用している。

　　人間以外の動物たちが，暴政の手によっておしとどめることのできない諸権利を獲得する時がいつかくるかもしれない。皮膚の色が黒いからといって，ある人間にはなんらの代償も与えないで，気まぐれに苦しみを与えてよいということにはならない。フランス人たちはすでにこのことに気づいていた。同様に，いつの日か，足の本数や皮膚の毛深さがどうであるから，あるいは仙骨の末端（尾の有無）がどうであるからというので，ある感覚をもった生きものをひどい目にあわせてよいということにはならないということが，認識される時がくるかもしれない。いったいどこで越えられない一線をひくことができるのだろうか？分別をもっていることだろうか，それともおそらく演説する能力だろうか？しかし，成長した馬や犬は，生後一日や一週間，さらには生後一カ月の人間の乳児に比べても，明らかに高い理性をもち，大人の人間との意思の疎通もスムーズにできる。だが馬や犬がそうした意思疎通の能力をもっていないとしたら，

人間の役に立つだろうか？問題となるのは，理性を働かせることができるかどうか，とか，話すことができるかどうか，ではなくて，苦しむことができるかどうかということである。（シンガー 1988，30-31 頁）

イギリスと同じように，フランスも西インド諸島（カリブ海諸島）に植民地を持ち，そこで黒人奴隷を使役して砂糖等を生産していた。ベンサムはこの文の中で黒人奴隷との類比を用いて動物の取り扱いについて語っている。すなわち，皮膚の色が黒いからといってその人を虐使してよいということにはならないのと同様に，人間ではないからといってその動物を虐使してよいということにもならない，と。その際，ベンサムは人間と動物の共通性を「苦しむことができる」という能力に見出している。ピーター・シンガーは，この人種差別の類比をさらに推し進めて，人間による動物の搾取利用を「種差別」と呼んだ（1988，30 頁）。そして，倫理的配慮の対象をベンサムに倣って「苦しむことができる」存在，すなわち「感覚をもつ」存在に設定した（32 頁）。種差別をせず，動物が感じる苦痛に配慮するならば，現代における動物の取り扱いの多くは倫理的に正当化されえない，とうのがシンガーの結論である。

　このように，シンガーの議論の根底を成す倫理的直観は奴隷制の否定であり，この点は 19 世紀前半のイギリスで動物虐待防止協会の設立に関わった人々と共通しているといえる。とはいえ，シンガーは動物虐待の防止やアニマルウェルフェアを推進する運動というよりはむしろ，動物の権利を擁護するアニマルライツ運動に強い影響を与えた思想家である。しかも，その影響は動物倫理を越えて倫理学全般に及んでいる。そこで，シンガーの思想を 1990 年代に出版された『実践の倫理』（1999）の記述に即しても

う少し立ち入って見てみよう。

　シンガー（1999）が倫理学の基本原理として設定するのは「利益に対する平等な配慮」である（24頁）。この原理の特徴は，倫理的な配慮の対象が利益 interests であって，人間の生物学的属性や個人の社会的属性ではないところにある。われわれが倫理的判断をする際に重要なのは，その判断の対象者が利益を持っているか否かであって，その利益の持ち主が誰なのかではない。ある人々が利益を持っているならば，彼らが白人であるか黒人であるか男性であるか女性であるかに関わらず，平等に配慮の対象になる，ということである。この原理からすれば，人種差別や性差別は特定の人種や特定の性の利益だけを考慮する故に不正であるということになる。では，利益を持っているか否かは何によって判断されるのであろうか。シンガー（1999）によれば，それは「苦しんだり楽しんだりする能力」である（70頁）。岩石や木材は苦しんだり楽しんだりしないから利益を持っているとはいえないが，鶏や豚は苦しんだり楽しんだりするから利益を持っており，したがって倫理的配慮の対象となる。われわれがもし鶏が人間ではないからという理由で鶏の利益に配慮せず鶏に酷い苦しみを与えるならば，われわれは種差別という不正に関与することになるのである。ただし，鶏の利益と人間の利益が比較される場合には，人間の利益に対して特別な配慮が必要となる。というのは，健常な人間は「人格」であり「理性的で自己意識のある存在」であるが，鶏は「人格」ではないと考えられるからである。ある存在が「人格」である場合，彼らは「高度に未来志向的」であり「自分自身の存在のイメージを未来に投影して見る欲求」（シンガー1999，153頁）を持つため，生き続けることを強く選好し，殺されることに対して強い苦しみを感じる。一方，鶏にこのような自己意識がないのであれば，一定数の鶏を苦痛を与えずに殺し，その代替として同じ数の鶏を

新たに飼うことは，鶏の利益を侵害することにはならない。それゆえ，人間を殺すことは不正だが，鶏を一定の条件下で殺すことは不正にはならない。つまり，一人の人格はかけがえのない存在だが，自己意識のない生物は代替可能な存在であり，生命を奪うこと自体は悪ではないというのである。そしてここからは，次のような結論が導かれる。

　　チンパンジーを殺すのは，生まれつきの知的障害のために，人格ではないし，決して人格でありえない人間を殺すのに比べて，より悪いように思われる。（シンガー 1999, 143 頁）

　シンガーは，人格であるのは人間だけではなく，チンパンジーとゴリラとオランウータンもそうであると主張する。また，哺乳類はすべて人格である可能性があると述べている。鶏についても自己意識がある可能性に言及しているが，もしそうであれば殺してはならないことになる。しかし，もし鶏に自己意識がないのならば，「農家の庭を自由に歩き回る状態で飼うこと」（シンガー 1999, 161 頁）については，上記のような条件を満たす限り正当化できると述べている。しかし，現代の畜産の主流である工場畜産においては，「動物は快適な生を送ってはいないから」（同上 162 頁），このような畜産は全く正当化されえない，ということになる。

　さて，以上のようなシンガーの動物解放論は，直接的にはアニマルライツ運動のための哲学と見なすことができるが，他方で，アニマルウェルフェア政策に対しても強力な理論的根拠を提供するものとなっている。上に掲げたアニマルウェルフェアのための「5つの自由」のうち，①，②，③および⑤の項目について，その倫理学的根拠を求めるとすれば，それはシンガーが唱えるような

功利主義理論ということになるであろう。シンガー自身はベジタリアンになることを読者に勧めているが,「苦しみはできるだけ小さくすべきである」(1988, 49 頁) という彼の哲学の基本原理は,漸進的な動物福祉の改善と矛盾せず, EU やアメリカの諸州で進められているアニマルウェルフェア政策を支持するものであるといえる。実際, 日本で鶏のウェルフェアのために活動している団体も, シンガーの倫理思想に依拠していることを明言している (山口 2019, 82 頁)。

　シンガーの思想は功利主義哲学に基づく動物解放論であるが,異なる立場からの動物倫理思想もある。特に, 義務論に基づくトム・レーガンの動物権利論はシンガーに次いで影響力の大きな動物倫理思想であると考えられるので, 次に彼の見解を見ておきたい。

2) 義務論の動物倫理理論——トム・レーガン

　トム・レーガンの議論は, シンガーの功利主義的見地に対する批判から始まる。レーガンによれば, 功利主義が着目するのは個々の人間や動物が持つ「利益」であり, 個々の人間や動物そのものではない。個々の人間や動物は利益という価値のある液体を入れる容器のようなものであって, 容器自体には価値はない。このため功利主義においては, ある集団内の利益の総計が最大になるのであれば, その中の 1 人が関係者全体の利益のために殺害されるということも否定されない。1 人の個人という容器それ自体には絶対的な価値のようなものはないからであり, したがって他の個人で代替されることが可能だからである。これに対してレーガン (1986) は, 個々の人間や動物はそれぞれ固有の価値 (inherent value) を持つと主張する (49 頁)。レーガンは自分のこのような議論を, 義務論の代表的な哲学者であるカントの理論を用いて次のように展開している。

　カントによれば, 理性的存在者は目的それ自体であり, その人

を単なる手段としてのみ取り扱ってはならず，目的としても取り扱わなければならない。つまり，人間を物品のようなものとして使用してはならない。これが全ての人が従うべき普遍的道徳法則である。一方，動物は理性的存在者ではないから，われわれは動物を物品として使用してもよい。つまり，動物を食用目的に飼育し処理してよい。ただし，動物虐待は人間虐待へとエスカレートすることがあるから，人間虐待を防ぐために動物虐待も防止されなければならない。つまり，われわれは理性的存在者である人間に対しては直接的な道徳的義務を負うが，動物に対しては人間を経由した間接的義務を負うだけである，ということになる。レーガンは，カントのこのような義論に対して，嬰児や精神障碍者の存在を挙げて反論する（Regan 1983, 182-184 頁）。カントの道徳法則に基づけば，嬰児や精神障碍者は理性的存在者とはいえないから，彼らを物品として処理することは悪ではない。しかし，そのような判断はわれわれの道徳的直観に反する。われわれは嬰児や精神障碍者に対しても直接的な道徳的義務を負うと考えるのが正しい判断であるはずである。そしてもしそうであるとすれば，われわれは動物に対しても直接的義務を負うことになる。というのは，もし嬰児や精神障碍者に対する直接的義務を認める一方で，動物に対してそれを認めないのであれば，それは種差別であって支持し得ないからである。レーガンによれば，理性的存在者も嬰児も精神障碍者も動物も「生の主体」（subjects-of-a-life）として存在していることにおいて同一である。彼らは「生の主体」としてそれぞれ固有の価値を持っており，決して物品扱いされてはならず，敬意を持って取り扱われなければならない存在なのである（同上 248 頁）。つまり，動物は敬意を持って取り扱われるべき権利を持っており，また危害を加えられない権利を持っている，とレーガンは主張する（同上 327-328 頁）。

　このような主張から導かれる結論は，動物実験の全廃であり，商業的狩猟の禁止であり，そして商業的畜産の解体である。この立場はアニマルライツと呼ばれ，アニマルウェルフェアと明確に区別される。この立場からは，養鶏場で飼われている鶏に対してより広いスペースや止まり木や敷料や巣箱を与えたとしても，鶏を商業目的のための単なる手段として利用していることに変わりはなく，問題の本質的な解決にはならない。とはいえ，だからといってアニマルライツの信奉者がアニマルウェルフェア政策を否定するのかといえば，もちろん，そういうことにはならない。実際には，彼らはアニマルウェルフェアの強力な推進者である。というのは，畜産物の生産，流通，消費から利益を得ている人口は厖大であり，一朝一夕に現状を変革できないことくらい彼らは百も承知だからである。動物に権利があるとしても，その権利を実際にどこまで行使できるかは，経済的，社会的，文化的要因に左右される（Benton1993, 95頁）。女性に男性と同等の権利があることは公的に認められているが，女性が実際にそれを行使する段になると様々な障害が待ち受けている。動物の権利に至っては，なおさら頑固な無視や反発が立ち塞がっている。それゆえアニマルライツの活動家は，一般の市民あるいは消費者に対してはベジタリアンやビーガンになることを訴えかける一方で，政治家や行政や企業への働きかけにおいては有機畜産やアニマルウェルフェアの推進を要請することになる（山口 2018）。われわれは，欧米で推進されてきたアニマルウェルフェア政策の背後に，このような活動家がいることを見落とすべきではない。

　3）　徳倫理学の動物倫理理論 ── マーサ・ヌスバウム
　西洋の倫理学のうち影響力の大きな学派は，概ね功利主義，義務論，徳倫理学の3つに分類される。功利主義と義務論について

は上で取り上げたので，最後に徳倫理学に近い立場からの動物倫理学を見ておかなければならない。

　徳倫理学はアリストテレスの倫理学に由来する立場である。それゆえ徳倫理学は，西洋の最も古く最も浸透した倫理的土壌と重なり合う部分を持つ。特に聖トマス・アクィナスが『神学大全』をアリストテレス哲学に依拠して著したことから，それ以降の西洋のアリストテレス的倫理学はキリスト教の伝統と何らかの関わりを持っているように見える。この点は，完全に世俗的な哲学であるといえる功利主義とは大きく異なる徳倫理学の特徴である。とはいえ，アリストテレス自身はキリスト誕生のはるか以前の人であり，彼の倫理学は特定の宗教とは無関係に成立している。このためアリストテレスの倫理学は，カール・マルクスやアマルティア・センのような無神論を標榜する経済学者にも受容されてきたのである。以下では，この2人の経済学者の影響下にあるといえるマーサ・ヌスバウムの見解を取り上げたい。

　マーサ・ヌスバウムは，アマルティア・センと並ぶケイパビリティ・アプローチの提唱者として知られる政治哲学者である。ケイパビリティ・アプローチはジョン・ロールズの正義論を批判的に継承し発展させようとする試みであるといえるが，ヌスバウムはこの新たな正義論を動物にも適用している。まず，彼女のケイパビリティ・アプローチの出発点となっているアリストテレスの幸福論を見ておこう。

　アリストテレスは幸福とは何かを理解するためには人間の機能を知る必要があると考える。眼の機能が見ることであり，耳の機能が聞くことであるように，全体としての人間そのものについても人間に特有の機能というべきものがあり，それは「理性に即した魂の活動」（アリストテレス 2002，29頁）すなわち理性的な活動であるという。そしてもしそうであるとすれば，視覚機能や聴

覚機能が優れていればいるほど良い目であり良い耳であるのと同じように，理性的活動において優れていればいるほどその人間は良い人間であると判断できる。そこで，人間の幸福とは何かといえば，それは人間として最高に良いこと，すなわち理性的活動において卓越していること，換言すれば，卓越性（アレテー）に即した理性的な活動である，ということができる。その際，ここでアレテーというギリシア語を卓越性ではなく徳と訳すならば，幸福とは徳に即した理性的活動である，ということになる。それゆえ，幸福であるためには徳が身に着いている必要があるのである。これがアリストテレスの幸福論の出発点である。ヌスバウムはこの人間の機能という考え方を発展させた。

　ヌスバウム（2005）は人間の機能を分析し，「人間の中心的な機能的ケイパビリティ」（92頁）として10項目からなるリストを提示する。それは「①生命②身体的健康③身体的保全④感覚・想像力・思考⑤感情⑥実践理性⑦連帯⑧自然との共生⑨遊び⑩環境のコントロール」の10項目であり，それぞれの項目について短い内容説明が付されている。例えば⑨の遊びについては「笑い，遊び，レクリエーション活動を楽しめること」（ヌスバウム 2005，94頁）と説明されている。ヌスバウムによれば，人間が人間として良く生きているといえるためには，これらの機能を備えている必要がある。例えば，もしも人々が長時間労働に追われて遊びの時間を全く持てないとしたら，それは，その社会には正義に反する事態が生じているということを意味する。この場合，政府は人々の労働時間を適切に規制することで正義を実現する必要がある。ただし，このとき政府が行うのは人々に遊びなさいと指示することではなく，労働時間の規制等によって人々が遊ぶことができるための条件を整備することである。もし遊びたくないという人がいれば，その人は全く遊ばずに仕事に没頭してもよい。大事なのは，

もしその人が遊びたいと思えば，遊ぶことができるということである。これを遊びのためのケイパビリティという。それゆえ，このリストは「実現した機能のリストではなく，ケイパビリティ，すなわち達成可能な機能のリスト」（同上 88 頁）なのである。

このリストは，元々はインドのような発展途上国における女性の地位向上に寄与する目的で作成されたものであるが，後になってヌスバウムはこのリストを用いて動物正義論を論じるようになる。動物には幸福な生活というものはないと述べたアリストテレスとは異なり，ヌスバウムは動物にもより良い生，「繁栄した生（flourishing life）」があるという。この倫理的立場は「生物の繁栄が，他の有害な作用によって阻害されるとき，それは誤りである」（ヌスバウム 2013, 406 頁）と主張するものである。一匹の動物にも良く生きているという状態があるのであって，その動物の機能の達成が何かによって妨害され，繁栄した生が失われることは悲劇であり，正義に反するというのである。それ故，一匹一匹の動物について，その機能的ケイパビリティが 10 項目にわたって評価されることになる。その際，子供に対してはパターナリスティックな対応，すなわちケイパビリティよりも機能そのものを標的にする対応が適切なのと同様，動物に対しても「パターナリズムは大抵適切である」（同上 415 頁）とされる。子供には躾が必要なように，犬や猫にもそれが必要だということである。

それでは，動物に対してこの 10 項目のリストを適用したとき，どのようなことがいえるのであろうか。リストの最初に置かれる「生命」は「正常な長さの人生を最後まで全うできること」（ヌスバウム 2005, 92 頁）という内容を持つ。これを動物に当てはめるとき，畜産業は成立するであろうか。ヌスバウム（2013）は「健康で伸び伸びとした生を送った後で」（418 頁）その動物が苦痛なしに屠畜されるのであれば問題ないというようなことを述べてい

る。これは，商業的畜産を全面的に否定するレーガンの義務論的
立場と異なる点である。リスト 3 番目の「身体的保全」について
は猫の例を挙げ，猫の爪切りは禁止されるべきであると述べてい
る。その理由は，爪切りは「猫が自身の特徴的な方法で繁栄する
ことを妨げるから」であって，爪切りの際に発生する苦痛などと
は無関係に望ましくないということである（同上 418 頁）。おそら
くここに，功利主義とは異なるケイパビリティ・アプローチの特
徴が良く表われているといえる。早い時期に爪を失った猫は，爪
を使って高いところに上りたいという欲求を持たなくなるかもし
れない。爪切りが苦痛なしに実施され，その猫が木登り等の選好
を持っていなければ，功利主義的にはこの状況に不正義は生じて
いない。これに対してケイパビリティ・アプローチは猫に固有の
機能を重視する。爪を使った行動は猫の本質的機能である。猫が
この機能を実現できないとすれば，それは大きな不幸であり悲劇
である。もし猫が爪を使う行動に対する選好を失っているとすれ
ば，猫の主観に関わらず，ここには不正義が生じているのである。

　このような立場は，「5 つの自由」によって表されるアニマルウェ
ルフェア政策と矛盾するものではなく，むしろそれを強く推し進
めることになる。特に，「5 つの自由」のうちの「正常行動発現の
自由」については，これを最も強く推進する立場として機能する
といえる。功利主義の立場からは鶏が狭いケージ内での生活に満
足しケージの外に出て行きたいと思っていなければケージ飼育は
悪ではない。しかしケイパビリティ・アプローチからは，そのよ
うな事態は順応的選好形成として否定の対象となり（ヌスバウム
2013, 403 頁），従来型の狭いケージよりはエンリッチド・ケージが，
ケージ飼育よりはケージフリーが強く推奨されることになる。

　順応的選好形成の問題はトム・レーガンも取り上げている。彼
はこの問題を「剥奪としての加害」として論じており（Regan1983,

96-99 頁），義務論の立場からも「正常行動発現の自由」は特に重
視されるべき要素であるといえる。「5 つの自由」の提唱者である
FAWC のジョン・ウェブスターは，人間以外の動物の「自律性に
対する敬意」という義務論の原理について次のように述べている。

　　この原理は，動物の「テロス」，すなわち動物の根本的な生物
　学的および心理学的本質，簡単にいえば「豚の豚性」を我々に
　認識させてくれる。豚の正常行動発現の自由を否定することは，
　たとえ我々が身体的または情動的ストレスを功利主義的原理で
　証明できないとしても，豚の自律性に対する侮辱なのである。
　（Webster 2005, 18 頁）

　ここでウェブスターは，動物の自律性に対する「敬意の原理」
（Regan1983, 248 頁）という義務論の立場を解説しているのである
が，興味深いのは彼が「テロス」という用語を用いている点である。
「テロス」は「目的」と訳されるギリシア語で，アリストテレス哲
学のキーワードの 1 つである。アリストテレスによれば生物には
目的因が内在しており，これに従って生成し，その生物固有の機
能を達成する。機能の達成は目的の実現であり，その生物にとっ
て良いこと，換言すれば，その生物にとっての善である。この立
場からすれば，豚が豚固有の正常行動を発現することは，豚にとっ
ての善であるということになる。ウェブスターは倫理学者ではな
く動物学者だが，その論述の中に「テロス」という用語が出てく
るところに西洋におけるアリストテレス哲学の伝統と影響の深さ
を垣間見ることができる。また，ここからわれわれは「正常行動
発現の自由」を基礎付ける理論として，現代においてもなお，ア
リストテレス倫理学が有効に機能しているということを知ること
もできる。

　さて，以上のように現代の動物保護運動は，西洋の最も影響力の大きな3つの倫理理論によって基礎付けられており，強い訴求力を持って畜産物の生産と消費の在り方を変えつつある。特にイギリスで生まれたアニマルウェルフェアの理念は，国際機関や自由貿易交渉を通じて西欧から世界へと輸出されつつあり，日本もその影響下に置かれようとしている。しかし，アニマルウェルフェア政策は動物についての科学的知見だけでなく，上で見たような西洋倫理学をも背景として機能していることから，必ずしも文化横断的な普遍性を持つとはいえないような部分もあるように思われる。特に，日本には西洋とは異なる動物倫理の歴史と伝統があるため，アニマルウェルフェア政策が違和感を持って受け取られることが少なくない。そこで次節ではまず，日本の動物倫理の歴史を振り返っておきたい。

第2節　日本の動物保護をめぐる倫理と政治経済

（1）豊臣秀吉の時代

　産業動物の取り扱いについて，日本が西洋の方式に対して持つ違和感は今に始まったことではない。それは日本人が西洋文化の威力に初めて直面した400年前にも持たれた違和感である。そしてこの違和感は，日本と西洋文化との衝突へと発展し，その後の日本文化の発展経路を大きく左右することとなった。この衝突の当事者は日本側が豊臣秀吉，西洋側はポルトガルとスペインから来航したキリスト教の宣教師たちであった。

　キリスト教は，鹿児島に渡来したイエズス会宣教師のフランシスコ・ザビエルによって日本に初めて伝えられたとされている。1549年のことである。それ以来，ポルトガルから来たイエズス会

士によってカトリックの布教が進められ，九州や近畿を中心に信
者が増えていった。その際，イエズス会は特に身分の高い日本人
を標的にして改宗を促し，小西行長や高山右近のようなキリシタ
ン大名を生み出すことに成功していた。しかし 1587 年，豊臣秀吉
は高山右近を追放し，突如としてキリスト教に対する弾圧を始め
る。歴史上有名な伴天連追放令は天正 15 年 6 月 19 日に発令され
ているが，その前日に，秀吉は日本のイエズス会指導部のところ
に使者を派遣し，次のような 3 つのメッセージを伝えさせている
（フロイス 2000，207-208 頁）。

①　仏教僧は屋敷や寺院の中で教えを説くだけであるが，イエ
　　ズス会は信者を増やすため一地方から別の地方へと移動して
　　人々を熱烈に扇動している。布教をするなら日本の仏教僧の
　　ような普通の方法で行いなさい。

②　馬や牛を食べてはならない。

③　日本人を買い入れ，奴隷として外国に連行するのは許され
　　ない行為である。現在ポルトガル人が買い入れている日本人
　　を解放しなさい。

　このうち，③の奴隷貿易は前章の主題に関わる論点であり，そ
こで取り上げられたものである。①は秀吉の宗教政策にとって本
質的な要素であると思われるが，本章の主題にとっては②の方が
重要である。そこで，この②についての秀吉の言葉を，改めてル
イス・フロイスの著作からそのまま引用しておきたい。

　　汝らは何ゆえに馬や牛を食べるのか。それは道理に反するこ
　とだ。馬は道中，人間の労苦を和らげ，荷物を運び，戦場で仕
　えるために飼育されたものであり，耕作用の牛は，百姓の道具
　として存在する。しかるにもし汝らがそれらを食するならば，
　日本の諸国は，人々にとってはなはだ大切な二つの助力を奪わ

れることとなる。汝らを含め，シナから船で渡来するポルトガル人らが，もし牛馬を食べずには生きられぬものならば，全日本の君主である予は，多数の鹿，野猪，狐，雉子，大猿，その他の動物狩りを命じ，それらを一つの囲いの中に入れておくから，汝らはそれを食するがよかろう。汝らは，当国の福祉のために必要な動物の土地を破壊してはならぬ。(フロイス 2000, 208 頁)

　われわれはこの秀吉の言葉の中に，かつての日本の動物倫理を見ることができる。すなわちそれは，馬や牛のような家畜は食べてはならないが，鹿や猪のような野生動物は食べてもよい，というものである。歴史を遡れば，日本における動物食についての公的なルールは天武天皇四年 (675 年) の詔勅に行き着く。そこには「牛・馬・犬・猨・鶏の宍を食ふことなかれ」とあり，猨すなわち猿も含まれているが，概ね家畜の食用目的での屠畜を禁じるものとなっている。以来日本では，時の権力者たちによって同趣旨の法令が繰り返し発令されている。その背景としては秀吉が述べたような経済的な要因が大きいと考えられるが，それを補強する要因として仏教等の宗教倫理の働きも無視できない。原田(1993)は「天武天皇四年の肉食禁止令の真の目的は，稲作を中心とする農耕の推進にあった」(76 頁) と指摘する一方で，次のようにも述べている。

　　天武・持統朝から聖武朝にかけての，国家レベルにおける仏教の興隆には目覚ましいものがあり，その結果として殺生禁断と放生の思想が浸透し，肉食禁忌の度合いも進んだ。(同上 78 頁)

　仏教は 6 世紀に日本に伝えられたとされているが，その倫理規

範の第一は不殺生であり，人間のみならず動物全般を殺すことを禁じている。特に日本で主流となった大乗仏教は慈悲の思想を強調し，この規範の順守を強く求める傾向がある。このため仏教が国家的宗教として位置づけられた古代から近世までの日本では，慈悲の心の具体的な表現として殺生の回避が奨励された。そしてこの倫理規範は，農耕，運輸，軍事に不可欠な牛馬の保全という経済的必要性とうまく嚙み合うものであった。おそらく秀吉のような権力者は，経済活動に不可欠な牛馬を保全するために仏教を都合よく利用したのであろう。

　ところで，上で見た秀吉の「何ゆえに馬や牛を食べるのか」という問いに対して，イエズス会士は次のように答えている（フロイス 2000，210 頁）。われわれの国には確かに牛を食べる習慣がある。しかし，われわれの司祭たちはすでに日本の食習慣に馴染んでいる。ポルトガル商人と一緒のときには牛を食べることもあったが，以後，ポルトガル商人にも注意を喚起するようにする，と。実際，これ以降ポルトガル人イエズス会士たちは，服装も日本式の着物を身に着けたり，教会を建てずに家の中でミサを執り行ったりと，日本社会の中で出来るだけ目立たないようにした（フロイス 1997，26-27 頁）。このため「伴天連追放令」にもかかわらず彼らは日本に滞在し続け，密かに信者を増やしていくことができた。秀吉はポルトガルとの貿易を重視していたから，彼らの活動を，それが目立たぬものである限り，あえて黙認していたのである。

　ところが，その後フィリピンのマニラからフランシスコ会の修道士が来航し，京都に教会を建て，表立って宣教活動を始めた。さらに 1596 年，マニラを出港したスペイン船サン・フェリペ号が土佐に漂着するという出来事があった。増田長盛らがサン・フェリペ号の調査を行うと，船からは鉄砲や大砲が出てきた。これを受けて秀吉は，スペインがまず日本の人々をキリスト教徒にして

味方につけ，その上で軍隊を派遣して日本を占領しようと企んでいると思うようになった（フロイス 1997，81 頁）。フィリピンは 16 世紀後半にスペイン人によって占領され，マニラはスペイン人による植民地支配の拠点となっていたが，秀吉はこの事実をよく知っていた。彼は石田三成に命令し，マニラから来たフランシスコ会修道士とその関係者を処刑することとした。そして翌 1597 年，修道士らは耳の一部を切り取られ，京都，大阪および堺の市中を引き回されたのち長崎に連行され，そこで磔刑に処された。処刑されたのは 6 名のフランシスコ会修道士と 20 名の日本人キリシタンであった。日本と西洋との文化的衝突がもたらした歴史上最初の悲劇である。ちなみに，現在これら 26 名はカトリック教会によって聖人とされ，讃えられている。秀吉は 1598 年に没した。

（2）江戸時代

　秀吉によって始められたキリスト教禁圧政策は徳川家に引き継がれ，家康，秀忠，家光と代を重ねるごとに強化されていき，1637-1638 年の島原の乱を経て，日本のキリスト教はほぼ消滅することになる。しかし，それ以後も江戸幕府は徹底的にキリスト教を弾圧し，それを根絶するためにあらゆる努力を惜しまなかった。それゆえ，このような社会で生きていくためには，人々は自分がキリスト教徒でないことを証明する必要があった。そして，そのための証明書は仏教寺院が発行したので，人々は特定の仏教寺院に檀家（檀徒）として所属するようになった。寺院は檀那寺として檀家の葬式や法事を執り行い，檀家は謝礼や寄付として金品を檀那寺に渡すという関係が国の隅々まで行き渡った。誰がどの檀那寺に所属しているかは宗門人別改帳に記録され，それが戸籍のような役割を果たした。このことは，日本中いたるところに何れかの宗派の仏教寺院が設けられたということを意味する（圭室

1963, 263 頁）。一方，これらの仏教寺院は，本山，中本山，小本山，本寺，末寺というように組織化され，これを江戸幕府が管理した（圭室 2018, 45 頁）。つまり江戸時代において仏教は国家の統治機構の一部といえるような存在になったのである。このように，全人民を仏教の檀家制度の中に包摂するという宗教政策が完成したころ，徳川綱吉が現れた。

日本の動物保護政策といえば，おそらくほとんどの日本人が思い浮かべるのは徳川綱吉の「生類憐みの令」であろう。この項目は全ての中学校歴史教科書に記載されているから，日本で義務教育を受けた人は全て「生類憐みの令」について何らかのことを知っており，動物保護政策について何らかの印象を持っていることになる。この法令は，かつては天下の悪法として教えられたものだが，近年は異なった評価もされてきている。まず，歴史的な事実関係を確認しておこう。

1685 年，第五代将軍徳川綱吉は「生類憐みの令」として括られる一連の動物保護法令の発令を開始する。山室（1998）によれば，この法令は 25 年間に 135 回発令された（153 頁）。これにより綱吉は，武士，町人，百姓に対して動物を殺すことや，病気や老衰のため使役できなくなった牛馬を捨てることを禁じた。また，馬に運ばせる荷物の重量制限もした。さらに，生き物の売買を禁じたり，鳥をペットとして飼うことを禁じたり，蛇を見世物として使うことを禁じたり，キリギリスや松虫などの昆虫を飼育することも禁じた（板倉 1992, 9-28 頁，根崎 2006, 143-161 頁，195 頁）。もちろん，犬公方と呼ばれた綱吉は犬の保護を特に熱心に進めた。江戸の住民は飼い犬を登録すること，行方不明になった飼犬を探し出すこと，犬同士が喧嘩をしているのを見たら水をかけてやめさせること等を義務付けられた（板倉 1992, 38-53 頁，根崎 2006, 111-124 頁）。江戸の中野に建てさせた巨大な犬の収容施設につい

ては第1章でも触れたとおりである。山室（1998）によれば史料によって確認できる死罪は13件あり，27名が「生類憐みの令」違反の廉で死刑に処せられた（179-183頁）。鳥や犬等を殺したりした者たちが処刑されているが，その中には鶏を殺して売った人も含まれている。

「生類憐みの令」は綱吉の死後，速やかに廃止され，悪法と評価されて今日に至っている。このような事実だけを取り上げると，綱吉が常軌を逸した暴君であるかのように見えてくるが，真実は必ずしもそうではなかったようである。山室は，このような評価が普及するのに最も貢献した人物として新井白石の名を挙げ，彼の『折たく柴の記』から次の一節を引用している。

　　一禽一獣の事のために，身極刑に陥り，族門誅に及び，その余，流竄・放逐，人々生を安くせず。其父母・兄弟・妻子，流離散亡，凡そ幾十万人といふ事をしらず。（山室1998，231頁）

　山室（1998）によれば，「生類憐みの令」の「違反者への取り締まりはごくゆるやかで，それほど多くの罪人を出したわけでは」（230頁）なかったのが実態であり，上記引用文に現れる「幾十万人」という途方もない数字は，綱吉の暴君ぶりを印象付けるための脚色と見なされるべきものである。新井白石は自らが補佐した第六代将軍徳川家宣を持ち上げるために第五代将軍の綱吉を貶める必要があった，というのである。山室をはじめとして近年，多くの歴史学者が綱吉と「生類憐みの令」の再評価を進めてきており（例えば，塚本1993，ボダルト＝ベイリー2015），その成果が教科書にも取り入れられるようになってきている。これにより，この法令を天下の悪法とする従来の一般的な認識は今後ますます修正されていくものと思われる。一禽一獣のために人を極刑に処

したという事実は重いといわなければならないが，かといって綱吉が人間に対して冷酷だったという認識は事実に反するようである。「生類憐みの令」は人間をも対象としていて，捨て子や，病人を捨てることを禁じるとともに，綱吉の治世には囚人の待遇改善も行われていた（根崎 2006，161-166 頁）。また，生活困窮者に対する支援も綱吉の治世から始まっている（山室 1998，148 頁）。育鵬社（2016）の中学校歴史教科書は，「生類憐みの令」を次のように評価している。

　　綱吉の出した生類憐みの令は，人々の生活を圧迫しましたが，捨て子の禁止や動物愛護など，生命や自然を尊重するという道徳の定着をもたらすという意義もありました。（124 頁）

「生類憐みの令」は廃止されたが，それは「生命や自然を尊重するという道徳の定着」をもたらした。禽獣を殺すと死罪という法律はなくなったが，殺生を避けるという道徳は定着したのである。

　綱吉は迷信に凝り固まった暗君というわけではなく，実際には儒学に通じ四書五経を講じた学者でもあった。また，儒学だけでは不十分であるとして仏教の慈悲の思想を推奨した。「生類憐みの令」が仏教僧隆光の進言を受けて発令されたという認識は，今日の歴史家からはあまり支持されていないようであるが，この法令が仏教の慈悲の思想に基づくことは明らかである。すでに触れたように仏教の第一の戒律は不殺生であり，人間のみならず動物全般を殺すことを禁じている。日本が中国を経由して主に受容した仏教は慈悲の思想を強調し不殺生を特に重視する大乗仏教であり，この仏教は江戸時代になって国の隅々まで深く浸透した。綱吉は仏教の不殺生倫理を牛馬のような家畜だけでなく，ほとんど全ての動物にまで適用しようとしたのである。

　ただし，この時代の仏教寺院で行われていたのは純粋な仏教というわけではなく，神道と習合した一種の日本的混合宗教であった。それゆえ日本的な動物倫理としての不殺生倫理には神道由来の要素も含まれていると考えられる。特に徳川綱吉の時代には「服忌令」が導入されており，これが死に対する人々のイメージに大きな影響を及ぼしたので，この点についても触れておく必要があるであろう。

　「服忌令」は親族が死んだ際の喪服期間の長さなどを定めたもので，1684 年に綱吉によって発布された。これにより喪に服する日数が近親度に応じて差別化され，家族および親族間の秩序が明確になった。封建主義社会の規則が儒教的により完全なものになったのである。しかし，「服忌令」には儒教とは異質な超自然的要素も濃厚に含まれている。福田（2010）は次のように述べている。

　　服とは喪に服すること，忌とは近親者に死者があったときなどに穢れが発生したとして，喪に服する日数や穢れがなくなるまで自宅謹慎する忌引の日数のことである。死を忌み嫌い，血の穢れを排する服忌の制は，朝廷や神道における習俗であり，この対局には神や聖・清浄の観念がある。(44 頁)

　ここでいわれている「穢れ」は観念的，宗教的な意味での汚れであり，実際に身体にウイルスやセシウムのような物質が付着するわけではない。したがって現在では「穢れ」の観念は極めて希薄になっている。しかし，綱吉の時代には「穢れ」は人々に強い忌避の感情を惹起したのであり，少なくとも綱吉自身はそのような感情を持っていたようである（福田 2010, 16 頁）。家族の一員が死んだときには，それによって発生した「穢れ」が消滅するまで，人々は恰も自分がウイルスに感染したかのように自宅で自己隔離

した。しかも，「穢れ」の発生は動物が死んだり，動物の肉を食べ
たりした場合にも発生するとされた。肉を食べた場合，それが「鶏
ならば5日，牛馬ならば150日，豕・犬・羊・鹿・猿・猪ならば
70日の食事の穢れとなる」（福田 2010，46頁）ことから，その間
は神社への参詣などはできないとされた。これにより，動物を食
用目的に殺すことは，「穢れ」を避けるという動機からも拒否され
ることになる。仏教の慈悲の思想に基づく不殺生が利他的な動機
によるものであるとすれば，この不殺生倫理は「穢れ」の忌避と
いう利己的な動機によっても支えられていたということができる。

　「服忌令」は江戸時代を通じて遵守された。「生類憐みの令」は
綱吉の死後廃止されたが，それが残した「生命や自然を尊重する
という道徳」は，死に随伴する「穢れ」の忌避を制度化した「服
忌令」によって補強されていたということができる。日本では今
日でも，「動物への配慮といえばまず『無益な殺生をしない』ことだ」
（伊勢田 2008，214頁）というのが通り相場である。無益な殺生は
よろしくない，という判断は，多くの日本人が共有する道徳的直
観である。次項でも見るように，西洋では動物を苦痛なしに殺す
ことは悪ではない。動物が回復不能な苦痛状態に置かれていると
きはむしろ積極的に安楽死処置を講じることが善であるとされる。
しかし，日本の伝統的動物倫理においては，死それ自体が何にも
まして忌避されるべき事柄なのである。こうした殺生および死そ
れ自体の忌避はこの時代に強化され，日本文化の中に深く刻み込
まれることとなったのである。

（3）　明治以降

　「生類憐みの令」が解除された後も牛馬の屠畜は江戸幕府によっ
て禁じられ続けていたが，1858年の日米修好通商条約締結を機に
事態は急変していく。開港後，横浜の居留地にやって来た欧米人

たちは高台に豪華な邸宅を建て，そこで牛肉を消費し始めた。や
がて牛肉食は欧米先進国の文化として外国人居留地外へと流出し，
横浜から江戸へと広がっていった。福沢諭吉は「牛肉は，世の開
けるに従ひ，誰にても食用する様になる」と言って牛肉業者を励
ましたといわれている（伊藤記念財団 1991，225 頁）。明治になる
と，牛肉食の禁忌は政府によって否定される。1872 年 1 月，明治
天皇は自ら牛肉をお召し上がりになり，この事実が報道された（加
茂 1976，222 頁）。これは古代から続いた天皇による牛馬保護政策
の大きな転換であった。さらに明治政府は同年 4 月，仏教僧侶の
肉食妻帯蓄髪を解禁した。これにより，牛馬保護の宗教的土台も
崩落しはじめた。牛馬は依然として軍事や運輸，農耕において重
要な役畜であったが，彼らは単に使役されるだけでなく食肉とし
て消費されるようにもなったのである。

　ある意味皮肉なことであるが，この時期に来日し牛肉食を広め
た西欧人の目には，日本の牛馬は虐待されているように映った。
前節で見たように，この時期のイギリスでは，すでに王立動物虐
待防止協会（RSPCA）が馬や牛の保護を熱心に進めてきており，
牛は食べるけれども牛の虐待は悪であるという考えが定着してい
た。これに対して，古代から続く日本の動物倫理においては，殺
生しないことに焦点が当てられたため，生きている動物のウェル
フェアは，綱吉の時代を別とすれば，さほど重視されなかった。
そして仏教僧ですら肉を食べ始めたとすれば，この時期，日本の
動物倫理は中核的規範の発信者を失い，一種の混乱状態に陥って
しまっていたと思われる。外国人に対して日本の伝統的動物倫理
の正当性を主張することが困難になっていた一方，全国民に共通
する新しい動物倫理も持ち合わせていなかったのである。

　ところで，仏教の僧侶が肉食を避けることは仏教教団内で受け
継がれてきた戒律によるのだから，それを教団外の存在である明

治政府が解禁するというのは奇妙に見える。しかし，実際に江戸
幕府は仏教僧の肉食を禁じてきたのであり，であるからこそ明治
政府はそれを解禁したのである。では，なぜ江戸幕府は僧侶の肉
食を禁じる必要があったのであろうか。

　まず，仏教僧の肉食は必ずしも例外的なものではなかったとい
うことが第1の理由として挙げられる。ルイス・フロイスは自分
が観察した安土桃山時代の仏教僧について次のように記している。

　　坊主らは外面には肉も魚も食べないと公言する。しかしほと
　んどすべてのものが蔭では食べているので，食べないのは人に
　見られるのを懼れるためか，または食べることができないため
　である。（フロイス 1991，72頁）

　第2の理由は，仏教僧が肉を常食するようになるとその分だけ
食費が嵩むことになるが，幕府は僧侶の生活費をできるだけ抑え
る必要があったということである。というのは，仏教寺院はキリ
スト教を排除し人民を管理するために幕府にとってなくてはなら
ない存在であったが，財政面では利害が対立する局面があったか
らである。すなわち，仏教寺院にとっても幕府にとっても，その
収入源は百姓をはじめとした領地内の人々であり，人々がより多
くの金品を寺院に寄進すれば，その分，幕府や諸藩に向かう金品
が圧縮されてしまう可能性があったのである（圭室 1963，267-268
頁）。特に諸藩は財政状況が悪化していったため，領内の人々から
お布施を搾り取る仏教寺院は目の敵のように映る場合があったよ
うである。また，檀家にとっても檀那寺は厄介な存在となること
があり，「祠堂金をむさぼり，あるいは布施をねだり，葬礼を延引
させ，百姓・町人迷惑におよぶ」（圭室 1963，266頁）ということ
もあったようである。こうしたことが，廃仏毀釈の1つの推進力

になったといわれている。

　1868 年（明治元年），新政府は神仏分離令を発布した。すでに触れたように，日本では神道と仏教が混じり合い，神仏習合といわれる状態が一千年にわたって続いていた。神道は日本の土着的な宗教であるはずだが，実は日本の神々の本体は仏であり，仏がそのような姿をまとって現れた化身であると考えられていた。明治政府はこのような思想を否定し，神道から仏教的要素を分離して，神道を国教的な位置に置こうとしたのである。神仏分離令を受けて，日本各地の神社・寺院では仏教を排斥する活動が急速に進んだ。武装した集団が神社に乱入し，仏像や経典，仏具などを投げ捨てる，というようなことが行われた（圭室 2018，150 頁）。また，神社か寺院かはっきりしないものは，すべて神社に改められた（同上 152）。こうした動きは廃仏毀釈といわれる全国的な騒擾へと発展し，寺院は壊され，仏像，経典，仏具が焼却され，石仏も砕かれた。薩摩藩では，1066 の寺院が廃絶となり，2966 人が僧侶としての地位を失った（同上 157 頁）。廃仏毀釈の激しさは地域差が大きいものの，仏教の社会的影響力はこれにより大きく後退することとなった。そして，1871 年には宗門人別改帳が廃止されたため，仏教寺院は国家機構の一翼という地位を完全に失ったのである。

　日本は，稲作を土台とする封建社会から，工業によって牽引される資本主義社会へと移行する過程で，様々な革命的変化を経験した。牛馬の取り扱いはその最たるものであって，豊臣秀吉は牛を屠畜して食べるキリスト教文化を否定したが，今や西洋の技術と文化を取り入れることが文明開化であり，牛を食べることがその象徴となった。明治政府は殖産興業政策により西洋式の官営工場を導入する一方で，西洋式の畜産業も推進しようとした。特に大久保利通は畜産の振興を重要視し，明治天皇に「日本人も牛肉

を食わなくては，西洋人に負けぬようなえらい仕事は出来ませぬ」と言ったと伝えられている（伊藤財団1991，276頁）。しかし，大久保が暗殺されたこともあり，西洋を真似た明治初期の畜産推進政策は成功しなかったようである。古代から江戸時代まで，日本の支配者が推進してきたのは稲作であり，この方針はヨーロッパとは異なる日本の地理的条件に合致したものであった。工業とは違い，自然環境の中で営まれる農業を欧米から直輸入することには無理があったのである。もちろん，日本でも畜産物の消費は次第に拡大していくが，それが広く一般化するのは戦後になってからのことである。特に1960年代以降，政府の支援もあり，畜産物生産は急速に伸びていった。高度成長により国民の所得が増え，それが畜産物消費へと向かったのである。そしてこの時代の畜産業はすでに工場畜産方式が主流となりつつあった。しかも，日本の畜産業は明治以降，政府の政策の下に欧米を見本として俄に導入された生産部門であって，稲作とは異なり日本の自然環境との相互作用の中で長年月をかけて発展してきた産業ではない。このため，家畜の飼料は主に海外からの輸入品に依存することとなったのであり，この点でも日本の畜産業は工業的であるといえる。すなわち日本の畜産業は，原料である飼料を海外から輸入し，それを工場内で肉や卵に変換し，それを出荷するという形態をとったのである。これは，穀物生産と畜産物生産が一体となって発展してきたヨーロッパとは大きく異なる日本畜産の大きな特徴である。

　とはいえ，現在，畜産は日本の農業生産額において最大のシェアを占める部門に発展している。1人当たりの鶏卵の消費量は欧米諸国より多く，「和牛」は人気の高い輸出品にすらなっている。しかも，肉類の消費量は近年順調に伸びてきており，農林水産省の「食料需給表（確定値）」によれば，2003年度には魚介類が1

人当たり 1 日 97.6 g，肉類が 72.2 g の消費（供給純食料）であったが，2011 年度にこの順位が逆転し，2020 年度には肉類が 91.6 g，魚介類が 69.1 g となった。1000 年以上にわたって日本人の食卓のメインディッシュは魚料理であったが，今や肉料理がそれに取って代わったのである。

（4）日本の伝統的動物倫理

　しかしながら，肉食の定着と拡大によって日本の伝統的倫理である殺生の忌避も消滅したかといえば，前々項の末尾でも触れたように，決してそうであるとはいえない。現代の西洋人と比べて現代の日本人がより多く殺生を回避しようとすることは幾つかの調査で示されている。例えば，佐藤（2005）はブルース・フォーグルが 1980 年代後半に日英の獣医師に対して実施したアンケート調査を紹介している（4 頁）。それによれば，飼い主の希望があれば健康な動物でも安楽死させるかという問いに対して，英国では 74% の獣医師がイエスと答えたのに対し，日本では 32%，助かる見込みのない重症の動物が苦しんでいる場合，飼い主の承諾がなくても安楽死させるかという問いに対しては，英国では 88% がイエスと答えたのに対し，日本人ではわずか 3% の獣医師だけがイエスと答えた。佐藤（2005）はこの調査結果を「日本人は安楽死に強い抵抗感があること，イギリス人は『苦しみ』に強く反応することが如実にあらわれている」（5 頁）と評価している。また，類似した調査研究として，杉田と入交（2010）が 2009 年に日本の開業獣医師を対象として実施したペットの安楽死についての意識調査がある。それによれば，「治療を施しても回復の見込みはないものの，飼い主は安楽死を望んでいない。しかし，飼い主の QOL（生活の質）が著しく落ち込んでいる場合」安楽死させるべきか否かという問いに対して，安楽死させたほうがよいと答えた獣医師は

3.8% で，安楽死させるべきではないと答えたのは 52.6%，「転勤先や引越し先に連れて行けないという理由で，飼い主が安楽死を望んでいる場合」，安楽死させたほうがよいは 4.2% で，させるべきでないは 79.2% であった（杉田・入交 2010，107-108 頁）。ここでもやはり，動物の苦痛や飼い主の意思にかかわらず，日本の獣医師には動物の安楽死を避ける傾向があることが窺える。さらに，同様の傾向は私が 2017 年に行った動物福祉団体の獣医師に対するインタビューでも確認されている（山口 2018，191-192 頁）。いうまでもなく獣医学は科学であり欧米と日本で異なる内容を持つことはないはずである。それにもかかわらず，欧米と比べて日本の獣医師が安楽死を回避する傾向が顕著であるとすれば，そこには欧米と日本との間に存在する文化的相違が反映されていると見なしてよいと思われる。つまり，現代においても殺生に対する忌避感は依然として日本文化の中に残っているものと考えられるのである。

　それでは，先に見た肉料理に対する高い人気とこのような殺生忌避の道徳感情とはどのように両立しているのであろうか。英語圏では，それが苦痛なしに行われるのであれば，畜産動物であれペットであれ，命を奪うこと自体に対して反対する人々は多くないといってよい。これに対してかつての日本では，牛であれ犬であれ，家畜の命を奪うことはそれ自体が悪であった。しかし，現代の日本では，牛や豚の命を奪うことは問題ないが，犬や猫の命を奪うことは，苦痛を除去するための安楽死であったとしても，忌避される。このような現代日本の動物倫理はどのような思想の中で調和しているのであろうか。もう一度，過去の日本に遡ってみよう。

　牛馬の屠畜が禁じられていたかつての日本でも，狩猟は行われ，野生動物の肉は食されていた。徳川綱吉の時代ですら猟師の狩猟

行為は禁じられていなかった（根崎 2006，174 頁）。しかし，殺生禁断を規範とする仏教が大きな影響力を持った時代には，狩猟に従事する人々も自らの行為に対して罪悪感を抱かざるをえなくなる。それにもかかわらず狩猟を続けるためには，彼らの罪悪感を解消してくれる何らかの拠り所が必要となる。この点について，中澤（2018）は『肉食の社会史』の中で次のように述べている。

　　肉食を正当化する言説として知られているのが，「業尽有情，雖放不生，故宿人身，同証仏果」と唱える「諏訪の堪文」である。業が尽きて人に捕らえられる生類が，ふたたび野に放っておいても長くは生きられないし，成仏もできない。それゆえ人が食べて，その人の身に宿せば，その人が成仏するのにともなって，それらの動物も同じく成仏できる。この論理を凝縮した四句で，「諏訪の文」あるいは「諏訪の偈」などとも称されてきた。これによれば，殺して食べてやるのが生類のため，ということになるわけで，殺生功徳論（殺生仏果観）・肉食肯定論の極致，「極北」の思想とも評されている。（279 頁）

　私も諏訪の地でこの思想と出会ったことがある。諏訪大社上社本宮に参拝した際，「鹿食免・鹿食箸」を購入したのだが，御符と箸が入った封筒の裏面に「諏訪の堪文」が記載されていたのである。その封筒を改めて見てみると「諏訪の堪文」には次のようなルビが振られている。

　　ごうじんのうじょう　　はなつといえどもいきず
　　ゆえにじんしんにやどりて　　おなじくぶつかをしょうせよ

これには，次のような訳文が付されている。

　前世の因縁で宿業の尽きた生物は　放ってやっても長くは生きられない定めにある
　したがって人間の身に入って死んでこそ　人と同化して成仏することができる

　専門家によれば，これは「罰除け」のための呪文であり，また「鹿食免・鹿食箸」を神社からもらうと「鹿や猪，その他すべての四つ足の肉を食べても罰があたらないとされた」のであった（茅野市神長官守矢史料館 1991，27-28 頁）。

　ここから分かるのは，仏教全盛期のかつての日本にも殺生を肯定する思想があったということである。そしてその思想とは「殺して食べるのが生類のため」という「殺生功徳論」であった。人々は，この思想が物象化した御符や箸を諏訪神社から購入することで，肉食に伴う罪悪感を解消していたのである。

　おそらく，現代の日本人で「諏訪の堪文」を諳んじることができる人はごく少数であろうと思われる。しかし，「殺して食べるのはよい」「食べるなら殺してもよい」という価値観は，多くの現代日本人にも共有されているといってよいのではないであろうか。「無益な殺生はよくない」のならば「有益な殺生はよい」ということになるが，それでは有益な殺生は何かと問われれば，有力な答えの一つは，食べるための殺生だ，というものであろう。

　この「食べるなら殺生してもよい（無益な殺生はよくない）」という倫理規範は，日本仏教の檀家向けのアドバイスからもそれほど離れていないといって大過ないと考えられる。法然は，魚や鳥や鹿を食べるのは罪になるかとの問いに対して，本当は食べるべきではないが「この世のならひ」，と答えている（大橋 1989，251頁）。人々が鳥や鹿を食べるのを特に禁じてはいなかったのである。

また，徳川綱吉ですら，猟師による狩猟を禁止しなかった。

　日本を代表する思想家であった梅原猛は，仏教の第一の戒律である不殺生戒について次のように述べている。

　　しかし現実には，人間は生きとし生けるものの命を取らずに生きていけないのですから，人間が生きていく上で必要な殺生は仕方がないが，生きていくために必要でない，無用な殺生をしてはならないということにならざるをえないのです。
　　このことについて，私はアイヌの人たちに教えられました。(梅原 2003，126 頁)

　梅原がアイヌの人たちから教えられたことというのは，動物の取り扱いである。アイヌの人たちはクマを殺して毛皮や肉を獲得するが，クマ送りの祭りを執り行なってクマの霊をあの世に送り届ける。祭りを喜んだクマは翌年もまた人間のもとにやってきて毛皮や肉を提供する，というのである（梅原 2003，127 頁）。先に見た「諏訪の堪文」は仏教的な外皮をまとっているが，思想内容はこのクマ送りの祭りと同一である。すなわち，人間が動物を有効利用することで，その動物の霊をよりよい世界に送ることができるというものである。梅原は仏教の不殺生戒を語りながら，結局のところ「諏訪の堪文」にたどり着いたといってもよいであろう。いずれにしても，長い歴史的変遷の結果として成立した現代の世俗倫理の世界においては，殺生忌避と積極的肉食は矛盾しないのである。

　もちろん，現代の日本人の多くは「諏訪の勘文」もアイヌの祭りも知らないであろうし，仏教や神道の徳目をあえて意識することもないであろう。しかし，そのような人々でも，「食べるなら殺生してもよい（無益な殺生はよくない）」という考えには共感でき

る部分も多いと思われる。少なくとも「無益な殺生をしない」（伊勢田 2008，214 頁）ということは，動物の取り扱いに関して日本の多くの人々が持つ倫理規範となっているといってよいであろう。そして実際，この倫理規範は東日本大震災とその後の原発事故の際に起こった出来事によって具現化され，多くの人々の注目を集めることとなったのである。

　2011 年 3 月 12 日，東京電力福島第一原子力発電所の事故を受けて，政府は原発から半径 20 キロ圏内に避難指示を出した。この避難区域には当時，約 44 万羽の鶏，約 3 万頭の豚，約 3 千 5 百頭の牛が飼われていた（眞並 2015，24 頁）。飼い主たちは家畜を置いて避難せざるをえなかったため，避難指示が長引けば，畜舎から出られない動物は餌を食べ尽くし餓死することが容易に予想された。飼い主たちの中には避難場所から農場に通って動物に餌を与え続けていた人々もいた。しかし，半径 20 キロ圏内はその後警戒区域に指定され，4 月 22 日以降，飼い主たちの立ち入りも禁止された。結果，多くの家畜が餓死した。ただし，生き延びた豚や牛もいて，特にかなりの数の肉用牛が畜舎の外で草を食べて生きていた。住宅街や車道を歩き回る牛がしばしば目撃された。5 月になって，政府は警戒区域内の豚や牛を安楽死処分にする決定を下した。これらの家畜は放射性物質によって汚染されたと見なされており，商品として出荷することはできなかった。飼い主たちは泣く泣く政府の決定に従うしかなかった。1747 頭の牛が安楽死処分となった（眞並 2015，19 頁）。

　しかし，政府の決定を意図的に無視して警戒区域内に立ち入り，牛に餌を与え続けた飼い主たちがいた。その中の 1 人，吉沢正巳氏は政府の安楽死処分指示にも従わず，反原発運動に携わりつつ，300 頭以上の牛を自分の農場で飼い続けた。すぐに彼を支援する人々が現れ，寄付金も集まるようになった。彼は自分の牧場を「希

望の牧場」と名付け，原発事故からちょうど10年たった2021年3月時点でも237頭の牛を生かし続けていた（希望の牧場・ふくしま 2021）。しかし，もともと彼は肉用牛牧場の農場長であった人であり，屠畜されて肉になる牛を育てていた人である。それなのに，なぜ牛の殺処分を拒否し，出荷できない牛を飼い続けたのであろうか。彼の活動は子供向けの絵本にもなっているが，そこでの彼は牛を生かし続ける意味を問い続ける人として描かれている（森・吉田 2014）。経済的価値を失った牛を生かし続けることは意味がないように見えるが，しかしそれでも生かし続けている，それはなぜであろうか，と問う人が吉沢氏である。

　では，なぜ彼は牛を生かし続けているのであろうか。おそらくその答えは，単に死なせることができなかったから，というものであろう。実際のところ彼は，経済的価値がゼロになった牛を生かし続ける決心をした時にも「おそらく意味はないだろうな」とも思ったのであった（針谷 2012, 34頁）。理由ははっきりとは分からないが，とにかく自分たちが育てた牛を死なせることができなかったのである。被曝した牛は肉として人間に食べられるという進路を絶たれているが，伝染病の病原体を持っているわけではなく，人間を襲うわけでもない。牛として，単に生きて存在しているだけである。このような動物を殺して土の中に埋めることは「無益な殺生」になるのではないであろうか。おそらく無意識のうちに，日本の伝統的な倫理規範である「無益な殺生をしない」ということを吉沢氏は実践したのである。ただし，その後彼は，被曝牛を生かし続けることに具体的な理由を見出したようである。彼は次のように述べている。

　　第一原発の排気筒が見えるこの牧場は，被曝のメモリアルポイント，歴史遺産のような場所ですよ。ここで牛を飼いながら，

自分が体験したこと，浪江町で実際に起きたことを，生の声で
伝えていくことが，おれの残り20年の人生だと思っている。（眞
並 2015，189-190頁）

また，次のようにも述べている。

　経済的価値がないからって，棄てたり殺したりしていいのか？
経済的価値をすべてに優先する考えこそが原発を推進し，今の
俺たちの絶望を生み出した元凶ではないのか。それは障害者を
差別する優生思想にもつながる。（本田 2016，22頁）

　おそらく彼は，もはや肉用牛牧場の農場長ではない。原発事故
の生ける象徴としての被曝牛とともに被害の真実を語り続ける語
り部であり，原発災害を引き起こした現在の経済効率第一主義に
対して根本的な反省を迫る環境活動家なのである。このため彼
は，反原発運動に共鳴する人々からは支持を得やすい一方，動物
愛護家たちからは必ずしも広い支持を得ていたわけではない。動
物愛護家の中には，吉沢氏は被曝した牛たちを自分の反原発運動
のために利用していると考える人もいた。また，欧米のアニマル
ウェルフェアの見地に立てば，放射線レベルの高い警戒区域内で
汚染された餌を食べ続けている牛の厚生水準は，決して高いとは
いえないであろう。2014年1月13日の『ニューヨーク・タイム
ズ』の記事によれば，記者が取材に訪れたとき「希望の牧場」に
は約360頭の牛が飼われていて，牧場は過密状態であった。記者
が牛のウェルフェア水準の問題に触れると，そのとき吉沢氏が語っ
たのは，牛が屠畜されずに生き続けているということであった
（Fackler 2014）。
　ここに，日本の動物倫理の特徴がよく表れているといえる。日

本では，とにかく「殺生をしない」ことに価値が置かれるのである。動物の生活条件よりも，その動物が生きていること，命を維持していることが重要なのである。殺される運命にあった動物の命を救い，それを生かし続けることは，それ自体が意味のある倫理的行為なのである。「無益な殺生をしない」という倫理規範が歴史的に共有されてきた日本社会では，被曝牛を生かし続けることが反原発活動家の道徳的権威を高めることにつながる。被曝牛は，吉沢氏にとって，生きたモラル資本として機能しているということもできるであろう。

　日本のアニマルウェルフェア研究の第一人者，佐藤衆介は EU のアムステルダム条約（1999 年発効）と日本の「動物の愛護及び管理に関する法律」を比較し，日本の動物観の特徴を「命の重視」に見いだしている。すなわち，EU の条約では動物を「意識ある存在（sentient being）」と表現しているのに対し，日本の法律は動物を「命あるもの」と規定していることから，これらの法律の中に「欧米では『意識』を重視し，わが国では『命』を重視していることが如実にあらわれている」（佐藤 2005，3-4 頁）というのである。「動物の愛護及び管理に関する法律」は，1973 年に「動物の保護及び管理に関する法律」として制定された近代日本で最初の体系的動物法だが，すでに触れたように同法は，日本社会の中から自生的に生じたのではなく，「外圧」への対応として実質的な議論を深めないまま成立したものであった（青木 2002，206-211頁）。すなわち，日本における犬猫の虐待を告発するキャンペーンがイギリスで行われ，日本が文明国でないかのような批判が巻き起こったため，急遽立法化されたのが同法だというわけである。とはいえ，結果として出来上がった動管法は，動物の「命」を重視する日本の伝統に即したものとなったのである。

　しかしながら，命を重視する倫理や法は，犬猫のようなペット

の取り扱いには適合的であるが，畜産動物との相性は良いとはいえない。上で見た「希望の牧場」の牛はもはや畜産動物とはいえない存在になっており，ペットや展示動物に近い存在となっている。自然の寿命ではなく，経済的寿命を与えられ，経済効率の論理に貫かれる畜産動物にとって，「命あるもの」という規定は空しく響くだけのように見える。実際，現在の動物愛護法には，EU指令にあるような畜産動物の飼養条件を定めた条文はない。「産業動物の飼養及び保管に関する基準」というものがあるが，これも産業動物を適正に飼養又は保管するよう努めなさいと言っているに過ぎない。「命」重視の倫理は，現代の畜産動物を保護する倫理としては無力であるように見える。

　欧州と日本の動物倫理を単純化して対比すれば，次のようにいえるであろう。動物を sentient being と規定する欧州の動物倫理は，動物が被る苦痛の除去を重視する。この倫理基準からすれば，犬猫のようなペットが回復の見込みのない苦痛を被っている場合，躊躇なく安楽死が選択される。畜産動物の場合には，飼養から屠畜までの間に動物が被る苦痛の除去や緩和が重視される。欧州では，動物の死そのものは問題にされないのである。一方，動物を命あるものと規定する日本の動物倫理の下では，ペットが苦痛を被っているとしても安楽死はできるだけ回避される。畜産動物の場合，それが生産・流通過程を順調に通過している限り，動物倫理の出番はない。食の安全安心は動物が被る苦痛とは別個のものとして追求される。

　欧州と日本との間には動物倫理についてこのような相違があるため，第1節で見た欧州のアニマルウェルフェアの理念と政策は，日本の多くの消費者からはかなり異質な政策であるように見える。しかしながら，この理念は国際貿易を通じて世界をその影響下に置こうとしていることはすでに触れたとおりである。また，先進

国としてのモラルという点からも日本の畜産動物の取り扱いは外圧にさらされている。欧州の鶏の多くは比較的自由に歩き回れるのに，日本の鶏のほとんどは狭いケージに収容されている。これで先進国といえるのであろうか。50 年前には犬猫の取り扱いが問題とされたが，現在は畜産動物が対象となっている。私たちは，畜産物の消費者として，畜産部門のアニマルウェルフェア問題にどのように対応すべきであろうか。次節では，この問題を考えてみたい。

　その際の論点としては，これまで見てきたように，動物倫理をめぐる欧州と日本の歴史的・文化的相違をどう評価するかという問題が重要であるが，これに加えて大きな論点となるのは経済面での負担の問題である。アニマルウェルフェアの向上は多くの場合，畜産物価格の上昇をもたらす。新村（2022）によれば，550cm^2／羽を満たした従来型ケージ（非エンリッチド・ケージ）を 100 とした場合，エンリッチド・ケージの経済コストは 110 程度，非ケージ方式の 1 つで鶏舎内を自由に動き回れるようにしたエイビアリーでは 120 程度，フリーレンジとも呼称される放牧では 140 程度となる（162-164 頁）。私は時々，従来型ケージで生産された卵と平飼い（エイビアリー）で生産された卵の食べ比べをしてみることがある。2022 年 8 月に行った際には，東急ストアで購入した「V マークおいしい赤たまご」と成城石井で購入した「濃いきみの平飼いたまご」を食べ比べてみた。両者とも同じサイズの赤玉 6 個入りで，前者は 198 円，後者は 299 円であった。この約 1.5 倍の価格差に対応して後者のケージフリー卵が 1.5 倍美味しければ，非ケージ方式も速やかに拡大していくであろうと思われる。しかし以前もそうであったが，この時も両者の間に味の明確な違いを見出すことは私にはできなかった。後者のパッケージには「エイビアリー方式の平飼い鶏舎で，鶏達が自由に動きまわれ

る環境で飼育されています」と記され，さらにエイビアリーについて「鶏達が自由に動きまわれ，休息エリアとして止まり木を，産卵エリアとして巣箱が設置された，アニマルウェルフェアに配慮された飼育方式です」という説明文が付されていた。価格が高い理由は鶏のウェルフェアに配慮したこのような飼養方式のせいであり，これに対して私たちは約 50％余分にお金を支払うのである。より美味しいものを食べたいという欲求を満たすためにより高い価格を受け入れるのではなく，鶏のウェルフェアへの配慮という道徳的欲求を満たすためにそうするわけである。すでに見たように，欧州やアメリカの諸州ではケージフリー卵が主流になりつつあり，その流れは日本にも押し寄せている。また，EU の最低基準であるエンリッチド・ケージ方式でも，鶏卵価格は 10％程度高くなる。

　われわれは日本に住む者として，欧州発のアニマルウェルフェアの理念にどのように対応すべきであろうか。日本も EU のように採卵鶏飼養の最低基準を導入するとともにケージフリー化を進めるべきであろうか。あるいは日本は自国の歴史と文化に即応した独自の道を歩むべきであろうか。次節では，EU のようなアニマルウェルフェア基準の日本への導入に反対する見解と賛成する見解をディベート風に提示するとともに，「コロナ後」の見地からもこの問題を考えてみたい。

第 3 節　EU アニマルウェルフェア政策の日本における妥当性を考える

（1）　EU 基準の導入に反対する見解

無益な殺生はしない。これが日本人として従うべき最も普遍的

な倫理規範である。採卵鶏についていえば，われわれは鶏を殺して食べているわけではなく，卵を産んでもらっているだけである。卵を取り上げられることは鶏にとって多少心外なことかもしれないが，そんなことよりも鶏は毎日お腹一杯食べられることを喜んでいるはずである。ケージ内で生きているおかげで鶏は外敵に襲われる心配もない。従来型ケージは個体管理がしやすく，鶏の健康にとっても望ましい飼養管理方式である。そもそも鶏が健康でなければ生産性が落ちるのであるから，ケージ飼養が虐待であるかのようにいうのはおかしな話である。養鶏についてよく知らない多くの人々は，ケージ飼養の外見に囚われてしまうようである。小泉純一郎元首相は，首相在任中に養鶏場の採卵鶏について次のように述べていた。

　　多くの養鶏場のにわとりは，小さなかごに入れられて，一生土の上を歩くこともなく，太陽の光を浴びることもなく，卵を産み続けることを余儀なくされています。果たして，このようなにわとりが健康であると言えるでしょうか？このような親鳥が産んだ卵も，放し飼いの親鳥が産んだ卵も，同じような完全栄養食品として扱われることに対して，私は常々疑問を持っています。（小泉 2004）

　しかし，その後小泉元首相は速やかにこの発言を削除した。これを読んだ養鶏業に詳しい人々から説明を受け，自分の認識不足を自覚し反省したのである。小泉元首相のような洞察力の優れた方にすらこのような誤解があったのであるから，一般の人々については推して知るべし，である。ウィンドウレス鶏舎の鶏は外界から遮断されているが，そのおかげで鳥インフルエンザなどの病原菌から守られている。空調が完備しているので快適性も極めて

高い。高温多湿で平地の少ない日本では，このような鶏舎でのケージ飼養こそ，鶏が安心して卵を産める条件なのである。

　また，ケージ飼養における様々な技術改良のお蔭で鶏卵の生産性は著しく高められてきた。鶏卵は物価の優等生といわれるようになって久しい。鶏卵価格の推移（全農：東京Mサイズ，円／kg）を見ると，平成元年の年平均価格が191円，平成10年が169円，平成20年が194円，平成30年が180円となっており，平成の30年間ほとんど変わらなかったのである。ここからも養鶏業が国民経済に大きく貢献してきたことがわかる。

　もちろん，価格が安く安定しているということは，品質が劣るということを意味するのではない。逆である。日本の卵は品質が良いのである。日本では生卵をご飯にかけて食べる習慣があるが，このために卵は清潔である必要がある。そして実際，日本の卵は清潔で安全性が高いのである。『日本経済新聞』（2019年12月3日）の記事によると，国産鶏卵の輸出量は近年右肩上がりで増えており，2019年1〜10月の国産鶏卵の輸出量は前年比で1.5倍となった。その理由として同紙は「世界でも珍しく生で食べられる安全面で他国と差別化がはかれている面が好調の要因だ」と分析している。卵の安全安心を保証するためには生産過程での木目細かい個体管理が必要で，これを可能にする生産設備こそウィンドウレス鶏舎でありバタリーケージ方式なのである。

　欧米人の動物愛護家は従来型バタリーケージで飼養される鶏には「正常行動発現の自由」がないと主張する。しかし，畜産動物に対して「正常行動発現の自由」なる概念を適用しようとすること自体，ナンセンスである。鶏はペットとして飼えば10年から20年生きているが，養鶏場の鶏の経済的寿命は長くて3年である（岡本2019，127頁）。それ以上生かしても産卵能力が低下するため採算が合わなくなるからである。20年生きられる鶏を3年で処

分してしまうことは，鶏の「正常行動発現の自由」に対する最大の侵害であろう。このことを棚に上げて従来型バタリーケージ飼養を止めてエンリッチド・ケージを最低基準にし，さらにはケージフリーを進めなさいなどというのは全くの偽善である。

さらに，現代の採卵鶏の「正常行動」とは何かという問題もある。採卵鶏は長年の品種改良の結果，野生の鶏とは大きく異なる生物になっている。鶏の中には卵を一定数産み終わると巣にこもり，卵を抱いて雛を孵化させる品種もあるが，採卵鶏の場合この行動が遺伝的に除去されている（古瀬 2014，109 頁，岡本 2019，140-141 頁）。抱卵の期間は鶏の産卵が長く停止するため経済的ではないからである。採卵鶏は，より多くの鶏卵生産という産業目的に合致する形質を持つように改良されてきた生物であって，ツバメやスズメのような野鳥とは異なる。ツバメがケージに収容され抱卵や育雛を妨害されたとすれば大きな不幸であるが，採卵鶏はひたすら卵を産み続けるために存在しているのである。採卵鶏をこのような生物に改造しておきながら，他方で鶏の「正常行動発現の自由」のために従来型ケージ飼養を止めろというのは，これもまた全くの偽善である。

鶏の「正常行動発現の自由」というのならば，そもそも鶏を家畜として飼うことを止めるべきであろう。江戸時代までの日本では，家畜を食用目的に利用することは避けられていた。鳥が食用に供される場合，それは野生の鳥であった。野生の鳥は空を自由に飛びまわっており，正常行動を十二分に発現している。その鳥が鷹などの猛禽類に捕食されることは，これもまた自然で正常なことである。徳川家康や徳川吉宗は鷹狩を好んだが，鷹狩によって捕獲された野鳥を食べるのが最も自然で最も正常であろう。ところが西洋人は野生動物を食べるのはよろしくないという。クジラを食べるのを止めて家畜を食べなさいという。いうことが矛盾

しているのではないであろうか。おそらく彼らのいう「正常行動発現の自由」とは，野生動物が持つ真の自由ではなく，彼らが許容しうるところの管理された自由なのである。つまりキリスト教的な世界観の中に位置づけられた動物が持つ自由なのである。

「正常行動発現の自由」という概念の土台となる思想はアリストテレス由来のテレオロジーである。すなわちアリストテレスによれば，自然物はそれぞれ生得の原理によって運動変化して何らかの終極目的（テロス）に到達する合目的的存在である（2017，110頁）。植物は生長し繁茂する。それは植物にとって目的の実現であり，植物にとっての善なのである。しかしその一方で，植物というものは動物に食べられるために存在してもいる。アリストテレスは『政治学』第1巻（1256 b15）の中で次のように述べている。

　　自然の配慮によって，植物は動物の生活のためにあり，動物は人間の生活のためにあると考えるべきである。家畜は，人間がこれを使い，食糧にするためにあり，野生動物は，そのすべてではないとしても，少なくともその多くは，人間が食糧とし，またその他の生活の支えにするために——衣類やその他の道具がそれから作られるために——あると考えるべきである。

　　そこで，自然が目的に適いもせず，無駄でもあるようなものはなにも造らないのであれば，自然はそれらの動物のすべてを人間のために造ったのでなければならない。（アリストテレス2001，27-28頁）

このようなアリストテレスの思想は，ユダヤ教・キリスト教の元々の世界観と見事に合致するものであった。聖トマス・アクィナスは『神学大全』の中で次のように述べている。

　植物のごとくたんに生きているところのものは一般的にすべ
ての動物のためにあり，そして動物たちは人間のためにある。
したがって，もし人間が植物を動物に役立たせるために使用し，
動物を人間に役立たせるために使用したとしても，不当なこと
ではないのであって，そのことはアリストテレスが『政治学』
第1巻（1256 b15）でのべているところからあきらかである。
しかるに，諸々の用途の間でもっとも必要度が高いのは，動物
が植物を食物として使用し，人間が動物を食物として使用する
ことであるように思われる。ところで，このことはそれらの生
命を奪うことなしには為されえない。したがって，植物を動物
の使用に供するために，また動物を人間の使用に供するために
殺すことは，神的な秩序づけそのものからして許されているの
である。けだし，『創世記』第1章（第29, 30節）においては「見
よ，わたしはあなたがたとすべての獣に，すべての草とすべて
の木を，あなたがたの食物となるように与えた」と記されており，
『創世記』第9章（第3節）においては「生きて動いているもの
はみなあなたがたの食物である」といわれているのである。（ア
クィナス 1985，159頁）

　聖トマス・アクィナスの『神学大全』はキリスト教西方教会最
大の古典であり，世界的に最もよく知られたキリスト教の神学体
系である。ピーター・シンガーは『動物の解放』の中で，上記の
アクィナスの見解が現代のローマカトリック教会の公式見解でも
あることをアメリカ・ローマカトリック教会の文書を用いて示し
ている。その文書には上記引用文と同一の次のような認識が記さ
れている。

　　人間は，自然の秩序の中で彼の下に位するものを，彼の適当

な目的のために利用することを許されている。彼は，自らの生命と力を維持するために，植物と動物を食べる必要がある。（シンガー 1988，245 頁）

　このように，アリストテレスの目的論的自然観はキリスト教神学と一体化し，欧米人の動物観に絶大な影響を及ぼしてきた。この動物観は，「神的な秩序づけ」すなわち「自然の秩序」によって動物が人間の管理下に置かれているというものである。それ故この動物観からすれば，鶏の「正常行動発現の自由」とは，決して野生状態での鶏の生活を意味するのではなく，人間の管理下で，人間の「適当な目的のために」許容される自由であるにすぎない。そしてこの自由の範囲は，採卵鶏，肉用鶏，豚，乳用牛，肉用牛等の家畜種毎に違うのである。

　「正常行動発現の自由」がこのようなものであるとすれば，これは日本の仏教的伝統にとって著しく異質な思想であるといわなければならない。仏教は，動物が人間の食料だなどとはいっていない。逆に，動物を殺してはならないといっている。キリスト教では不死の霊魂を持つのは人間だけで，人間と動物の間には断絶があるが，仏教では人間が動物に生まれ変わり，動物が人間に生まれ変わる。そこにいる牛は遠い昔あなたの親だったかもしれないから殺してはならないというのが仏教の教えであった。しかし，長い歴史の中で日本の仏教的伝統は姿を変え，われわれは無益な殺生はよくないが，有益な殺生はやむを得ないという倫理規範を共有するようになった。家畜を飼養し，その命を頂くことは，動物に対する感謝の気持ちがある限り倫理的に許容される。日本人が食事の際に「頂きます」というのは，命に対して感謝するということである。そもそも我々は植物を食べないことには生存できないが，植物も立派に命を持つ生物である。日本では，「山川草木悉皆

成仏」という言葉があるように，植物も本質的には動物と同じように仏性を持つ存在とされ，その生命を尊重されてきた。お陰で今日でも日本の国土は豊かな森林で覆われており，神社の御神木などはこうした生命尊重の象徴であるといえる。しかし，それでもこの植物の命を頂くことを否定できない以上，本質的には同等の生命存在である動物の命を頂くことも否定できない。そして，この貴重な命を頂く以上，他の事柄は瑣末事に過ぎない。バタリーケージで飼養された鶏は不健康だから食べたくないなどというのは鶏に対して失礼である。バタリーケージ飼養の鶏もケージフリー飼養の鶏も，同じ一つの命である。豊臣秀吉がポルトガル人宣教師に「なぜ牛馬を食べるのか」と問い質したとき，ポルトガル人は「馬は食べないが牛は食べる」と答えた（フロイス 2000，210 頁）。このように西洋人は，牛は食べるが馬は食べない，魚は食べるが鯨は食べないなどと，動物の命を差別したがる。さらにアニマルライツの信奉者は，植物は感覚を持たないし内在的価値もないから倫理的配慮の必要がないなどという。これは日本的な感性から著しく離れた西洋の独善的な理屈であり，植物差別である。本来，命は平等である。植物を食べるのならば，牛も馬も，魚も鯨も同じように食べるのが明治の御維新以来の日本の伝統である。

　日本でも，かつては確かに特定の動物を偏愛する支配者がいた。徳川綱吉は犬公方と呼ばれたほど犬好きで，犬を人間以上に保護する「生類憐みの令」を発令した。彼は，野良犬 10 万匹のための巨大な犬小屋を中野に作り，その費用を賄うために江戸市民に課税した。これにより，江戸の庶民は塗炭の苦しみをなめることとなった。幸い，第六代将軍と新井白石の深慮により，この政策は放棄された。「生類憐みの令」は天下の悪法といわれ，これ以後，行き過ぎた動物保護の忌避はむしろ日本の伝統となったのである。そして，この日本の伝統から見ると，バタリーケージを止めてエ

ンリッチド・ケージを最低基準とする，という政策は，徳川綱吉
の犬小屋税を思い起こさせるのである。物価の優等生である卵は，
栄養価も高く，いつも庶民の味方であった。ところが，飼養方式
を法律で規制することによって卵の価格を10％程度高くするとい
う。庶民いじめも甚だしいといわなければならない。アニマルウェ
ルフェアは，キリスト教徒の西欧人知識人が始めた運動である。
彼らの運動は，反捕鯨運動を見れば分かるように，極めて独善的
である。

　我が国は，仏教思想に基づいた動物保護の長い歴史があり，そ
の中で「生類憐みの令」を経験し，最終的に「無益な殺生はしない」
という倫理規範に行き着いた。倫理や道徳というものは，長い歴
史的風雪の中で磨き上げられていくものである。イギリスの動物
保護の歴史は，たかだか200年程度である。わが国は仏教伝来以
来，約1500年の動物保護の歴史を持つ。むしろイギリス人は，日
本の動物保護政策を見下すのではなく，日本の歴史から学ぶべき
である。われわれ日本国民は，欧米の帝国主義的な圧力に負けず，
引き続き従来型バタリーケージで生産された鶏卵を食べ続けるべ
きである。

（2）　EU基準の導入に賛成する見解

　日本には畜産の伝統というものがない。日本で肉，卵，牛乳等
の畜産物生産が始まったのは明治維新前後のことであり，150年
程度の歴史しかない。しかも，畜産物の消費が広く庶民の間にま
で普及するのは戦後の高度経済成長期以降のことである。加えて，
日本には畜産の伝統がなかったため，畜産業にとって最も重要な
家畜の飼料を国内自給できず，そのほとんどを輸入に頼ることと
なった。輸入品の飼料を，畜舎の中の家畜に与えるというのが日
本の典型的な畜産農場の姿である。ほとんどの家畜は，このよう

に土の上ではなく畜舎の中にいる。つまり，畜産は日本の風土に
根差した産業ではないのである。

　このことは，日本とイギリスの車窓風景を比べてみれば一目瞭
然である。東京駅で東北新幹線に乗り，新青森まで行ったとしよう。
車窓から見える農村風景は，すなわち水田風景である。一方，ロ
ンドンで列車に乗りリバプールまで行くとき，車窓からの農村風
景はすなわち牧場風景である。車窓には広い牧場で草を食んでい
る牛の群れが次々に現れる。馬も見えるし羊も見える。まるで動
物園の中を列車が走っているかのようである。さらに列車を乗り
継いでスコットランドまで行けば，絵にかいたような美しい丘の
斜面に羊の大きな群れが見えたりする。日本とイギリスの街並み
はもちろん違うが，農村風景はもっと違うのである。イギリスは
長い畜産の歴史の中で，畜産動物の取り扱いについての経験を積
み重ねてきた。この伝統的畜産の見地に立てば，20 世紀に現れた
工場畜産は明らかな逸脱であった。ルース・ハリソンの『アニマル・
マシーン』が大きな共感を呼んだのは，牧場で自由に動き回る牛
や羊の姿が，懐かしい原風景としてイギリス人の間に共有されて
きたからであろう。このような畜産動物の原風景が日本には存在
しない。

　日本は，自国の風土に根差した本来の畜産を経験しないまま，
工場畜産を導入し，推進してきた。日本人は本来の畜産動物の取
り扱いを知らないのである。であるならば，日本が畜産動物の取
り扱いについてイギリスの先進事例に従うのは当然のことである。
イギリスでバタリーケージが禁止され，ケージフリーが主流になっ
ているのなら，日本も素直にそれに倣うべきである。それによっ
て，卵の値段が 1 割から 5 割，あるいは 2 倍近く上昇するとしても，
それは先進国クラブに加盟するための会費のようなものであって，
惜しんだりするような出費ではない。もともと日本の動物保護法

は，イギリスからの批判を背景に，先進国としての体裁を整えるために導入されたものであった。現在，それは動物愛護法と名称を変え，犬猫の愛護についてはある程度の前進をもたらすようになったが，畜産動物のウェルフェアについては無力である。今こそ，その保護領域を畜産動物にまで広げ，真の先進国となるべきである。

　現代の国際社会で先進国として認められるためには，市民のモラルの高さが必要である。国内総生産が高い水準に達していたとしても，その国の中で人権侵害が横行していれば，先進国として尊敬されることはない。イギリスが世界の最先進国として尊敬の目で見られはじめていた 19 世紀前半，彼の国では奴隷貿易と奴隷制そのものが廃止された。そして同じ時期に，動物虐待防止協会が活動を始めた。人間に対する虐待と動物虐待との間には，なにがしかの関係があるといえる。日本では徳川綱吉がこの関係に着目し，「生類憐みの令」によって動物虐待を禁止するのと同時に，子供や病人や生活困窮者の保護を推進した。「生類憐みの令」は綱吉の後継者によって廃止され，以後長らく天下の悪法と見なされてきたが，1980 年代になると歴史家による再評価が始まった。1980 年代といえば，日本の経済発展が頂点に達した時期である。この時期，日本人は自分たちの国が先進国であることを確信していた。そして，自国の歴史を再評価し始めた。それによれば，徳川綱吉は犬を偏愛した暴君ではなかった。社会的弱者と動物の虐待を禁止することで，武断政治から文治政治への転換を図ろうとした一種の哲人王であったのである。綱吉の時代は経済が発展し，文学や芸術も発達した。経済的な余裕ができたからこそ元禄文化が開花し，他方で社会的弱者や動物にも保護を与えることができたのであろう。逆に，弱者や動物に利他的に振舞う余裕がなければ，その社会は先進社会とは言えない。野良犬の保護のために課税した綱吉の政策は，現代の環境税に似ているということができ

る。より質の高い生活は，よりよい社会環境と自然環境を必要と
するが，この必要を満たすためにはコストを負担する必要がある。
卵の消費に対して10％から50％の追加コストの支出を出し惜しん
でいるようでは，とても先進国の市民とはいえないのである。

　もちろん，綱吉を持ち出したからといって，彼の「生類憐みの
令」そのものを現代に復活させるべきだと主張しているのではな
い。「生類憐みの令」は，封建時代の日本の経済社会を前提とした
法令である。この法令は，動物虐待と人間虐待を禁じることで社
会道徳を高めようという良い目的を持っていたが，封建時代の社
会制度や経済構造と密接に関係しあっていた。この封建的社会関
係から切り離して法令部分だけを現代に蘇らせようとするのは全
く馬鹿げたことであり，そもそも不可能である。必要なのは，む
しろ現代の日本社会の中から封建時代の遺物を完全に除去するこ
とであり，その上で人間と動物のウェルフェアを高め，それによっ
て先進国に相応しい社会道徳を獲得することである。

　日本社会の中には，いまだに封建時代の残滓がはっきりと見ら
れる領域がある。例えば公益財団法人日本相撲協会は土俵から女
性を排除しているが，これは視覚的にも確認できるため，最も目
に付く封建的女性差別であるといえる。ここまで露骨ではないと
はいえ，労働力市場における女性差別も今なお深刻であることは
前の章で述べたとおりである。動物の取り扱いについていえば，
ここでも封建時代の動物倫理が奇妙な形で生き延び，産業動物の
ウェルフェア向上の桎梏になっている。この点は，日本の伝統的
な動物倫理を理解する上で，また，アニマルウェルフェアの背後
にあるアニマルライツ思想と日本の伝統との対立点を明確にする
ために極めて重要なので，ここでやや詳しく論じておきたい。

　日本の封建的動物倫理はいうまでもなく殺生を戒めるところの
不殺生主義である。これは，仏教の不殺生戒に由来し，神道の穢

れ思想によって補強された封建道徳である。この道徳はあらゆる殺生を避けることを是とするが，特に順守されたのは牛馬の屠畜禁止である。これは日本の封建的生産様式において，農耕や運輸に欠かせない牛馬の保護が経済的に合理的であったことと対応している。明治維新政府が封建主義から資本主義への移行を意図的に果たそうとしたとき，彼らは牛馬の屠畜を解禁した。大久保利通は「日本人も牛肉を食わなくては，西洋人に負けぬようなえらい仕事は出来ませぬ」と言って牛肉食を奨励した。しかし，明治維新の指導者たちはイギリス人が牛は食べるが馬は食べないということを見落としたか，あるいは重視しなかったようである。牛は食べるが馬は食べないという食習慣は西洋で広く見られるもので，豊臣秀吉がポルトガル人宣教師に「なぜ牛馬を食べるのか」と問い質したとき，ポルトガル人も「牛は食べるが馬は食べない」と答えたのであった（フロイス 2000, 210 頁）。これに対して日本では牛と馬をさほど区別せず，牛馬というように一つのグループとして考える。しかし，馬は武士にとって戦場で一緒に戦う仲間であり，戦友であるはずである。武士が牛に乗って戦ったという話は聞いたことがない。それにもかかわらず，日本人は牛を食べ始めるや，馬も食べ始めた。おそらくここには「命」という点で動物を平等に取り扱おうとする封建的不殺生主義，あるいはさらに遡って原始的アニミズムの影響があるように思われる。すなわちそれは，人間も牛も馬も同じ一つの命を持っているのだから本当は殺生してはいけないが，欧米列強に負けないためには肉食もやむをえないという状況において，牛を食べる一方で馬を食べないのは命に対する差別であり，牛を食べるなら馬も食べて当然だ，という倫理的判断である。実践的な不殺生主義は牛馬の屠畜禁止という箍が外れるや急速に衰えた一方で，不殺生主義に含まれていた生命無差別主義は生き延びたのである。

　封建時代の動物倫理である不殺生主義は仏教に由来するが，仏教では人間と動物の命を明確には区別せず，生類の命を等しく尊重すべきだとする無差別主義がとられている。つまり，不殺生主義と無差別主義が一体となっているのである。命があるという点では牛も馬も同じであり，牛の屠畜は許容されるが馬の屠畜は禁止されるという種差別は成り立たないのである。また，命ある存在という点では昆虫も同様であって，それ故ブッダは虫を踏まないように下を見て歩きなさいと弟子たちに指導したのである。さらに梅原猛（1991）によれば，日本の仏教では「山川草木悉皆成仏」が合言葉となり，人間だけではなく「生きとし生けるもの，動物も植物もあらゆるものが仏になれる」と説かれた（174 頁）。ここでは，人間と動物の間に差別がないだけでなく，動物と植物との間にも差別がない。この無差別主義を字義どおりに理解する立場からすれば，動物を殺すことが悪ならば，植物を殺すことも同じように悪だということになる。しかし，動物だけでなく植物も食べないという人は生存できないわけであるから，ここからは，あらゆる殺生を悪としつつしかもそれを非難できないとする不合理な考え方が生じ得る。1980 年代から 90 年代の日本で絶大な人気を博した漫画『美味しんぼ』の「犬を食べる」という物語には，この極めて日本的な思考が見事に描かれている。この話は，菜食主義者で反捕鯨論者の西洋人ジャーナリストに対して，鯨どころか，犬を食べることの正当性を論証し，納得させるという話であるが，主人公の山岡士郎が物語のクライマックスで叫ぶセリフは次のようなものである。

　　植物だって命がある。その植物を殺して食べる限り，菜食主義者だって無罪じゃない。それに気づかない菜食主義者なんて，いい気なもんだ。人間は，植物にせよ，動物にせよ，自分以外

の生物の生命を奪わなかったら，一日だって生きていけない動
物なんです。俺は，それこそが人間の"原罪"というものだと
思う。

　牛や羊やウサギを食べておきながら，犬や鯨を食べる人間を
野蛮人と罵るのをおかしいと感じないことこそ，おかしい！
自分たちの背負っている"原罪"を厳粛に考えれば，他人の食
べるものについてあれこれ言うのはおかしいでしょう？（雁屋・
花咲 1996，199-200 頁）

　漫画では西洋人ジャーナリストがこの議論によって論破される
ことになっているが，現実にはこのような奇妙な論理を受け入れ
る欧米人はほとんどいないであろう。植物を食べるのが"原罪"
だという主張は，ユダヤ教やキリスト教はもとより，元来の仏教
にすら理解不能な珍説である。梅原猛（2013）も述べているように，
仏教で不殺生の対象となるのは「有情」であって，植物は「無情」
であるから食べてもよいのである（14 頁）。草木も成仏するとい
う思想は，中国の天台宗にも見られるとはいえ，しかしこれが
仏教の中心思想になるのは日本においてだけである（梅原 2013，
13-15 頁）。しかも，末木（2017）によれば，「山川草木悉皆成仏」
なる語句は梅原猛によって言い出されたものであって，仏典にも
古典にも存在しない新造語である。「草木国土悉皆成仏」という語
句であれば仏典のみならず謡曲の中にも現れるが，しかしこの表
現が歴史上初めて出現するのは，9 世紀後半に日本の天台宗の僧
によって書かれた文献においてであり，インドや中国の仏典には
決して現れないのである（末木 2017，16 頁，24 頁）。つまり，上
記の山岡士郎のセリフが何らかの意味を成すのは日本においてだ
けなのである。

　梅原（2013）は次のように述べている。

　人間は，動物や植物を取らず——食べるためにも，利用する
ためにも——には生きていけません。けれど，まったくそれら
の命をとることが罪ではないと認識しているのと，どこか罪で
あると意識しているのとでは，ずいぶんと違います。(73 頁)

　しかし，このような罪の認識が具体的にどのような相違を生み
出すのかについて，梅原は何も述べていない。おそらく，食べ物
となった動物と植物に感謝して，それで終わりである。卵を産ん
でくれた鶏が鶏舎のケージの中でどのような生活を強いられてい
るのかということについて考えを及ぼすことはない。何しろ動物
も植物も命として同等だというのである。そうであるならば，松
を植木鉢の中に入れるのも，鶏をバタリーケージに入れるのも，
さほど変わらないということになるであろう。しかし，これでは
動物の地位が引き下げられることになる。「草木国土悉皆成仏」は，
配慮の対象を植物にまで拡張した博愛的な思想に見えるが，実際
の運用においては，動物への配慮を植物への配慮の水準にまで引
き下げるところの動物虐待思想に転化してしまう危険性を孕んで
いる。梅原猛は長い日本文化研究の後に「草木国土悉皆成仏」と
いう思想に辿り着き，これが「日本文化の原理であると言えます」
と断言するに至る (2013, 19 頁)。しかし，このようなロマンティ
シズムが有効であったのは，食用家畜というものが存在せず，原
始的なアニミズムが意味を持ちえた江戸時代までのことであろう。
神社の御神木が伐採されたとき，その木は人を祟ったかもしれな
いが，その祟りは人間の想像力の中でのみ生じたものである。こ
れに対して鶏が嘴を切断されたとき，鶏は現実に痛みを感じてい
たのであり，これは科学的に解明された痛みである。現代の動物
行動学は，家畜が被る苦痛を研究してきた。アニマルウェルフェ

アは，こうした科学的研究に立脚した政策であって，植物の成仏などという宗教的ロマン主義とは何の関係もない。鶏，豚，牛などの食用家畜には，その種に応じた正常行動があり，その発現が阻害されたとき動物は不快や苦痛を感じる。この科学的に証明された事実を，植物の苦痛などという想像上のお話と混同してはならない。さらに，これらの食用家畜と犬や猫などのコンパニオンアニマルを混同することも大きな誤りである。両者は存在目的が異なっているのであるから，この目的に反した取り扱いは不正義となる。人間の伴侶である犬を食べるなどというのは驚くべき倫理の頽廃であり，先進国に生きる市民のすることではない。

　梅原がいうように「草木国土悉皆成仏」は日本文化を特徴付ける重要な思想であったかもしれない。しかし，このアニミズム思想が社会経済的基盤を有していたのは江戸時代までのことである。この思想は封建社会のイデオロギーなのである。経済の中核が農業から工業に変わり，社会が封建的身分制から自由民主制に変わった今，「草木国土悉皆成仏」なる封建主義イデオロギーは，それが根を張るべき土壌を喪失している。それは今や日本が真の先進国になるためのイデオロギー的桎梏になっている。今こそ封建遺制を除去し，西欧並のアニマルウェルフェア基準を導入することで，倫理的にも欧米先進国と同等な位置に立たなければならない。バタリーケージの廃止がその第一歩である。

（3）コロナ後の視点

　2019年に中国で発生した新型コロナウイルスの元々の出所はコウモリであるといわれている。このウイルスがどのような経路で人に感染するに至ったのかは今のところ不明であるが，これが引き起こす病気が人獣共通感染症ないし動物由来感染症の1つであることは確かである。人獣共通感染症は牛海綿状脳症（BSE，狂

牛病）や鳥インフルエンザの例を挙げるまでもなく，従来から畜産業にとって大きな脅威であった。COVIT-19 は畜産動物の感染症ではないとはいえ，この病気の世界的な流行が畜産物生産における人獣共通感染症対策への関心をさらに高めたのは間違いない。

　松木（2018）は，欧米で推進されてきた畜産部門のアニマルウェルフェア（家畜福祉）について，その「主因は 1986 年にイギリスで発生した BSE（人獣共通感染症，通称狂牛病）である」（vii頁）と述べている。すなわち，BSE によってクローズアップされた食品安全対策が動物保護運動と連結することで大きく前進したのが今日の家畜福祉であるというのである。松木（2018）によれば，「ストレスを軽減し免疫力を高める飼育方法によってのみ，健康に育てられた家畜から人間にとって安全で安心できる畜産物を収穫」（vii頁）するのが畜産という産業である。この認識が正しいとすれば，畜産部門のアニマルウェルフェアの本質は，動物が被る苦痛への配慮というよりはむしろ，食の安全安心という人間の自己利益の追求にあるといえるであろう。すなわち，価格の高い平飼い卵を選択するのは，鶏の苦痛の軽減という利他的な動機だけでなく，健康な鶏が産んだ卵への選好や，感染症および残留薬物の回避という利己的な動機にもよるものであり，むしろ後者の要因の方が大きいと考えられるのである。そして，もしそうであるとすれば，日本においても今後アニマルウェルフェアが推進される可能性は決して低くないと思われる。

　欧米と比べると，日本の動物保護団体の規模は著しく小さいが，食の安全安心に対する関心の方は見劣りするようなものでは全くない。このことは日本における BSE（牛海綿状脳症）騒動の顛末を想起すれば明らかであるといえる。2001 年 9 月，農林水産省は日本で初めて BSE の牛が確認されたと発表した。BSE は狂牛病とも呼ばれた牛の感染症で，病原体が牛の脳を海綿状に害してしま

182

うため，感染した牛は起立不能などの神経症状を呈した後，2週間から6カ月のうちに衰弱して死に至る。1986年にイギリスで初めてBSEが確認された当初，病原体が牛から人間に移ることはないとされていたが，1996年にそれが人間にも感染し変異型クロイツフェルト・ヤコブ病を発症させることが判明した。結局，イギリスではこの感染症によって18万頭以上の牛が死亡し，440万頭の牛が殺処分となり，178名の人間が命を失った（唐木2018，11頁）。この感染症の病原体はプリオンと呼ばれ，細菌やウイルスとは異なり，加熱しても不活化せずその病原性を除去することができない。したがって，牛肉を食べる際に感染を避けるためにはプリオンに汚染されていない牛の肉を選ぶしかないが，このような選別態勢をどのようにして確保すべきかが問題となった。2001年10月に日本政府が決定したのは，屠畜場で処分された全ての牛を検査する全頭検査であった。若齢牛からのプリオンの検出は極めて困難なことからEUでは月齢30カ月以上の牛が検査対象となっていたが，日本では消費者の不安を解消するために全頭検査が行われることになったのである。実際，BSEの発生に対する日本の消費者の反応は顕著なもので，牛肉に対する需要が大きく落ち込み，畜産農家や焼き肉店等が倒産し，「食肉関連産業が受けた損失は約6000億円」（唐木2018，277頁）に上った。

このような消費者の過剰ともとれる反応の一因は，変異型クロイツフェルト・ヤコブ病の病態にあったと思われる。厚生労働省の「変異型クロイツフェルト・ヤコブ病に関するQ＆A」によると，クロイツフェルト・ヤコブ病一般の症状は「抑うつ，不安などの精神症状で始まり，進行性認知症，運動失調等を呈し，発症から1年〜2年で全身衰弱・呼吸不全・肺炎などで死亡」するというもので，変異型の場合，若年で発症し「発症して死亡するまでの平均期間が緩徐なこと」等の特徴がある。イギリスでプリオンに

汚染された牛肉を食べて死んだのは若者たちであった。唐木 (2018) によれば，BSE 発生発表の 6 日後に放映された NHK スペシャル「狂牛病，なぜ感染は拡大したか」が人々の不安と恐怖を大いに煽ることとなった（79 頁, 286 頁）。この番組では，変異型クロイツフェルト・ヤコブ病を発症して死亡した若いイギリス人女性の悲惨な経過等が詳しく紹介されていたのである。実際，私自身この番組を見て衝撃を受け，牛肉のみならず食肉全般の購入を停止したのを思い出す。当時の牛肉に対する負のイメージを想起するならば，世界で最もコストのかかる日本の全頭検査方式は，消費者の不安を解消するのに大いに効果があったと思われる。全頭検査が廃止されるのは 2013 年のことであるが，それはアメリカ産牛肉の輸入制限の緩和を背景としていた。アメリカからの要求という外圧がなければ，全頭検査はまだ維持されていたかもしれない。

　2003 年にアメリカで BSE の牛が発見されたとき，アメリカ国内ではパニック的な動揺は見られなかった。むしろパニックは日本で生じ，日本政府はアメリカ産牛肉の輸入を停止し，アメリカでの全頭検査を輸入再開の条件としたのであった。アメリカはこの条件を非科学的であるとして拒否し，WTO への提訴を示唆して日本に牛肉輸入の再開を迫った。アメリカに強く出られれば "No" と言えないのが日本の常であるが，それでもアメリカ産牛肉の輸入制限が月齢 30 カ月以下にまで緩和されたのは 2013 年になってのことであった。つまり，日本は EU 基準よりもはるかに厳しい検査体制を 10 年以上にわたって維持したのである。日本での食品の安全性に対する関心は，BSE 問題に関しては，ヨーロッパよりも高かったといえるであろう。

　BSE 問題は，単に食品そのものだけでなく，食品の生産プロセスにも人々の関心を向けさせた。というのは，イギリスで BSE が拡大し，さらにそれが世界にも広がった原因が牛の不自然な取り

扱いにあったからである。すなわち，牛の脳，脊髄，骨などは人間の食用には向かないため，これを加工処理して肉骨粉にし，それを牛に食べさせていたのである。BSE の病原体であるプリオンは牛の脳に蓄積する。プリオンは加熱によっても病原性を消失しないため，牛の脳に蓄積された BSE プリオンは肉骨粉の中に移行し，この肉骨粉を食べた牛が BSE に感染し，この牛の脳がさらに肉骨粉に加工され，この肉骨粉を別の牛が食べるというようにして BSE は拡大していったのである。そして肉骨粉はイギリスから世界に輸出されていた。これによって BSE は世界に広がったのであるが，多くの一般の消費者は牛が肉骨粉を食べさせられていたという事実をこのときまで知らなかった。草食動物である牛が動物性蛋白質を食べさせられていたということだけでも驚きであるが，牛が牛から作った肉骨粉を食べさせられていたという事実はさらなる驚きをもたらした。牛に牛の廃棄物を食べさせるという飼養方式は経済効率という点から見て極めて合理的であるといえる。しかしこの飼養方式は極めて反自然的でもある。国会で BSE 問題の質疑を行った江田五月元参議院議長は次のように述懐している。

　　BSE の原因が牛の廃棄物で作った肉骨粉を牛に食べさせたためであることを聞いて，英国の畜産現場で「共食い」を行っていたことに驚くとともに，感覚的に「これはおかしい」と感じた。また日本でも肉骨粉を使っていると聞いて，日本の畜産が大丈夫かという懸念があった。（唐木 2018，28 頁）

この「これはおかしい」という直観は，BSE 問題を通じて牛の飼養方式を初めて知った多くの人々に共通するものであったろう。BSE 問題は，単に牛肉の安全性だけでなく，現代の畜産業におけ

る家畜の飼養方式全般に対しても疑問を投げかけることとなった。BSE 騒動が続く 2003 年 12 月から 2004 年にかけてアジアで高病原性鳥インフルエンザが猛威を振るい，大量の鶏が死んだだけでなく人への感染例も報告された。2004 年 10 月までの間にタイで 12 人（感染者 17 人），ベトナムで 20 人（感染者 27 人）の死亡が確認された（岡部 2004）。日本でも同年 1 月に高病原性鳥インフルエンザが 79 年ぶりに発生し，人的被害はなかったものの，1 月から 3 月までの間に 284,640 羽の採卵鶏と 15,000 羽の肉用鶏が死亡または殺処分された（駒井 2004）。当時首相であった小泉純一郎は，ちょうどこの時期に養鶏場を見学して，次のような感想を述べている。

　多くの養鶏場のにわとりは，小さなかごに入れられて，一生土の上を歩くこともなく，太陽の光を浴びることもなく，卵を産み続けることを余儀なくされています。果たして，このようなにわとりが健康であると言えるでしょうか？このような親鳥が産んだ卵も，放し飼いの親鳥が産んだ卵も，同じような完全栄養食品として扱われることに対して，私は常々疑問を持っています。（小泉 2004）

　小泉元首相のこの疑問は，養鶏場を見学した際に私自身が持った疑問でもある。私は 2004 年の 9 月に中国の河南省にある小さな養鶏場を見学した。鳥インフルエンザが流行っていたこの時期に日本国内で一般人が養鶏場に立ち入るのはほとんど不可能であったが，中国では鶏舎内に入って見学させてもらうことができた。レンガ造りの鶏舎の中には 3 段に積み上げられたバタリーケージがあり，一区切りのケージの中に 2 羽くらいずつ鶏が入れられていた（写真 A）。鶏たちはケージの隙間からニョキニョキと頭を出

していたが，ケージがあまりに狭いため頸を動かす以外の動作はほとんどできない状態であった。写真撮影を始めたところ，フラッシュに驚いた鶏たちが翼をバタつかせて飛び上がろうとしたため翼や身体がケージにぶつかり，カンカンカンという金属音が鶏舎内に響き渡った。鶏たちには悪いことをしてしまったが，バタリーケージの中での生活がどのようなものかを了解することができた。これと対照的に，鶏舎の外には自由に歩き回る鶏たちがいた。これら数羽の鶏はまったくの放し飼いで，農家の庭や未舗装の道を歩いたり，立ち止まって何かを突いたりしていた。どちらが健康な鶏なのかは一目瞭然に思われた。

　もちろん経済動物としての鶏の健康とペットとしての鶏の健康は異なるという考え方もあるかもしれない。しかし，OIE（国際獣疫事務局）の「陸生動物衛生規約（Terrestrial Animal Health Code）」第7.1.2条の中には「動物の健康と動物のウェルフェアとの間には重要な関係がある」と記されており，また「家畜のウェルフェアの改善はしばしば生産性と食品安全性を改善し，経済的利益をもたらすことがある」とも記されている。そして同第7.1.2条にはさらに「国際的に認知された'5つの自由'は動物のウェルフェアの有益な手引きである」ことも記されている。いうまでもなく，「5つの自由」には「正常行動発現の自由」が含まれているが，採卵鶏にとって従来型のバタリーケージはこの自由のための最大の障害になっている。それゆえ，OIEは採卵鶏に「正常行動発現の自由」を与えるべく，「陸生動物衛生規約」の改正に努めてきたのである（農林水産省 2020a）。私たちが消費する畜産物の安全性のために，家畜飼養の現場からできるだけ家畜にとって不自然な条件を取り除くということは，BSE問題から人類が学んだ教訓といっていいのではないかと思われる。

　幸いにも日本では，変異型クロイツフェルト・ヤコブ病による

死者も鳥インフルエンザによる死者も発生しなかったためか，家畜の健康に対する関心が長く持続することはなかった。BSE に対する不安と恐怖は解消され，鳥インフルエンザも対岸の火事のようなものになりつつあった。食の安全に関心を持っていた私自身，次のような漠然とした思い込みを持つようになっていたと思う。すなわち，鳥インフルエンザが人に感染することは稀であるといわれているのであるから，タイやベトナムで死者が出たとしても，先進国の日本でこれが致死的な流行病になることはないであろう，と。いずれにしてもインフルエンザは毎年流行するのであり，これに鳥インフルエンザが加わったとしても，取り立てて大騒ぎするようなことではないように思われた。

　そして，2019 年 12 月，中国の武漢で新型コロナウイルス感染症が発生した。武漢市当局は当初，新型コロナは人から人へは感染しないとする声明を出していた。鳥インフルエンザの報道の際，よく耳にしたセリフであり，違和感なく受け入れられる声明であった。ところがその後，新型コロナは人間間で感染することが発表され，さらにその感染力が当初の想定を超えて強力であることが明らかとなった。しかもこのウイルスは，タイやベトナムのようなアジア諸国よりも，欧米先進国に対してはるかに甚大な被害をもたらした。先進国の優れた公衆衛生や医療体制は，新型の人獣共通感染症に対してほとんど無力であることが明らかとなったのである。今後，高病原性鳥インフルエンザウイルスが変異し，人から人への感染力を持つ新型インフルエンザとなったとき，同様の事態が起こらないとはいえないであろう。

　新型コロナウイルス感染症の拡大を受けて，安倍首相は 2020 年 4 月 7 日に緊急事態宣言を発令し 5 月 25 日に解除したが，私も遅まきながら，この間連日テレビで新型コロナの解説をしていた岡田晴恵教授の著書『感染爆発にそなえる──新型インフルエンザ

と新型コロナ』（岡田・田代 2013）を購入し，読んでみた。驚くべきことに，そこで繰り返し警告されていたのは，新型コロナではなく，高病原性鳥インフルエンザの感染爆発の可能性であった。すなわち，2003 年から 2004 年に日本を含むアジアで流行したＨ５Ｎ１型鳥インフルエンザウイルスは「病原性を規定する遺伝子を，すべて合わせもつ最悪のウイルス」（岡田・田代 2013，82 頁）であるが，「あとわずか数カ所の突然変異で人の新型インフルエンザウイルスに変化する可能性が懸念され」（同上 120 頁）ており，「Ｈ５Ｎ１型パンデミックへの危機管理をいかに為し得るかが，目下の緊急かつ最大の課題となっている」（同上）というのである。そして，パンデミックに至る一つの要素について次のように述べている。

　何万羽というニワトリが，鶏舎にすし詰め状態で飼育されている現代の養鶏産業では，いったん，強毒型ウイルスが出現すると，ウイルスは高密度に存在するニワトリの間で次々と伝播・維持され，感染は拡大していく。さらに，ニワトリの出荷による移動で遠くに運ばれ，ウイルスも一緒に世界中に拡がってしまう。（岡田・田代 2013，62 頁）

　鶏をすし詰め状態で飼養することは，鶏のウェルフェアや鶏の健康にも良くないだけでなく，パンデミックの要因ともなる。松木（2016）は，家畜のウェルフェアと感染症との関係について次のように述べている。

　EU（欧州連合）では連合憲法ともいえるリスボン条約において，家畜は単なる農産「物」ではなく，「感受性のある生命存在である Sentient Beings」として明文化された。それは，家畜は

ストレスによって飼育環境に発生する新たな病原菌に対する抵抗力を失い，感染するという獣医学的解明に基づいている。（ i 頁）

　この視点から見ると，EU のアニマルウェルフェア政策は，単に家畜に対する利他的な対応ということだけでなく，これとは異なった側面をも備えているように見えてくる。第 1 節で取り上げたように，EU では従来型バタリーケージの使用を禁止し，広いケージの中に止り木や巣箱や砂場の設置を義務付けたり，絶食や絶水を禁止したりしているが，EU 指令にはさらに次のような条項もある。

　　すべての鶏舎は，雌鶏が互いを見，周囲を視覚的に探り，通常の活動レベルを保てるだけの明るさにする。外光を入れる場合は，光線が鶏舎内に均等に分散するように採光を調節すること。
　　最初のコンディショニングが過ぎたら，健康および行動上の問題を妨げるように光線管理を行うこと。すなわち 24 時間周期にしたがい，1 日の約 3 分の 1 は連続した暗期を設定し，雌鶏が休息でき，免疫低下や視覚異常などの問題を避けられるようにする。光を弱めるときは，雌鶏が騒いだり負傷したりせずに落ち着いていられるよう，薄明期を十分にとること。（地球生物会議 2004，24 頁）

　こうした生産過程への法による細かな介入は，鶏のウェルフェアの向上を目的としているとはいえ，他方で，鶏の免疫低下を防ぎ疾病を予防する衛生的措置としての側面も兼ね備えているように思われる。もちろん，鶏のウェルフェアの向上がどれほど鶏の

抵抗力の向上に寄与するのかは科学的研究によって解明されるべき事柄であろうが，鶏一羽あたりの専有面積が広くなり，絶食や絶水の期間がなく，採光等も適切に調節されていれば，それだけ鶏にかかるストレスも軽減されるであろうことは直観的に了解されるところである。そして，食の安全・安心の領域では，科学的厳密性よりも直観的了解の方が消費者にとって重要なことはBSEの経験が示している通りである。すなわち，牛の全頭検査は科学的に不合理であったが，それにもかかわらず日本の消費者は手間暇がかかる全頭検査を支持したのである。おそらく手間暇がかかるからこそ厳重に検査しているように見え，そう見えるからこそ安心感が与えられるのであろう。そして，もしそうであるとすれば，鶏の健康を増進し鶏の疾病を予防する目的でEUと同様のアニマルウェルフェア法が導入されることになったとしても，食の安全・安心を重視する日本の消費者がこの法に強く反対することはないのではないかと予料される。

　牛の全頭検査は牛肉100gあたり1.2円といわれたが（唐木2018，171頁），EU基準の採卵鶏のウェルフェア対策は鶏卵の経済コストを10%程度高めると考えられている（新村2022，162頁）。この経済コストの上昇が鶏卵価格に反映され，鶏卵価格が上昇したとしても，新型コロナウイルス感染症による莫大な経済的被害を経験した消費者は，新たな感染症の予防のための追加的支払いに理解を示すのではないかと思われる。家畜のウェルフェアを高め病気を防ぐことが，人間の健康と活発な経済活動にとっての条件でもあることを新型コロナが改めて示したからである。

　ところで，日本に家畜のウェルフェアに係る法律がないことは，単に国内の消費者の不安を募らせるだけでなく，国際社会における日本の評判が毀損される可能性を高めているともいえる。中国は2019年に新型コロナウイルスの発生地となったことで国際的な

評判を落としたが，評判の急落に拍車をかけたのは，従来から目立っていた情報の隠蔽体質が新型コロナへの対処を遅らせたことであった。日本は，こと動物の取り扱いに関しては，従来から欧米諸国の間で評判がよろしくない。現在の日本の動物愛護法はイギリスからの批判を背景として導入されたものであり，その後も捕鯨やイルカの取り扱いなどに対して欧米諸国から厳しく批判され続けてきた。鶏の取り扱いについていえば，OIE での鶏のウェルフェア向上のための規約の修正提案に対して，ことごとく反対してきたのが日本である。この点については第5章で改めて詳述するが，ともかく日本は動物の取り扱いの領域で負のモラル資本を蓄積してきたといえる。そしてもし日本の養鶏場で鳥インフルエンザが発生し，それがパンデミックを引き起こすようなことがあれば，家畜ウェルフェア法を持たない日本の評判は暴落し，政治的，経済的に大きな損失をもたらすことになると思われる。

　EU の採卵鶏の保護のための指令は，アニマルウェルフェアを目的としているとはいえ，養鶏業者の業務内容を詳細に指示するところの養鶏業管理法のような側面を持っている。この法は，鳥インフルエンザ等の感染症対策を目的とするものではないとしても，結果として鶏の疾病に対する消費者の懸念をある程度低減させる効果も持っているといえる。これに対して，日本は採卵鶏を保護する法律がないことから，養鶏業者の日常業務が法によって十分に管理されていないのではないかという懸念を抱かせる。実際，2004 年に日本で高病原性鳥インフルエンザが発生したとき，京都府のある養鶏業者が，毎日数千羽の単位で鶏が死んでいくにもかかわらず，その事実を当局に報告せずに鶏や卵を出荷し，それらが23府県で流通してしまうという事態が起きている。その後，鳥インフルエンザについての新しい防疫指針が導入され，当時よりも更に木目細やかな対応がとられていると思われるが，しかし

この指針は鶏自体の抵抗力を高めるような対策ではない。養鶏場は公衆衛生上重要な施設であるにもかかわらず，EUにあるような鶏のウェルフェアと健康を高めるような法令が存在しないのは，偏頗な対応であるように見える。もしこのような状態で鶏インフルエンザが日本の鶏舎内で繰り返し発生し，しかもそれが人間に感染し，さらには他国にまで拡大するようなことが起こるとすれば，日本の管理体制が世界から，特に欧米先進国から非難されることになるのは必至である。

　2020年は新型コロナウイルス感染症のパンデミックの年として記憶されているが，実のところ日本では，2020年度は鳥インフルエンザの流行がそれまでの過去最高を記録した年度でもあった。2020年11月，採卵鶏をウィンドウレス鶏舎でケージ飼養する香川県の養鶏場で高病原性鳥インフルエンザ（H5N8亜型）が発生した。感染は香川県内，そして西日本へと瞬く間に広がり，翌月には東日本にも波及した。結局，2021年3月までの間に75農場，1施設で鳥インフルエンザが発生し，採卵鶏や肉養鶏などの家禽類987万羽が殺処分された（農林水産省「令和2年度高病原性鳥インフルエンザ国内発生事例について」）。これにより鶏卵の供給不足が起こり，鶏卵価格が上昇した（『日本経済新聞』2021年4月24日）。翌2021-22年のシーズンにも鳥インフルエンザが発生し，189万羽の家禽類が殺処分された（農林水産省「令和3年度鳥インフルエンザに関する情報について」）。さらに，2022-23年のシーズンには，すでに2023年1月上旬の時点で，鳥インフルエンザによる鶏の殺処分数が1,000万羽を超えて過去最多を記録している。

　2004年に小泉首相がメールマガジンで鶏の健康状態に対して懸念を表明したとき，首相はすぐにその記述を削除せざるをえなかった。おそらく養鶏業界への経済的悪影響を懸念したのであろう。しかしコロナ後の現在では，懸念すべきは不作為が招来するかも

しれない鳥インフルエンザのパンデミックであり，それに伴う人的および経済的被害であり，日本の国際的評判の毀損である。養鶏場で飼われている鶏の健康状態の向上は，本来，首相が改めて注目すべき政治問題の1つなのである。

　本章では採卵鶏に焦点を当てて家畜の利用厚生について考察したが，もちろん同様のことは，肉養鶏や豚，乳用牛，肉用牛等についてもいえることである。家畜の厚生に配慮した利用，すなわち畜産部門でのアニマルウェルフェアの推進は，食の安全安心，感染症予防，そして日本の国際的評判の向上という面からも真剣な検討が必要とされる問題であるといわなければならない。

第4章　公害と脱炭素

はじめに

　2019年9月，国連本部で開催された国連気候行動サミットに参加するためニューヨークを訪れた小泉進次郎環境大臣は，初日の夜にステーキ店で夕食をとった。その際，小泉大臣は報道陣の問いかけに対して「やっぱりステーキ食べたいですね」「毎日でも食べたいね」と答えた。この様子は9月25日に TBS の NEWS 23 で放映され，話題となった。気候変動問題に取り組むべき環境大臣が，よりによって気候行動サミットの開催時に，ステーキを毎日食べたいと発言するのは不適切ではないか，というのがこの話題に関心を寄せた人々の反応であった。しかし，なぜ不適切だったのであろうか。

　翌年，小泉大臣の下で刊行された令和2年版『環境白書』には，「食と環境とのつながり」という項があり，その中で次のような事実が述べられている。

　　平均的な日本人の食事に伴うカーボンフットプリントは年間 1,400kgCO$_2$e と試算されています。その中でも，肉類，穀類，乳製品の順でカーボンフットプリントが高く，特に肉類は少ない消費量に対して，全体の約1／4を占めるほどの高い温室効果ガス排出原単位となっています。（環境省 2020, 91頁）

ここで，カーボンフットプリントとは英語の Carbon footprint

のカタカナ表記であるが，中国語訳では碳足跡であり，これを日本語に直せば炭素足跡となる。二酸化炭素（CO_2）は気候変動を引き起こす代表的な温室効果ガスであることから，製品の生産，流通，販売，消費，廃棄等の過程で排出される CO_2 の重量を計測すれば，その製品の消費がどれくらい環境に負の足跡を残すかがわかる。メタンなど他の温室効果ガスは CO_2 に換算されて集計され $kgCO_2e$ あるいは tCO_2e などの単位で表示される。牛はゲップやオナラとして大量のメタンを放出するため，牛肉のカーボンフットプリントの値は非常に大きくなる。もし小泉大臣が毎日牛肉のステーキを食べていたとすれば，自ら環境に負荷を与える行為をしていたことになり，環境大臣としての見識を問われるのは当然のことであるといえる。

　とはいえ，小泉進次郎議員は気候行動サミットの10日ほど前に環境大臣に就任したばかりであり，気候変動問題の専門家というわけではなかったのであるから，サミット会場の近くでステーキを食べたとしても驚くにはあたらない。2019年9月時点で，気候変動を牛肉と結びつけ，環境に悪いからステーキを食べないという日本人は多くなかったはずである。環境と肉食の問題では，小泉大臣も平均的な日本人の1人だったのである。そして，そうであったからこそ小泉大臣と環境省は日本の現状を反省し，令和2年版『環境白書』に「食と環境とのつながり」という項を設け，食肉消費による環境負荷を明記したのではないかと推察される。ニューヨークでのステーキ事件が，日本において食肉環境問題に対する理解が進む契機となったのである。

　しかしながら，令和2年度版『環境白書』は，ステーキ事件の反省を生かしたいという環境省の思惑が十分な形で反映されたものにはならなかったようである。2020年8月19日の『朝日新聞』によると，環境省は『環境白書』の中で「ミートフリーマンデー・

オールジャパン」という団体を紹介しようとしたところ，農林水産省から反対され，掲載を見送ったとのことである。「ミートフリーマンデー」は肉の消費を減らす運動であり，欧米を中心に広がりつつあるが，農林水産省は畜産の振興に邁進してきたわけであるから，このような運動とは反対の立場にある。特に，近年は海外で和牛の人気が高く，日本からの牛肉輸出が順調に増えていただけに，肉食を減らすという運動は農林水産省には許しがたいものに映ったのであろう。いずれにしても，日本政府としては，肉の消費を減らして環境を守るという環境優先の立場よりも，畜産業の振興という経済優先の立場を選んだということになる。

　このような，環境か経済かというジレンマは，環境問題の歴史の中で繰り返し生じてきた問題である。廃棄物の不適切な処理や大気汚染，水汚染，土壌汚染，騒音，悪臭などのほとんどは経済活動に起因するため，これらの問題を解決するにあたっては経済活動をある程度制限する必要が生じる場合がある。しかし，経済活動が制限されれば，それによって収入が減ったり職を失ったりする人々が出て来ることになる。環境悪化は人々の生活を脅かすが，環境対策のための経済活動の制限もまた人々の生活を脅かす。もちろん，次節でも見るように環境改善と経済活動の拡大が両立する場合もあり，これが最も望ましいのは間違いない。しかし，高度経済成長期の日本では，環境と経済のどちらを優先するかが焦点となり，その判断が特定の地域の人々の生活を大きく左右したことがある。このような判断は，最終的には中央政府や地方政府によってなされてきたが，脱炭素が倫理規範になった現代では，私たち一人一人の市民も消費者として環境への配慮を求められるようになっている。夕食のメインディッシュを和牛ステーキにすべきか豆腐ステーキにすべきか，それが問われているのは環境大臣だけではないのである。

　第1節では日本の環境問題の歴史，とりわけ水俣病問題の経緯
を振り返りつつ環境と経済のジレンマに関する倫理的・政治的問
題を考察する。第2章では，2011年に起きた原子力発電所の事故
とその被害，脱原発市民運動と気候変動対策の関係，2019年の「気
候ショック」，そして脱炭素を実現するための政策手段について論
じる。第3章では環境税としての肉税にポイントを絞り，この課
税措置の是非についてディベート風に議論する。この議論を通じ
て，日本の歴史と伝統に即した脱炭素政策の在り方を多面的に検
討したい。

第1節　高度経済成長と水俣病

（1）　江戸の循環システム

　アマゾン川流域の熱帯雨林は生物多様性の宝庫であるが，20世
紀後半以降アマゾンの森林面積は大きく減少しはじめた。2006年
のFAO（国連食糧農業機関）の報告書によると，アマゾンの森
林を伐採して開発された土地の70％が放牧地となり，残りの大部
分も飼料用の畑となった（xxi頁）。近年においても熱帯林を伐採
して肉用牛の放牧地に変える動きは止んでいない。2019年11月6
日の『ニューヨーク・タイムズ』によれば，炎上するアマゾンの
熱帯雨林から立ち上る煙のため，地方政府が緊急事態宣言を出し
て住民に外に出ないよう勧告するまでになっている。森林を焼き
払うことが牧場開発のための近道であることから，牧場主たちが
意図的に火をつけたのである。最近数年間のアマゾンの森林破壊
の80％までが，このような牧場開発によるものであった（Krauss
2019）。さらに2020年6月27日の『日本経済新聞』によれば，同
年の1月から5月までのアマゾンでの森林伐採面積は前年同期比

で 32％増え，東京都の面積に匹敵する熱帯雨林が失われた。背景に，2019 年 1 月に誕生したボルソナロ政権による経済開発推進政策があることが示唆されている（外山 2020）。牛肉生産の拡大が多様性に富む生態系を破壊し，燃え上がる熱帯林から，そして伐採された樹木から CO_2 が大気中へと放出されていく。経済成長の追求が環境破壊をもたらす典型的なケースである。

　しかし，経済成長が常に環境破壊をもたらすかといえば，必ずしもそうとはいえない。一般に，経済成長と環境保全は対立するイメージがあるが，しかし環境が維持されたケースももちろん存在した。それどころか，経済活動の規模が拡大するのにつれて，都市周辺の森林環境が豊かになったという事例もあったといわれている。それが，江戸時代の江戸である。

　環境省の『北斎風循環型社会之解説』（2008）は，江戸時代におけるし尿と野菜の交換を江戸の循環システムとして紹介している。すなわち，都市で発生するし尿は野菜や金銭と交換され，農村部に運ばれて肥料として利用されていたが，「それによって育った作物が都市で消費され，またし尿に変わる，という循環システムが見事に出来上がっていた」（環境省 2008，5 頁）というのである。これは，化学者のリービヒや経済学者のマルクスのような当時のヨーロッパ人にも高く評価されたエコロジカルなシステムであるが，もちろん話はここで終わらない。槌田（1986）によると，江戸の循環システムには，江戸湊（東京湾）と武蔵野の雑木林という江戸周辺のより大きな環境要素も含まれている。すなわち，大都市の江戸で発生した生活雑排水は江戸湊に流れ込んだが，これが海に栄養分を供給することになり，魚介類や海草を繁殖させ，江戸の人々の食膳を豊かにした（槌田 1986，152 頁）。海産物が海から引き揚げられ，人々に食され，食事後の人々のし尿が畑の肥料となった。都市から海に流れ落ちた栄養分が，人々の食事を通

じて，農地へと戻されたのである。また，し尿を肥料として利用することで豊かになった農地には昆虫が増殖したが，これを鳥が喜んで食べて武蔵野の雑木林に帰り，そこで糞をした（柴谷・槌田 1992，140-142）。鳥の糞は樹木にとっては大事な栄養分であり，これによって武蔵野の雑木林が豊かになった。つまり，徳川家康が江戸に幕府を開き，江戸が大都市に成長したことで江戸を取り囲む海と森林が豊かになったというのである。メソポタミアなどの古代文明は森林破壊の結果衰退したが，江戸文明は周囲の自然環境を豊饒化したのである。ここからは「自然との共生」が単なる標語に止まるものではなく，実現可能な理念であることが分かる。

　ところで，江戸の循環システムでは，人々が江戸湊で獲れた魚介類をたくさん食べたというのが循環を構成する環の1つとなっている。しかし，もし彼らが好んで食べた食材が牛肉だったとしたら，このような見事な循環は成立しなかった可能性が高い。というのは，牛肉生産のためには牛を飼育するための広い牧場や飼料生産のための農地が必要であり，人々が牛肉を食べれば食べるほど牧場や農地の拡張のために森林が伐採されていたであろうからである。当時，牛は物資の輸送や農耕に使役される役畜であり，食用目的の屠畜は「生類憐みの令」撤廃後も江戸期を通じて禁止され続けた。一方，漁業と魚介類の消費は徳川綱吉の治世においても禁じられることはなかった。こうした措置と食習慣が，江戸の物質循環システムの維持発展に寄与したのは間違いないと考えられる。

　第一次産業を基盤とするこのような循環経済は，いうまでもなく，明治維新以降大きく変化していくことになる。し尿の肥料としての利用は1950年くらいまで日本の各地で行われていたが，もちろん他方では戦前からすでに化学肥料が使用されるようになっ

ていた。日本窒素肥料株式会社（1950 年に新日本窒素肥料株式会社となり，1965 年にチッソ株式会社に社名変更）は，合成硫安を製造する日本有数の肥料会社であった。熊本県水俣市に立地するこの会社の工場では，化学肥料とともにアセトアルデヒドの生産も行っていた。アセトアルデヒドは化学工業において極めて重要な中間製品であったが，この製品の製造工程で副生される水銀が工場の排水口から水俣湾へと流れ込み，海水を汚染した。そしてこの環境汚染は，魚を好んで食べるという日本人の伝統的食習慣を直撃し，深刻な健康被害を惹起した。すなわち，水俣病事件である。これは，経済成長が環境汚染と健康被害をもたらした典型的な公害事件であり，環境に関する倫理や政治経済問題を考える際の事例として最も重要である。そこで，以下ではまず，水俣病事件の概要を振り返っておきたい。

（2）水俣病

　チッソ水俣工場では 1932 年からアセトアルデヒドの生産を行っていたが，1951 年から 56 年にかけて生産技術の改良が行われ，生産量が飛躍的に上昇した。1956 年にはチッソのアセトアルデヒド生産量は日本の国内生産の 32％を占めるまでになっていた（水俣病研究会 1996，11 頁）。これに伴い，アセトアルデヒドの製造工程で副生する水銀の量も増大し，それが廃液として水俣湾へと排出され，魚介類の体内に蓄積されていった。最初に健康被害を受けたのはもちろん魚介類だが，人々の目に留まったのは猫であった。1956 年に水俣病を発症した女性は次のように証言している。

　　昭和 28 年の 9 月から 10 月頃，夫の姉のところから猫をもらってきました。この猫が昭和 31 年の初め頃，狂ったのです。よだれを垂らし，壁を頭にぶつけ，そうした症状が 3 カ月くらい続き，

夏頃いったんおさまったのですが，11月頃また狂いだしました。
（岡本 2015b，163頁）

　当時，水俣の漁村では，漁に必要な網をネズミから守ってくれるため猫が不可欠であった。その猫が次々に異様な症状を呈して死んでいった。新しい猫をもらってきても，また同じような病気になった。そして，同様の症状は人間にも現れるようになった。1956年5月13日の『水俣タイムス』は次のように伝えている。

　　約2年程前から猫がころころ妙な調子で死んで月の浦出月には猫が姿を消していたもので子供に感染，中には大人もやられている。（水俣病研究会 1996，945頁）

　このように，水俣病は当初，伝染病として認識された。一般的に，恐ろしい伝染病が発生すると，患者とその家族は周囲から差別的な取り扱いを受けることがあるが，水俣病においても同様であった。患者家族の1人は次のように語っている。

　　学校に行くと，「お前の妹は伝染病だ，伝染するからあっちへ行け」「俺の机にさわるな」と言います。また，奇病，奇病とバカにされ，授業中は先生がいるから良いが，休み時間などは皆のものが冷たい目で僕たちを見るので，隅の方にしょんぼりしている毎日が続きます。家に帰ってくると，部落の人達から村八分にされ，店に買い物に行くと，息もせぬような状態で品物をすぐにわたし，店の奥へと自分の体を隠すありさまです。（岡本 2015b，98-99頁）

　差別を恐れ，発病しても医師の診察を受けなかった人々も少な

くなかったといわれている。

　この病気が公式に確認されたのは 1956 年 5 月 1 日である。チッソ水俣工場付属病院の細川一院長が熊本県水俣保健所に通知した。同院長の 1956 年 8 月 29 日付の報告書によると，患者数 30 名中死亡者 11 名で，主要必発症状は四肢の痙性失調性運動麻痺，運動失調，言語障害であり，その他の重要症状として視力，聴力，嚥下等の障害，震顫，精神錯乱等が挙げられている（水俣病研究会 1996，796 頁）。水俣病は，魚介類の摂食によってメチル水銀が体内に取り込まれ，これが主に脳を障害することで発症するが，このような機序が解明されて公表されるのは 1959 年のことである。1956 年時点では，医師も原因不明の奇病に対して成すすべがなく，患者は効果的な治療を受けられずに一方的に苦しむこととなった。水俣病公式確認の年に 44 歳で発症した江郷下マスさんの発症時の症状を見てみよう。マスさんは漁師の妻で子供を 11 人産んだが，そのうち五女，五男，六男が水俣病に罹った。マスさんは，五女が病死したすぐ後，五男の一美さんを看病しているときに自分の発病に気付く。

　　一美の看病をしていて，夜中の 12 時頃指先に何か感覚がなくなった。物にさわってみると，手袋をはめて物をにぎる感じがした。どうしてもその感じが取れないので，人に語れないので，真っ暗な病院の炊事場へ行き，コンクリートの壁にこすりつけては水で洗い，また，たわしや軽石で指先をこすり，物にさわってみるがやっぱり同じであった。それを何回もやっているうちに，皮が破れて血が滴り落ちた。…（中略）…それが次第に指先から腕の方に上り，手首が具合悪くなり，肘のところがおかしくなり，腕全体が両方ともに何か重く，他人の腕のような感じがしだした。…（中略）…次に，足がかかとの方から

感覚がなくなり，足裏の外側より内側へ，そして足裏全体に広がり，つま先がしびれている感じがし始め，履いた物が草履かスリッパか目で確かめねばわからないようになってきた。（岡本 2015b，119-120頁。文中の「…（中略）…」は引用者によるものであり，本章の以下の引用文においても同様）

　一美さんは法定伝染病患者収容施設の避病院に転院させられ，マスさんも付き添いで避病院に滞在する。「発病当時は自家に集中発生したので，伝染病の発生源のように言われ，また娘たちをたたき売った悪行のたたりだとも言われ，世間を狭く暮らした」とマスさんは後に述懐している（同上123頁）。水俣病は伝染病と見なされていたため，患者は肉体的苦痛に加えて極めて大きな精神的苦痛も被ったのである。マスさんの場合，自身の病状は最悪の事態にまでは至らなかったが，障害が残り身体障害二種四級に認定された。

　次に，重症化して死亡したケースの症状を見てみよう。漁師をしていた浜元惣八さんの家では，本人とその妻マツさん，および三男の二徳さんが水俣病に罹り，惣八さんとマツさんの2人が死亡した。長男の一正さんは，熊本大学に入院していた父親の病状を次のように記している。

　　父の容態は悪化の一途です。発作の動作が激しく大きくなってきました。手足をばたつかせ，ところかまわずぶつける，自分の顔もたたくのです。その度に押さえて発作を防がなければなりません。…（中略）…発作によるけいれんはますます激しくなっていきました。油断すると，ベッドの後の壁に手をたたきつけ，かきむしるので，皮ふが破れ，つめのつけ根が割れ，生傷が絶えません。壁紙もところどころたたき壊しました。（岡

本 2015b, 309 頁）

　病院に帰ってみると，父をベッドに帯で縛りつけているのです。手足と体をです。私がなじると二徳は，もうこうするよりほかに方法がないと言うのです。食事は，看護婦さんが鼻からゴム管を入れて流動物を入れてやるのですが，なかなかのどに入っていかず，その度に父はゲーッと嘔吐します。私は何回もこの方法はやめてくれるよう，先生に頼みました。体を縛りつけてもけいれんは激しく，手足を縛っている帯がすり切れて生傷になります。…（中略）…私は二徳と二人で何回も徳臣先生のところに，「父をひと思いに殺してください」と頼みに行きました。それが最大の親孝行と思ったのです。安楽は死だけです。先生はその都度，「最後の一分まで努力するのが医者の務めだ」と，私たちをきつく叱られました。あのときの先生の態度と言葉が今でも忘れられません。父のけいれんを見，声にならない声を聞いていると，父が熊大の実験研究用にされているようなひがみに陥りました。父の首を一思いに絞めて殺そうと何回思ったことか。（岡本 2015b, 310-311 頁）

　このような悲劇が進行しているさなかにも，工場の排水口からは水銀が海へと排出され続けていた。水俣病が魚介類の摂食による中毒であるという認識は当初から共有されていたものの，その毒性物質が何であるのかについては，なかなか解明されなかった。熊本大学医学部研究班が「水俣病の原因物質は水銀化合物特に有機水銀であろうと考えるに到った」（水俣病研究会 1996, 819 頁）と報告するのは 1959 年 7 月のことであった。

　1959 年 11 月 12 日，厚生省の食品衛生調査会は，渡辺良夫厚生大臣の「熊本県水俣湾周辺に発生している食中毒の原因究明につ

いて食品衛生調査会の意見を問う」とする諮問（同年 10 月 2 日付）に対して次のように答申した。

　　水俣病は水俣湾及びその周辺に棲息する魚介類を多量に摂食することによっておこる，主として中枢神経系統の障害される中毒疾患であり，その主因をなすものはある種の有機水銀化合物である。（水俣病研究会 1996，693 頁）

　しかし，この答申は水俣病防止対策に生かされることはなかった。翌日開かれた閣議（内閣総理大臣は岸信介）で，水俣病の原因を工場排水とすることに疑問が出されたからである。閣議でのこの出来事は，水俣病史の中でも極めて重要な部分を成すことから，多くの書籍で取り上げられている。ここでは，朝日新聞の記者であった石弘之（2019）の記述を引用しておきたい。

　　食品衛生調査会の答申案に対して，池田は閣議で「有機水銀がチッソ水俣工場から流出したという結論は早計であり，慎重な調査を要望する」と否定的な発言をして，答申は葬られた。当時，高度経済成長の真っ最中。池田はその旗振り役で，産業の保護には格別熱心だった。（235 頁）

　ここで池田というのは，もちろん池田勇人通商産業大臣のことである。池田大臣は翌 1960 年，退陣した岸信介の後任として内閣総理大臣に就任し，所得倍増計画を実行する。高度経済成長を自分の内閣の看板政策とした池田にとって，熊本県南部で起きていた環境汚染対策は優先順位が高くなかったようである。彼は環境よりも経済の方を選んだのである。

　しかし，日本政府中枢でのこのような選択は，水俣病患者とそ

の家族には知る由もなかった。彼らはまだ，政府が救済してくれるという希望を持っていた。1959 年 11 月 21 日，水俣病家庭互助会は「加害者が新日窒水俣工場である事は，一般世論が認めるところであり何人といえども否定できないと信じます。…（中略）…被害補償等解決に手を打って頂くよう，切に切に御願い申上げます」とする陳情書を熊本県知事に提出した（水俣病研究会 1996 年，129 頁）。さらに同互助会は「水俣病は貴工場の排水に依って発病し死亡したる事は社会的事実であります」（同上 130 頁）と記した決議文をチッソ（当時の社名は新日本窒素肥料株式会社）に提出し，補償金を求めた。これに対してチッソは，1959 年 11 月 28 日の文書で「病気の原因と工場排水との関係はなんら明かにされておりません」と述べ，「皆さんの御要求には応ずるわけには参りません」と回答した（同上 239 頁）。これを受けて同互助会は，チッソ水俣工場の正門前で座り込みを始め，翌 29 日には市内をデモ行進した。「新聞がどれだけ書いて世間の注目をあびるか，関心を持ってくれるか，それだけ」（岡本 2015b，211 頁）を頼みに座り込みを一カ月にわたって続けた。しかし，「チッソあっての水俣市だったため…（中略）…市民・県民全部ににらまれて，泣く泣くわずかな見舞金で手を打った」（同上 612 頁）のであった。チッソと患者との契約書には，将来水俣病が「工場排水に起因することが決定した場合においても新たな補償金の要求は一切行わないものとする」という条文が入っていた（同上 186 頁）。この条文は，後に行われた裁判の判決で「被害者の無知，窮迫に乗じて，低額の賠償をするのとひきかえに被害者の正当な損害賠償請求権を放棄させたような場合」（岡本 2015c，662 頁）に当たり，公序良俗違反として無効とされたものである。

（3）　水俣病の倫理学

　日本政府が水俣病の原因をチッソ水俣工場からの排水であると認定したのは 1968 年のことある。水俣病と工場排水との関係は社会的に強く疑われていたにもかかわらず，チッソは排水を止めず，政府も工場に対して排水を止めるよう求めなかった。石（2019）の前掲引用文が示唆しているように，このとき政府は，環境汚染の阻止という選択肢に対して，高度経済成長の促進というもう一つの選択肢を置き，後者を取ったのである。一部の地域の環境と一部の人々の人権よりも経済成長を選んだのである。しかし，このような選択はどのような倫理思想によって正当化されうるのであろうか。

　おそらく，この任に当たるのに最もふさわしい倫理思想は功利主義であろう。功利主義の「最大多数の最大幸福」という標語は，非常に多くの利害関係者が存在する社会的規模で倫理的問題を考える際，極めて強力に機能する。1959 年 12 月 20 日現在で把握されていた水俣病患者の累計は 79 名で死亡者数は 32 名であったが（水俣病研究会 1996, 542 頁），この時期の水俣市の人口は約 4 万 8 千人であるから，水俣病患者は少数派であり，しかもこの病気は「一般に貧寒な漁師の家族に多く発生し」（同上 551 頁）ていた。一方，この時期のチッソは日本の化学工業界をリードする大企業であり，水俣市に対してその税収の半分近くの税金を納めていた（同上 73 頁）。「チッソあっての水俣市」（同上）であったのである。このような状況では，水俣市全体について功利計算をすれば，ごく一部の「貧寒な漁師の家族」を犠牲にして，チッソ水俣工場の操業を従来通り継続してもらうのが合理的であるという結論に達することは大いにありそうである。そして実際に，市長をはじめとした各界の団体の長が熊本県知事のもとを訪れ，「水俣工場の排

水停止は困る」という陳情を行ったのである（高峰 2016，14 頁）。もちろん，このとき彼らが自分たちを功利主義者と意識して行動したとは思えないが，功利主義はかれらの行動を否定しないはずである。最大多数の最大幸福のためには少数の犠牲はやむを得ないのである。しかも，功利計算の対象者を国全体に拡げれば，工場の操業継続から利益を得る多数者の数は途方もなく多くなる。1959 年の時点で，アセトアルデヒドを原料として合成されるオクタノール（塩化ビニール生産に不可欠な原料）は，チッソが市場をほぼ独占していた（岡本 2015c，295 頁）。少数の水俣病患者を犠牲にして高度経済成長という多数者の大きな利益を追求した政府の判断は，功利主義的には正しかったということになるであろう。しかし，このような決定を主導した池田大臣は，実際にも功利主義的に物事を考えて判断していたのであろうか。

　おそらく，そうであったろうと考えられる。1950 年 3 月，池田大蔵大臣兼通商産業大臣は，中小企業の経営難についての記者の質問に対して「五人や十人倒産して自殺しても国民全体の数からみれば大したことはない，国家財政を建て直すという基本政策のもとでは多少の犠牲はやむを得ない」と答えた（藤井 2012，84-85 頁）。これは緊縮政策とそれに伴う経済情勢の緊迫に関する質疑の中でなされた発言であり，水俣病問題との直接の関係はないが，ここには多数者の利益の前では少数者の犠牲はやむを得ないという思想が明確に示されている。しかもこれは，勢い余って言ってしまったという性格のものではなく，彼の信念に基づく言明であったようである。というのは，1952 年に国会で野党がこの発言について池田大臣に「心境の変化はないか」と質問した際，「倒産から思いあまって自殺するようなことがあってお気の毒でございますが，やむをえないことははっきり申し上げます」と改めて答弁しているからである（同上，146 頁）。有名な所得倍増計画は，こう

した信念の上に構築されたのである。

　熊本大学が水俣病の原因物質を有機水銀と特定した 1959 年，池田は「月給二倍論」を発表し，大きな反響を呼んでいた。これは元々，中山伊知郎一橋大学教授の「賃金二倍論」に触発されたものだが，「所得倍増計画」として岸内閣の政策に取り入れられることになった。その際，「蔵相の佐藤栄作が記者会見で，『経済政策はともかく着実に一歩一歩進めて安定成長を遂げることがいちばん大切』と語ったのに対して，池田は『経済の成長は早いにこしたことはない』と述べ」（藤井 2012, 219 頁）高度成長を主張した。池田にとって経済成長は「高度」成長，すなわち「急速な」成長でなければならなかったのである。

　このような「月給二倍論」をめぐっては，当時よく読まれていた雑誌の『朝日ジャーナル』に都留重人一橋大学教授が批判論文を寄稿したのに対し，池田が同誌上で反論するという興味深い展開があった（藤井 2012, 212-215 頁，吉川 1997, 176-179 頁）。すなわち，都留が所得倍増よりも所得格差の縮小の方が重要だと批判したのに対し，池田はまず経済を成長させ，その過程の中で格差を縮小させるべきだと反論したのであった。ここで，この議論をあえて水俣病問題に即して敷衍してみるとすれば，一方が「貧寒な漁師」の所得の底上げを優先すべきだと批判したのに対し，他方はチッソの成長を優先すべきだと反論した，と解釈することもできるであろう。そして実際にも池田は，「有機水銀がチッソ水俣工場から流出したという結論は早計」であると主張する一方で，経済の急速な成長を推し進めたのである。

　結果として，池田の所得倍増計画は多くの国民から支持された。池田内閣の支持率は一度も不支持率を下回ることがなかったが，このようなことは，自民党の首相のなかでは，小泉内閣までなかったのである（藤井 2012, 271 頁）。この事実は，所得倍増計画が最

大多数者の満足度の増進に寄与したということの1つの証左であるといえるであろう。

このように，池田の水俣病問題への対応は功利主義によって正当化され得るといって大過ないと思われるが，それでは，功利主義以外の倫理思想は水俣病問題をどのように評価するのであろうか。

おそらく，1959年の政府およびチッソの対応に対して最も批判的な立場をとるのは，カントの義務論であろうと考えられる。カントは人間を道徳法則の主体と見なし，人間の人格の尊厳を強調したことで知られる。カントによれば，人間は道徳法則の主体として目的自体であって，人間を単なる手段としてのみ使用することは許されない（カント 1979，181頁）。むしろ，人格を持つ個人は何人であれ敬意を持って取り扱われなければならないのである。しかるに，1959年にチッソ水俣工場の排水を止めなかった工場と政府の関係者は，水俣病の被害者や潜在的被害者を経済成長の犠牲にし，多数者の満足度増進のための単なる手段として取り扱ったといわざるをえない。したがってカントの立場からすれば，池田の水俣病への対応が道徳的に正当化されることはあり得ないと考えられる。

このようなカントの立場は，ロールズによってさらに推し進められ，社会全体に関わる政治経済的決定のための正義の原理として完成されることになる。ロールズは『正議論』（2010）の冒頭部分で，まず次のように述べている。

　　すべての人びとは正義に基づいた〈不可侵なるもの〉を所持しており，社会全体の福祉を持ち出したとしても，これを蹂躙することはできない。こうした理由でもって，一部の人が自由を喪失したとしても残りの人びとどうしでより大きな利益を分

かち合えるならばその事態を正当とすることを，正義は認めない。少数の人びとに犠牲を強いることよりも多数の人びとがより多くの量の利便性を享受できるほうを重視すること，これも正義が許容するところではない。(6頁)

ここでロールズは，人間を目的自体と規定するカントの見解を，正義という概念を用いて敷衍しているといえる。人間を手段としてのみ使用してはならないという規範は，このような正義についての説明によって，社会の現実に対してより適用しやすいものとなっている。その際，ロールズが主張する正義とは，次のような2つの原理から構成される。

　その第一原理は，基本的な権利と義務を平等に割り当てることを要求する。第二原理は，社会的・経済的な不平等（たとえば富や職務権限の不平等）が正義にかなうのは，それらの不平等が結果として全員の便益（そして，とりわけ社会で最も不遇な人びとの便益）を補正する場合に限られる，と主張する。一部の人びとが困窮していても善の集計量が増えるならそれで相殺されるとの理由から諸制度を正当化することを，この二原理はいっさい認めない。他の人びとが富み栄えるために，一部の人びとの持ち分が減るような事態は得策かもしれないけれども，正義に反している。(ロールズ 2010，21-22頁)

ロールズによれば，この二原理は人々が無知のヴェールの背後で自分たちが従うべき正義の原理を検討し決定する際に必ず選ぶことになる2つの原理である。すなわち，この無知のヴェールの背後では，人々は自分の社会的地位や資産，持って生まれた知力や体力，自分の性格的傾向性や人生設計，自分が属している社会

の文化や経済のレベル，こうしたことを一切知らない。このため
人々は自分の利益にはなるが他者の利益にはならないような原理
を選ぶということができない。すべての人々に共通する一般的利
益だけを考慮して正義の原理を選ぶことになる。自分の特殊性が
無知のヴェールで見えなくされているから，自分の特殊な利害の
増進のために他者を利用するようなことはできないのである。ロー
ルズは，このような条件のもとでは，合理的な個々人は必ずこの
正義の二原理を選ぶはずであると主張する。そして彼は，カント
の目的自体の理念について次のように述べている。

　　社会の基礎デザインにおいて人びとを目的それ自体として扱
　うとは，すべての人の予期（expectations）に寄与しないような
　利得を差し控えるよう同意することに等しい。対照的に，人び
　とを手段として扱うとは，他の人びとの予期をより高めるため
　に，すでに恵まれていない状態にある人びとに対してさらに低
　い人生の見通しを押しつけようとすることに相当する。（ロール
　ズ 2010, 244 頁）

　この正義論を 1959 年時点での水俣病問題に当てはめてみるとす
れば，次のようにいえるであろう。チッソ水俣工場と水俣病との
関係を認めず，工場からの水銀の排出を止めなかった政府の判断
は，多数者の経済的便益増大の期待を高めたが，水俣病患者とそ
の家族——多くは「貧寒な漁師の家族」で生活保護を受給してい
た——の救済の期待を打ち砕いた。彼らは，見舞金契約締結以降
は世論から忘れられ，病苦と貧困の中に置かれ続けた。彼らが自
尊の感情を取り戻すことができるようになるまでには，さらに 8 年
の歳月が必要であった。1968 年 9 月，ついに政府（厚生省）は，
水俣病を工場排水に起因する公害病として認定した。このときの

患者家族の反応は次のようなものであった。

　公害認定されたとき，患者はみんなものすごう喜んだもん。チッソが一番悪かっじゃ，チッソのおかげでこげん病気になったっじゃてことは，患者も患者の家族も一生懸命言うてきたことじゃもんな。…（中略）…そして，ただ水俣奇病，水俣病ということじゃなくて，公害患者に認められたて言えば，何か安心感の出たごたる気のすっとな。公害ということは大事やったな。（岡本 2015c，649 頁）

　差別や無理解に苦しんできた患者家族にとって，政府による公害病としての認定が何よりも必要な事だったのである。しかし政府が公害認定についての見解を発表したのは，1968 年 5 月にチッソ水俣工場でアセトアルデヒドの生産が停止された後のことであった。この頃には，アセチレンを原料としてアセトアルデヒドを生産するチッソ水俣工場の製法が旧式となり，石油を原料とする新しい製法に取って代わられていた。つまり政府は日本の化学工業がアセチレン化学から石油化学へと転換するのを見届けた後に公害認定を行ったのである。そして，それまでの間は水俣工場の排水を止めず，患者とその家族を放置したのである。ロールズの見地からすれば，政府とチッソはその間，患者とその家族を経済成長のための単なる手段として取り扱っていたことになる。つまり，不正義が行われていたのである。正義のためには，経済成長の速度をある程度落としたとしても，1959 年に工場排水が止められるべきであったのである。

　ロールズの『正義論』がアメリカで出版されたのは 1971 年であるから，1959 年に当時の池田大臣やチッソの関係者がこの政治哲学を参照し得なかったのはいうまでもないことである。類似し

た思想としては社会主義があり，当時大きな影響力を持っていたが，保守政治家の池田大臣や資本主義的企業の典型ともいえるチッソの経営者がこの思想に依拠して大事な決定を下すということはあり得ない事態であった。むしろ彼らは社会主義に反対する立場に立つ人々であって，特に池田大臣は，「社会主義やマルクス経済学の影響を受けた都留重人」（藤井 2012，215 頁）による月給二倍論批判に対して自ら筆を執って反論したのである。池田のこの論考は著名なケインズ経済学者によって高く評価され，所得倍増に否定的だった当時の社会党左派やマルクス経済学を批判するための傍証として活用されている（吉川 1997，176-184 頁）。

　チッソの関係者の中では労働組合が，座り込みをする患者家庭互助会にテントを貸与していたが，「水俣病は会社を潰すというのが組合員の意識」（岡本 2015c，192 頁）で，テントの貸与に文句を言ってくる組合員もおり，「組合は弱い者の味方という表看板もあるし，執行部は間にはさまれて困った」（同上 193 頁）のであった。チッソ水俣工場の労働組合（第一組合）が水俣病被害者の支援に乗り出すのは 1968 年になってからのことである。同年 8 月 30 日に開かれた定期大会で，第一組合は次のような決議文を満場一致で採決している。

　　水俣病は何十人の人間を殺し何十人の人間を生きながらの不具者にし，何十人のみどり児を生まれながらの片輪にした。水俣病の原因がチッソの工場排水にあることは，当時からいわれており，今日では市民はもちろん，日本中の常識になっている。その水俣病に対して私たちは何を闘ってきたか？　私たちは何も闘い得なかった。…（中略）…今まで水俣病と闘い得なかったことは，正に人間として，労働者として恥しいことであり，心から反省しなければならない。…（中略）…会社は今日に至っ

てもなお水俣病の原因が工場排水にあることを認めず，また一切の資料を隠している。私たちは会社に水俣病の責任を認めさせるため全力をあげ，また，今日なお苦しみのどん底にある水俣病の被害者の人たちを支援し，水俣病と闘うことを決議する。（岡本 2015c，654-655 頁）

この後，第一組合は水俣病被害者を「公害スト」など様々な形で支援するようになり，患者家庭互助会の一部がチッソを相手に裁判を起こした際にも，組合員は互助会の側に立って裁判を支援したのであった。

（4）水俣病と日本の伝統思想

ところで，功利主義も義務論も社会主義も，明治以降に日本に流入した外来思想である。古代から日本に定着し，伝統思想となっていた儒教や仏教は，水俣病問題の中でどのような役割を果たしたのであろうか。

おそらく，仏教の関連で最初に思い出されるのは石牟礼道子の『苦海浄土―わが水俣病』ではないかと思われる。「苦海」も「浄土」も仏教経典に由来する語であり，しかもこの作品は水俣病を広く社会に知らしめるのに大きく貢献した。しかし，この書の中では仏教の思想や儀礼が直接に語られているわけではない。その一方，1970 年 11 月に開かれたチッソの株主総会に出席した患者家族の姿は，極めて直接的に仏教的なものであった。すなわち，二十数名の患者家族が，菅笠と白装束のお遍路姿でチッソの株主総会に出席し，御詠歌を歌ったのである。さらに患者家族は支援者とともに壇上に上がり，チッソの社長を取り囲み，積年の思いを社長にぶつけたのである。彼らは裁判の原告であったが，裁判ではなしえない「チッソの社長と人間的な直接の対決」（岡本

2015d, 355頁）を株主総会の場で果たしたのである。おそらくそれは，政府による公害認定と並んで，彼らが負の感情を吐き出し，自尊の感情を取り戻すために必要なもう1つのプロセスであったと思われる。患者家族の一人，田中義光さんは1951年に狭心症を発症し，「精神修業により病気を治そうと決心してお寺で修業に努めた」（岡本2015b, 74頁）ことがある。お遍路をして回っていたため，近所の人からは「義光さんは，変チクリンも変チクリンやった。信心に凝って，笠をかぶって，白い着物を着て」（岡本2015a, 142頁）などと思われていたが，株主総会に乗り込む際にはこの経験が役立った。義光さんが参加者全員に御詠歌を教えたのであった（岡本2015d, 361頁）。患者家族は，仏教の伝統的な儀礼から力を引き出し，加害企業の社長と株主総会の場で直接対決するという異次元の戦術を敢行したということができる。この出来事は大きく報道され，「水俣病訴訟と水俣病問題を地方区から一挙に全国区の社会問題へと押し上げ」（同上367頁）たのであった。

　近代の日本では，仏教はこのように庶民を思想的に支える役割を担うケースが目に付く。しかし，歴史を遡れば，もちろん仏教が支配階級による国家統治のための思想として機能していたという側面が目立ってくる。その中でも，とりわけ仏教の理想に基づいて政治を行った人として際立っているのは，「生類憐みの令」で知られる徳川綱吉であると思われる。かつてこの法令は天下の悪法とされ，綱吉も迷信的な暴君と見なされていたが，近年ではこのような評価が見直され，彼の政治の合理的な側面に光が当てられるようになっている。そこで，ここで少し気分を変えるために，綱吉の生類憐み政策の現代的意義を考えてみることとする。いささか馬鹿げた仮定であることを承知の上で，次のような問いを立ててみたい。

　もし徳川綱吉が1950年代の日本の首相であったとすれば，水俣病問題に対して彼はどのような決断を下していたであろうか。

　おそらく彼は，猫が次々に死んでいった時点で工場排水を止めていたであろうと思われる。綱吉は犬の保護に努め，犬公方と呼ばれたが，もちろん猫に対する配慮を怠っていたわけではない。「生類憐みの令」第一号とされる法令は「犬猫つなぎ候事，可為無用者也（犬猫をつないでおく必要はない）」（根崎2006，48頁）というものであった。綱吉は犬と猫を同等に扱っていたのであり，犬猫をはじめとする動物の保護を通じて社会の道徳水準を引き上げようとしたのである。犬猫の保護は，犬猫の利益になるだけでなく，社会道徳の向上をもたらすことによって人々の利益に帰結するからである。

　しかし，高度経済成長へと向かおうとしていた頃の日本には動物保護法はなく，犬猫の福祉が軽視されていた。もし仮に，1950年代の日本が猫の奇病を重く受け止めるような社会であったとしたら，水俣病があれほど拡大することはなかったであろうと想像される。猫の生命を重んじる社会が，人間の健康を軽んじるとは思えない。一方，動物の福祉に無関心な社会は，人間の福祉にも冷淡である。高度成長期までの日本の学校では，「生類憐みの令」は天下の悪法であり，綱吉は迷信に狂った暴君だったと教えられていたものである。おそらくこうした綱吉評価は，生類を憐れむ慈悲の道徳を軽視し，廃仏毀釈を引き起こした明治維新の精神と通底している。そしてこのような精神に基づく明治以来の殖産興業・高度経済成長政策が，水俣病事件の背景となったのである。徳川綱吉は儒教だけでは偏頗になるとして仏教の生命尊重の精神を重視したが，明治政府は儒教と国家神道を採り，仏教を軽視した。水俣病患者家族がチッソの株主総会に乗り込んで全国的な関心を集めたとき，彼らがお遍路姿で現れ，御詠歌を歌ったのは，この

ような精神史的構図を象徴する出来事であったともいえる。政府
が進める殖産興業や所得倍増政策には生命尊重の精神が欠落して
いたのであり，そしてその精神は被害者や市民の側から公の場へ
と持ち込まれる必要があったのである。経済成長を最優先する政
府と，かたくなに非を認めようとしない企業に対して，公害被害
者とその支援者たちが最後にとった手段は裁判であった。

（5）公害裁判と革新自治体

　1965 年，新潟県の阿賀野川流域で水俣病の発生が確認された。
厚生省に設置された特別研究班は，1966 年に関係各省庁合同会議
で昭和電工鹿瀬工場の排水が原因であると報告した。阿賀野川上
流に立地する同工場では，かつてアセトアルデヒドが生産されて
いたのである。しかし，通商産業省がこれに異を唱えたため，汚
染源についての結論は保留された（新潟県 2013，11 頁）。昭和電
工は自社の排水が水俣病の原因であるとする説を否定し，新潟地
震によって流出した農薬が原因であると主張し続けた。こうした
状況を受けて 1967 年 6 月，被害患者たちは昭和電工を相手取って
損害賠償を求める訴訟を起こした。この新潟水俣病裁判が，いわ
ゆる四大公害裁判の始まりである。その後，同年 9 月に四日市公
害裁判が，翌年 3 月にはイタイイタイ病裁判が開始され，熊本で
も 1969 年にチッソを被告とする裁判，すなわち熊本水俣病裁判が
始まった。

　こうした公害裁判は，高度経済成長よりも良好な環境や社会福
祉の充実を求める市民の運動を刺激し，政治の世界にも変化をも
たらすこととなった。いわゆる革新自治体の出現である。1960 年
代後半から 1970 年代にかけて，多くの主要な自治体で，革新政党
である社会党と共産党に支援された首長が誕生し，公害対策や福
祉政策が積極的に推進された。東京では 1967 年の選挙で美濃部亮

吉が勝利し，初の革新都知事となった。美濃部知事は高齢者や障害者，児童を対象とする福祉政策を進める一方で，1969年には公害防止条例を制定した。この条例は，国が定めた公害対策基本法よりも汚染企業に対してはるかに厳しいもので，その後の国の公害対策に大きな影響を及ぼすこととなった。

　1967年に公害対策基本法が制定されたとき，その第1条には「経済の健全な発展との調和が図られるようにする」という文言が置かれ，環境よりも経済成長を重視する思想が示されていた。しかし，こうした思想は東京都をはじめとする革新自治体が制定した公害防止条例によって否定されることとなった。そして，公害に関係する14の法律が成立した1970年の「公害国会」で，経済発展を重視するこの文言は削除された。1971年には環境庁が発足し，1973年には「動物の保護及び管理に関する法律」が導入された。少数派や動物や環境を犠牲にして国民所得を増大させるという経済成長主義に，ここで一定の歯止めがかけられたのである。

　その後，海域や河川や大気の汚染は緩和されていった。特に，1960年代に京浜工業地帯や阪神工業地帯で喘息患者を急増させた大気汚染は，1970年代から1980年代にかけて大幅に改善された。気管支喘息や慢性気管支炎を引き起こす二酸化硫黄の測定値について見ると，大気汚染の一般的状況を把握するため全国に設置された一般環境大気測定局の年平均値は，1965年が0.057ppmであったのに対し，1975年は0.021ppmとなり，1985年には0.011ppmとなった（環境庁1990，6頁）。かつて川崎市は日本でも最も大気汚染の深刻な都市で，喘息患者も多発したが，現在は良好な環境のもと，住宅地として高い人気を誇るまでになっている。公害は環境規制と技術進歩によって概ね克服されたように見えた。

　しかし，1980年代後半になると，新たな環境問題が注目されるようになった。地球温暖化問題，すなわち気候変動問題である。

第 2 節　脱原発と脱炭素

（1）公害から気候変動問題へ

　公害研究で著名な宮本憲一が『環境経済学』を出版したのは1989 年のことであった。長年の研究の集大成ともいうべき彼の代表作であるが，今日の視点から見て興味深いことに，この『環境経済学』では気候変動問題が分析対象として取り上げられていない。わずかに 1988 年度版『環境白書』の内容を紹介する中で「二酸化炭素による温室効果」という語句が現れるだけである。しかも宮本は，日本政府が地球環境問題に取り組むことに対して批判的であった。「国際環境問題にかまけて，足下の日本の公害・環境破壊問題を隠蔽するようなこと」（宮本 1989，281 頁）があってはならず，「国際的な環境問題に正しく対応していくためには，まず国内の環境問題の全面的な解決が必要なのである」（同上，282 頁）というのが宮本の主張であった。

　1989 年という時点での宮本のこのような見解は，今振り返ってみても一定の説得力を持っているといえる。というのは，水俣病問題一つとっても，その全面解決にはまだ程遠い状況であったし，他方では 1986 年のチェルノブイリ原子力発電所事故の余波の中で，日本の原発開発の在り方が問題となっていたからである。結局，当時指摘されていた諸問題が，2011 年の原発事故後また同じように指摘されることになったのである。しかし，1988 年に世界気象機関と国連環境計画によって「気候変動に関する政府間パネル（IPCC）」が設立されると，にわかに地球温暖化問題が注目されるようになり，環境経済学の関心もこの問題へとシフトしていった。日本でも宇沢弘文をはじめとする著名な経済学者が地球温暖

222

化問題に取り組み，炭素税や排出権取引などの研究が進んだ。このような領域は経済学の分析手法と相性が良く，この事情も温暖化対策が多くの経済学者の関心を誘った一因であったと思われる。今では「環境経済学」と題する書物の中で地球温暖化ないし気候変動問題が取り上げられていないものはないといってよい。この問題に対する政策手段としての炭素税は，環境経済学の不可欠のトピックとなっているといえる。

　とはいえ，環境経済学の変化に対応して地球温暖化問題への市民や政府の関心も高まってきたかといえば，日本に関する限りは，必ずしもそうであったとはいえない。このことの1つの証左が，炭素税の導入時期とその税率（円／tCO2）である。これらについて日本と諸外国を比較してみると，その違いはかなり明確である。環境省（2017b）の「諸外国における炭素税等の導入状況」によると，1990年に世界に先駆けて炭素税を導入したフィンランドでは，税率が，暖房用7,640円，輸送用8,170円である。また，1991年にCO2税を導入したスウェーデンでは，標準税率15,670円，産業用12,640円である。これに対し，日本が2012年に導入した地球温暖化対策税では，税率は289円であるにすぎない。フランスは日本よりもやや遅れて2014年に炭素税を導入しているが，その税率は4,020円であり，今後の引き上げも決まっている。その他のヨーロッパ諸国の炭素税の税率と比べても，日本の地球温暖化対策税の税率は際立って低い。日本のガソリンや軽油には，すでに以前から別の目的で税が課されているが，こうした課税措置を含めても，化石燃料に課されている日本の税の税率は，ヨーロッパ諸国と比べて低いのである。つまり，気候変動対策については，ヨーロッパが大きく先行しているのに対し，日本の消極姿勢が目立っていたといえる。

　すでに見たように，高度成長期に深刻化した公害問題について

は，日本の市民は高い関心を持ち，公害裁判での勝利や革新自治体における先駆的な公害対策の実現をもたらした。この時期の日本の市民運動は世界に対して一つの見本を示していたと考えられている（宮本 2014, 5-6）。これに対して，気候変動問題において日本の市民運動が世界的に注目を集めたということはなかったといってよい。世界的に注目されたとすれば，むしろ 2011 年の原発事故後の反原発運動であるが，この運動は，少なくとも日本では，気候変動問題との相性が良くないといわざるをえない。

　かつて日本政府も温室効果ガスの意欲的な削減目標を世界に向けて示したことがあった。鳩山由紀夫元首相の 25％宣言である。2009 年 8 月 30 日の衆議院議員総選挙で勝利し，政権交代を実現した民主党の鳩山首相は，同年 9 月 22 日に国連気候変動首脳会合で演説し，2020 年までに温室効果ガスを 1990 年比で 25％削減すると宣言したのである。この宣言は，日本国内では驚きを持って受けとめられた。京都議定書の削減目標に対してすら消極的であった日本の温暖化対策が，ここでついに大きく変化するのではないかと期待された。しかし，この 25％削減案は原子力発電所の新増設を前提とするものであった。翌 2010 年 6 月に閣議決定されたエネルギー基本計画は，2020 年までに 9 基，さらに 2030 年までに少なくとも 14 基以上の原子力発電所の新増設を行うとしていた。この時点での民主党政権は，原子力発電を積極的に推進していたのである。しかし，2011 年 3 月の東日本大震災に伴う原子力事故によって，民主党政権の 25％削減案は破綻することとなった。

（2）新たな公害としての原発事故

　2011 年 3 月 11 日 14 時 46 分，宮城県沖を震源とするマグニチュード 9.0 の巨大地震が発生した。最大震度は宮城県栗原市の震度 7 であったが，東京電力福島第一原子力発電所が立地する福島県双葉

町と大熊町でも震度6強の極めて強い揺れを観測した。この地震で原子力発電所に電力を供給するための鉄塔が倒壊するなどして，福島第一原発は外部電源を喪失した。また，その後に襲来した津波によって非常用の発電機等も損傷し，原発1号機から4号機は全ての電源を喪失した。電源の喪失は原子炉の冷却機能の喪失を意味し，長時間の冷却機能の喪失は炉心溶融の開始を意味した。そして炉心溶融が始まれば，放射性物質が環境中に放出される可能性が極めて高くなる。同日19時3分，政府は原子力緊急事態宣言を発出した。同20時50分に福島県が福島第一原発の半径2km圏内に避難指示を出し，同21時23分には政府が半径3km圏内に避難指示，半径10km圏内に屋内退避指示を出した。翌3月12日の5時44分には避難指示が半径10km圏内に，さらに同日18時25分には半径20km圏内に拡大された。また，政府は3月15日の11時0分に半径20〜30圏内に屋内退避指示を出した。その間，3月12日15時36分に1号機建屋が爆発し，同14日11時1分には3号機建屋も爆発した。原子炉格納容器が破損した2号機からも大量の放射性物質が放出され，風に乗って運ばれ，広範囲にわたって環境を汚染した。

　原子力事故は公害の一種であるといえる。水俣病においては，チッソ水俣工場が排出したメチル水銀によって環境が汚染され，漁業が崩壊するとともに，住民の間に健康被害が広がった。福島原発事故においては，東京電力福島第一原子力発電所から放出された放射性物質によって環境が汚染され，周辺のあらゆる産業が活動を停止するとともに，被曝した住民の長期的な健康被害が懸念された。水俣病も原発事故も周辺住民に甚大な被害を与えた加害企業が実在しており，被害者には加害企業から賠償金が支払われた。また，水俣病でも原発事故でも被害者に対する差別やいじめ，中傷が横行するとともに，住民間の分断が生じた。水俣で起

きたのと同様の構造の被害が，福島で繰り返されたのである。た
だし，福島の原発事故では，放射能という汚染源の特異な性格に
より，被害者の境遇や人々を対立させる分断の様相に独自な点も
見られた。この点は今後の環境対策を考える上で重要なので，幾
つかの事例によって確認しておこう。

　福島第一原発事故の 12 年前に，日本は極めて深刻な原子力事故
を経験していた。茨城県東海村で 1999 年 9 月 30 日に起きた株式
会社ジェー・シー・オー（JCO）の臨界事故である。JCO 東海事
業所ウラン転換加工施設では，核燃料物質の加工が行われていた。
当日 10 時 35 分頃，3 名の従業員がウランを濃縮する作業を行っ
ていたところ，意図せざる核分裂連鎖反応が発生し，同 3 名は高
線量の放射線に被曝した。この事故を受けて，東海村は午後 3 時半，
半径 350 m 圏内に避難要請を出し，茨城県は午後 10 時 30 分，半
径 10km 圏内に屋内退避勧告を出した。救急搬送された 3 名の作
業員のうち特に重篤な被曝を受けた 35 歳の大内久さんは，被曝直
後から嘔吐，下痢等の症状を示し，10 日目から人工呼吸器が必要
となり，その後「皮膚からの大量の体液の漏出と大量の消化管出
血のため，連日，1 日あたり 10 リットル以上の輸液，輸血」が施
された（日本原子力学会JCO 事故調査委員会2005, 118 頁）。しかし，
東京大学附属病院での全科をあげた治療支援体制にもかかわらず，
大内さんは被曝後 83 日目に多臓器不全で死亡した。また同じく重
篤な被曝を被った 39 歳の篠原理人さんは，臍帯血移植手術や皮
膚移植手術を受けて一時状態の改善が見られたが，結局，被曝後
211 日目に多臓器不全で死亡した（同上 118-119 頁）。事故発生時，
別室にいたもう 1 人は無事に退院することができた。

　日本では，原子力事故で死者が出たのはこれが歴史上初めての
ことであった。その後，最初の死亡事例となった大内さんについ
ては 2001 年 5 月，NHK スペシャルによって治療経過の詳細が報

道された。大内さんの被爆直後の症状から，被曝量は当初 8 シーベルトと推定されたが，その後，染色体の検査などから被曝量は 20 シーベルト前後とされた（NHK 取材班 2002，12 頁）。「8 シーベルト以上の放射線を浴びた場合の死亡率は 100 パーセント」（同上）である。放射線によって染色体が破壊されたため，大内さんの身体は細胞分裂をして新しい細胞を作ることができなくなり，皮膚や粘膜が再生されずに，古くなった部分が一方的に剥がれ落ちて行くだけだった。被曝した身体正面の皮膚が失われて真っ赤になり，胃腸や気管の粘膜もなくなり，心臓以外の筋肉の細胞からは繊維が失われて細胞膜だけしか残らなかった（同上 136-138 頁）。被爆直後には普通に見えていた身体が次第に崩壊していく様子の画像や証言は衝撃的なもので，私もこの番組を見て放射線被曝の恐ろしさを初めて知り，慄いたのを覚えている。広島の原爆被害の様子を描いた漫画『はだしのゲン』の描写は，決して大げさなものではなかったと思った。大内さんと篠原さんの命を奪ったウランは，「重量に換算すると，わずか 1000 分の 1 グラムだった」（同上 156 頁）。

　もちろん，2011 年の福島原発事故の際には，JCO 臨界事故の時のような急性放射線障害による死亡事例はなかった。しかし，それは後になって分かったことである。政府が原子力緊急事態宣言を発出して避難指示を出し，原子力発電所が爆発したとなれば，放射線に対する住民の恐怖が途方もなく大きなものになっていたであろうことは想像に難くない。事故直後は，多くの人々が単に政府の指示に従い，事情もよく分からないまま着の身着のままで避難したが，その後，1 号機と 3 号機の爆発があり，事故の深刻さが明らかとなっていった。政府が設定した避難区域から避難した人々の人数は，2011 年 8 月 29 日時点で約 14 万 6520 人に上った（国会 2012，351 頁）。これ以外にも避難区域以外の市町村から

自主的に避難した人々もいた。避難者数が最大となったのは 2012
年 5 月で，約 16 万人に達した（アジア・パシフィック・イニシア
ティブ 2021，128 頁）。そして，この避難自体が多くの人々の命を
奪うこととなったのである。

　まず，病院の入院患者や介護老人保健施設の入所者が，避難の
過程で病状を悪化させ，死亡するという事態が発生した。双葉病
院では患者 34 人と隣接する介護施設入所者 98 人の合計 132 人が
大型バスで 10 時間かけて避難したが，途中の車内で 3 人が死亡し，
午後 8 時に避難施設に到着した後も翌日の早朝までの間にさらに
11 人が死亡した（国会 2012，384 頁）。避難区域の病院の入院患者で，
別の病院への移送が完了するまでに死亡した人数は 48 人に達した
（同上 381 頁）。

　入院患者や要介護者でなくても，避難に伴う疲労やストレスが
避難者の健康を蝕むことはいうまでもない。復興庁は「東日本大
震災における震災関連死の死者数」を公表している。ここで震災
関連死とは，「東日本大震災による負傷の悪化又は避難生活等にお
ける身体的負担による疾病により死亡し，災害弔慰金の支給等に
関する法律に基づき災害が原因で死亡したものと認められたもの」
と定義されている。これによれば，2022 年 3 月 31 日現在におけ
る震災関連死の死者数は岩手県 470 人，宮城県 930 人，福島県 2,333
人である。福島県の死者数が突出しているが，しかし震災直後は
震源地に近い宮城県の方が遥かに多くの死者を出していた。2011
年 3 月 18 日までの震災関連死者数は宮城県 234 人であるのに対
して福島県では 115 人であった。同年 3 月 19 日から 4 月 11 日ま
での関連死者数も，宮城県 340 人に対し福島県は 266 人であった。
しかしその後，福島県の死者数が宮城県のそれを上回るようにな
る。2011 年 9 月 12 日から 2012 年 3 月 10 日までの関連死は宮城
県 31 人に対して福島県は 366 人，2017 年 3 月 11 日から 2022 年 3

月 10 日までの死者数は宮城県が 0 であるのに対し福島県では 39
人に上っている。宮城県と福島県のこのような相違が，原発事故
によるものであることは明らかであろう。

　復興庁の震災関連死に関する検討会は「東日本大震災における
震災関連死に関する報告」（平成 24 年 8 月 21 日）の中で次のよう
に分析している。

　　福島県は他県に比べ，震災関連死の死者数が多く，また，そ
　の内訳は，「避難所等への移動中の肉体・精神的疲労」が 380 人
　と，岩手県，宮城県に比べ多い。これは，原子力発電所事故に
　伴う避難等による影響が大きいと考えられる。（1 頁）

　また，同じく復興庁の「福島県における震災関連死防止のため
の検討報告」（平成 25 年 3 月 29 日）は，医療関係者，公衆衛生関
係者へのヒヤリング結果として，次のような意見を取り上げてい
る

　　今回の原発事故が人災であるか否かはさまざまな見方がある
　と思うが，天災と人災では，影響の尾の引き方，ストレスの解
　消の仕方が違う。天災はあきらめざるを得ないが，人災の方は
　どこかに持って行きようがあるだけに，すっきりしない状態が
　いつまでも続く。（2 頁）

　この見解は，原発事故の公害としての側面をよく捉えている。
公害の場合，それが人災であるがゆえに被害者はあきらめがつか
ず，ストレスが残り続けるのである。しかも，公害の原因物質が
放射能である場合，この「すっきりしない状態」はさらに増幅さ
れる。JCO 臨界事故で大内さんが被った 20 シーベルトという放射

線量の人体への致死的影響は明確であるが，年間 20 ミリシーベルトについては専門家の間でも評価が分かれ，「すっきりしない状態」が長く続いた。不安や恐怖の感受性は人によって異なるから，この「すっきりしない状態」に強いストレスを感じる人がいたとしても不思議ではない。実際，この状態から逃れるために，避難区域に指定されなかった市町村からも自主的に避難する人々が続出した。

　2011 年 4 月 19 日，文部科学省は福島県内の小中学校，幼稚園，保育園について，校舎や校庭等の利用基準を発表し，年間被曝量 20 ミリシーベルト以下という目安を示した。校庭については，放射線量が毎時 3.8 マイクロシーベルト未満の場合，平常通り利用できるが，そうでなければ屋外活動を制限するとした。同 25 日，福島県郡山市は，校庭の放射線量が文科省基準を超えた校庭の表土を除去すると発表し，27 日に作業を開始した。文科省は表土除去の必要性を否定したが，同様の措置は他の地域の学校にも広がっていった。一方，同 29 日，内閣府参与小佐古敏荘東京大学教授が衆議院第一議員会館で辞任会見を行い，次のように述べた。

　　上限の年間 20 ミリシーベルトの放射線量となると，約 8 万 4000 人の原発での放射線業務従事者でも極めて少ない。この数値を乳児，幼児，小学生に求めるのは，学問上の見地のみならず，私のヒューマニズムからしても受け入れがたい。（アジア・パシフィック・イニシアティブ 2021，99-100 頁）

　郡山市での校庭の除染と 20 ミリシーベルトをめぐる論争は注目を集め，全国的に大きく報道された。小佐古教授の他にも基準値を 20 ミリシーベルトではなく 1 ミリシーベルトすべきであると主張する専門家が少なくなかった。こうした状況では，放射線に対

する強い不安と恐怖を覚えた人々が多く出たとしても不思議ではない。郡山市教委によると，市立小学校の児童数は2011年5月から2012年5月までの間に1,571人も減少した（青木2021年，36頁）。より安心できる場所を求めて，子供を連れて自主避難する人々が出て来きたのは自然な流れであろう。しかし，これによって新たな「すっきりしない状態」も生じた。避難せずに同じ場所に住み続けている人からすると，自主避難者は自分を否定しているように見えることがあったのである。また，自主避難者も，分断を生じさせている，勝手に避難しているとして批判されることがあった（同上，49頁）。こうしたことが原発事故被害者に新たなストレスを加え，彼らを疲弊させたのである。

（3）脱原発か脱炭素か

　原発事故を受けて，日本の反原発市民運動は急速に拡大した。被害住民と連帯し，加害企業と政府の責任を追及するというのは日本の市民運動の伝統といってよい。水俣病をはじめとする公害の時代に，市民運動が全国に革新自治体を生み出していったように，脱原発の理念の下，日本に新たな政治の動きが現れるように見えた。事故当時政権党であった民主党は，原発の新増設路線を放棄し，脱原発に舵を切った。その後，民主党は分裂し，民主党という名称も消滅してしまうが，その流れを汲む立憲民主党は脱原発を基本政策とした。かつて革新自治体を支えた社会民主党と共産党も反原発を以前よりも強く主張するようになった。しかし，原発事故後の新しい反原発市民運動を最もよく象徴するのは，俳優として芸能界で活躍していた山本太郎氏の政界への進出であったと思われる。

　山本太郎氏は，政府が放射線被曝の積算線量を年間1ミリシーベルトから20ミリシーベルトに引き上げたことに衝撃を受け，市

民運動に関わるようになる。2011 年 5 月，文部科学省前での福島
の母親たちによる抗議活動に「顔を出して」参加して「市民運動
家デビュー」を果たした（山本 2019，82-83 頁）。政治的発言を繰
り返したことにより芸能界での仕事が減っていく一方，市民運動
を通じて労働や貧困等の問題にも関心を広げ，「被曝させない・飢
えさせない・TPP 反対というイシュー」を掲げて選挙に打って出
た（同上）。そして 2013 年の参議院議員選挙で無所属候補として
初当選を果たす。2014 年には政権交代を 2 度実現させた小沢一郎
の「生活の党」と合流し，「生活の党と山本太郎となかまたち」（2016
年に「自由党」に党名を変更）の共同代表となった。国会の質問
では原発・被曝問題を取り上げ続けたが，なかなか成果があがら
なかった。被曝の危険性を訴え続けたため，「歩く風評被害」と批
判されることもあった（同上 87 頁）。一方，豪雨災害の被災地支
援や DV・ストーカー問題などでは成果もあげた。国会での採決
の際，一人だけで牛歩戦術を敢行し注目を集めたりもした。その
後，自由党の同僚議員たちも牛歩に加わるようになったりしたが，
山本太郎は 2019 年に「自由党」を離党する。そして自ら「れいわ
新選組」を立ち上げ，同年の参議院選挙で 2 名の当選者を出すこ
とに成功した。

　「れいわ新選組」は，このように，福島原発事故後の新しい市民
運動の中から出てきた政党であるということができる。そしてこ
のことから，この運動の特徴の一つをよく体現していたと考える
こともできる。その特徴とは，反原発を脱炭素に優先する明確な
傾向である。2019 年の結党時に示された「れいわ新選組」の「8
つの緊急政策」の中には，当然のごとく「原発即時禁止・被曝さ
せない」という反原発政策が入っていた。しかし，気候変動，地
球温暖化，脱炭素といった文言は一切含まれていなかった。同党
の 2019 年時点の「政権とったらすぐやります　今，日本に必要な

緊急政策」の中では，原発に代わる発電方式として「エネルギーの主力は火力。自然エネも拡大します」と記されていた（週刊金曜日 2019，80 頁）。2011 年に原発の稼働が停止したとき，代わりに電力を供給したのは火力発電所であったが，原子力発電を火力発電で代替することに対して，気候変動問題の見地から反対する声は日本では大きくならなかった。反原発運動の担い手たちが気候変動問題に全く無関心であったとは思えない一方で，彼らが火力発電所の縮小を求めて闘ったという話も聞こえてはこなかった。2011 年から 2019 年までの間，日本の反原発市民運動は事実上，反原発を脱炭素よりも優先していたといってよいであろう。水俣病を経験した我が国では，被害の実態が不明確な気候変動問題よりも，甚大な被害をもたらした原発問題の方が優先されたとしても不自然ではなかった。未だに数万人の原発事故避難者が不自由を被っているのに，なぜ脱炭素の方が優先されなければならないのであろうか。まず，原発問題の根本的な解決が図られるべきではないのか。このような考えは当然のことのように思われた。しかし，一方で 2019 年には，この優先順位に変更を迫るような脱炭素の大きな波が欧州から押し寄せて来てもいた。本章の冒頭で触れた小泉大臣のエピソードは，実のところ，この脱炭素の大波の一部分であった。そしてこの大波は，結局，反原発の理念を押し流してしまうほど巨大なものであったのである。私はこれを 2019 年の「気候ショック」と呼びたいと思う。

　すでに触れたように，欧州諸国に比べて日本では気候変動防止への市民の関心は高くなかった。気候変動枠組条約は 1992 年に採択され，同年リオデジャネイロで開催された「環境と開発に関する国際連合会議」（地球サミット）で署名されたものだが，この会議に参加した宮本憲一によると，「EU の NGO は温暖化ガスの抑制や生態系の保全を会議の主目的としていたが，日本と途上国の

NGO は公害の防止や被害の救済が中心課題であった」(2014, 603 頁)。この時点では，気候変動は日本の市民運動の主要テーマではなかったのである。未だ公害問題が重要であった日本や途上国の目から見ると，気候変動枠組条約や生物多様性条約の議論はやや高尚に過ぎたようで，「リオ会議は金持ちクラブのお祭り」(宮本 2014, 608 頁) といわれたのであった。当時の日本はバブル経済の余韻の中にあり，世界を代表する金持ちでもあったのだが，環境問題の領域では先進国というよりはむしろ途上国に近い問題意識を持っていたのである。その後，バブル崩壊による経済停滞もあり，気候変動問題への関心は高まらなかった。気候変動枠組条約の排出削減目標は，1997 年に京都で開催された第 3 回締約国会議 (COP3) で決定されたものであったにもかかわらず，開催国の日本は特段，目立った対策をとることはなかった。地球温暖化対策税がようやく導入されたのは 2012 年になってからのことである。しかもこの年にはすでに，福島原発事故を受けた反原発市民運動のうねりの中で，原発の新増設に依拠する日本の気候変動対策は破綻していたのである。

　しかし，その間にも世界では気候変動防止のための取り組みが着々と進められていた。地球サミットからちょうど 20 年後の 2012 年に，同じくリオデジャネイロで「国連持続可能な開発会議」(リオ + 20) が開催され，「持続可能な開発目標 (SDGs)」についての議論がスタートした。SDGs は 2015 年に国連加盟各国の合意を得て策定されたが，その前身とされる「ミレニアム開発目標 (MDGs)」とは異なり，SDGs には気候変動対策が独立の目標として設定された。これにより気候変動問題は，貧困撲滅やジェンダー平等の諸問題と統合され，国連が取り組むべき主要課題として位置付けられるに至った，といえる。そして同じ 2015 年 12 月には，パリで開催された「気候変動枠組条約第 21 回締約国会議」(COP21)

において，京都議定書に代わる国際的枠組として「パリ協定」が採択された。パリ協定では，地球の平均気温の上昇を産業革命前から2℃未満に抑えるとともに，それを1.5℃以内にとどめるよう努力し続けるという新しい目標が設定された。そしてこの目標を達成するために，締約国は自国の温室効果ガスの削減目標を決定し提出するという義務を負うこととなった。京都議定書とは異なり，パリ協定の削減目標は各国が自主的に設定するものであることから，その目標値には気候変動問題に対する各国の姿勢が表れる。日本は2015年7月に，2030年度までに2013年度比で温室効果ガスを26％削減するという目標を定めた約束草案を国連に提出していたが，この目標は低すぎるとして環境活動家たちからは批判された。というのも，2013年は原子力発電所が停止し，火力発電に大きく依拠していた年であり，しかもCO_2を大量排出する石炭火力発電の割合が少なくなかったからである。

　そして日本は2019年の「気候ショック」を迎えることとなる。

（4）気候ショック

　2019年9月にニューヨークの国連本部で気候行動サミットが開催された。この会議で最も話題となったのは，「学校ストライキ」で注目されていたスウェーデンの環境活動家グレタ・トゥーンベリさんのスピーチであった。当時16歳のグレタさんは，スピーチの中で各国政府の無策ぶりを "How dare you!" と非難し，気候変動対策の緊急性を訴えた。この時の彼女の強い口調と激しい表情は極めて印象的で，ネットのみならずテレビでも繰り返し放映された。そして，ビーガン（完全菜食主義者）であり，飛行機にも乗らない彼女の環境活動家としての禁欲的な生活が日本でも広く知られるようになった。それは気候変動がすでに進行中の危機であることを視聴者に気付かせてくれるような訴求力を持っていた。

グレタさんの叫びは，原発問題に関心が向きがちな日本でも，脱炭素への気運を高めるのに貢献することとなった（環境省 2020，21 頁）。その一方，同じ会議に日本を代表して参加していた小泉環境大臣が，毎日でもステーキを食べたいと発言して顰蹙を買ったのはすでに見たとおりである。このグレタさんと小泉大臣の対比は，欧州と日本との気候変動問題に対する意識の差を浮き彫りにした。

　小泉環境大臣は同年 12 月にマドリードで開催された「気候変動枠組条約第 25 回締約国会議」（COP25）の場でも屈辱を味わうこととなった。小泉大臣は，この会議での演説の中で，石炭火力を推進する日本のエネルギー政策に変更がないことを述べざるを得なかった。この日本の姿勢は，すでに石炭火力発電の廃止を決めていた英独仏等のヨーロッパの先進国と比べて異彩を放つもので，日本は環境 NGO のグループから「化石賞」を授与されることとなった。

　しかし，同年 12 月にヨーロッパから発信された情報のうち，日本の政府や産業界にとってはるかに重要だったのは，欧州委員会が発表した「欧州グリーンディール」であったと考えられる。それは，欧州連合（EU）域内の温室効果ガスの排出を 2050 年までに実質ゼロにするという野心的な目標と，この目標を達成するための政策が記された一種の成長戦略であった。「2050 年ゼロ」という目標自体，日本にとっては大きなプレッシャーであったが，問題は，そこに「炭素国境調整メカニズム（CBAM）」が含まれていたことである。「炭素国境調整メカニズム」は「国境炭素税」とも呼ばれ，気候変動対策が不十分な国からの輸入品に対して事実上の関税を課すといった措置をとるものである。気候変動対策である脱炭素にはコストがかかるため，こうした措置がない場合，EU 域内から脱炭素対策をとらない国々に企業が移転したり，そ

うした国々からの輸入品に EU 製品が置き換えられてしまったりするリスクがある。こうしたリスクを抑え、しかも高い削減目標を実現するためには、EU 域外の国々にも同じような脱炭素対策をとってもらうよう促す必要があるわけである。しかし、もし国境炭素税が実際に導入されることになれば、EU に製品を輸出する日本企業にとっては、事実上の関税が上乗せされる分だけ不利になる。一方、このような脱炭素対策の強化は、かつて省エネや排ガス規制への対応で成功した経験を持つ日本の企業にとってもビジネスチャンスとなるかもしれない。こうなれば、気候変動対策はもはや理想主義的な倫理問題ではなく、リアルな経済問題となってくる。日本政府も気候変動問題に対して真剣に向き合い、脱炭素対策を推進する必要性に迫られる事態となったのである。

　2020 年 10 月 26 日、菅義偉内閣総理大臣は就任後初めての所信表明演説で次のように述べた。

　　我が国は、2050 年までに、温室効果ガスの排出を全体としてゼロにする、すなわち 2050 年カーボンニュートラル、脱炭素社会の実現を目指すことを、ここに宣言いたします。

　1992 年の地球サミット開催当初から消極的であった日本の気候変動対策は、ここで大きな転換点を迎えたのである。2019 年に顕著となった外圧に加え、SDGs の浸透や ESG（環境・社会・企業統治）投資の拡大、そして長く続いた安倍政権から菅政権への交代というタイミングもカーボンニュートラルへの後押しとなったと思われる。いずれにしても、脱炭素という方向性はすでに定まったのであり、気候変動をめぐる議論はどのような手段によってこれを実現するのかという局面に移ったのである。

　政府がカーボンニュートラルを宣言し、産業界も脱炭素モード

に入ったとなれば，反原発派も脱炭素から目を背け続けることができなくなった。翌 2021 年に行われた衆議院選挙では，「れいわ新選組」のマニフェストにも「脱原発と脱炭素を両立させ，日本を自然エネルギー大国に！」という標語が出現した。福島原発事故後の日本の反原発運動も，「エネルギーの主力は火力」としつつ，まずは原発を廃止するという方針を修正せざるをえなくなったのである。

　一方，経済成長を優先する人々にとっては，脱炭素の理念は原発推進のための最も有力な大義名分となった。停止している原発を再稼働し，さらに原発の新増設が実現するならば，脱炭素が進むだけでなく，経済にとってもプラスになる。そもそも，EU が掲げる「欧州グリーンディール」は成長戦略としての側面を持つ。EU の中核に位置するフランスは原発大国であり，ドイツが脱原発を実現したとしても，EU 全体としては原発への依存は続くものと予料される。

　すでに見たように，2009 年に鳩山首相が 25％削減を宣言した時，有力な削減手段は原子力発電所の新増設であった。2020 年のカーボンニュートラル宣言の際に，菅義偉首相は「原子力政策を進める」と述べる一方で「石炭火力発電に対する政策を抜本的に転換します」と断言している。政府においては現在も，原子力によって石炭火力を代替することが脱炭素の有力な手段の 1 つとされているのは間違いないといってよいであろう。そして今後，脱炭素の実現が強調されればされるほど，原発の新増設の動きは強まっていくものと思われる。とはいえ，極めて深刻な原子力事故を経験し，鳩山元首相をはじめとする多くの政治家が脱原発を主張するようになっている現状では（鳩山 2017，206-213 頁），原発の新増設は容易なことではない。仮に世論が原発新増設の方に傾くようになったとしても，新原発の建設には時間がかかることから，これだけ

で 2050 年までにカーボンニュートラルを実現できるとも思えない。そこで，本章の以下の部分では，原発の新増設についてはとりあえず脇に置き，これとは別の脱炭素のための手段について考えてみたい。

（5）脱炭素のための諸手段

　2020 年のカーボンニュートラル宣言の際に，菅首相が所信表明で強調したのは「次世代型太陽電池，カーボンリサイクルをはじめとした，革新的なイノベーション」であった。翌 2021 年 1 月に行われた施政方針演説でも，菅首相はまず「イノベーション」の支援に触れたが，しかし次のような新たな方策も示していた。すなわち，「2035 年までに，新車販売で電動車 100％を実現いたします」という施策と「カーボンプライシングにも取り組んでまいります」という計画がそれである。

　イノベーション支援，電動車 100％，カーボンプライシング。これらはいずれも気候変動への対応として重要な位置を占める政策手段である。ただし，これらの手段は脱炭素効果と環境への影響という面で異なる性格を持っているといえる。菅首相は施政方針演説で，環境政策を「産業構造の大転換と力強い成長を生み出す，その鍵となるものです」と述べた。確かにイノベーションと電動車はそのような可能性を秘めており，特に革新的なイノベーションが起これば脱炭素は一気に加速するかもしれない。しかし，イノベーションは政府が支援すれば必ず起こるというものではなく，脱炭素効果は不確定である。イノベーション支援を 2050 年カーボンニュートラル達成のための主要政策とすることには大きなリスクが伴うといわなければならない。一方，ガソリン車を電気自動車に置き換えれば脱炭素が進むことになるが，ただしそれは，電気自動車の生産や充電に使われる電気が，火力ではなく，再生

可能エネルギーによる発電で作り出された場合である。原子力発電による電気も一般には「グリーン」であると考えられているが,しかしそれは脱炭素の見地から見た「グリーン」であって,放射性廃棄物を確実に出し続ける原発が環境に良いとはいえない。高レベル放射性廃棄物の処分場が確保できていないにもかかわらず原発の電気で膨大な数の電気自動車が走り回る様子は,持続可能性の見地からは,悪夢のように見える。

　これに対して,カーボンプライシングについては事情がだいぶ異なってくる。カーボンプライシングも産業構造の転換に大きく寄与すると考えられるが,その一方,この政策手段はカーボンに対して新たにプライス(価格)を付与したり,カーボンプライス(炭素価格)を引き上げたりすることであるから,その影響は広範囲に及び,短期的には経済に対して負の作用を及ぼすことも考えられる。というのは,この施策により炭素を多く含む製品やサービスの価格が上昇することになるから,消費者はそうした商品の購入をある程度控えざるをえなくなるし,企業は生産費用の上昇に直面することになるからである。もし他の諸国がカーボンプライシングを導入していなければ,企業はそれらの国々に生産拠点を移し,国内産業が空洞化してしまうかもしれない。おそらくこうした懸念があるからこそ,日本政府はこれまで本格的な炭素税には消極的で,導入済みの地球温暖化対策税についても極めて低い税率に抑えてきたものと思われる。しかし,環境対策を本気で進めようとすれば,短期的な費用の増大を受け入れざるをえない局面が生じることがあり得る。前節で見たように,水俣病問題の際には,政府は高度経済成長政策の推進に固執するあまり汚染水の排出を放置し,被害を拡大させてしまったのであった。そしてその結果,汚染企業が負担する賠償金等の費用は,かえって莫大な金額へと増大してしまったのである(石2019, 240頁)。また,原

発事故においても，東京電力では福島第一原発で想定される津波の高さの引き上げと，それに見合う津波対策工事の必要性を主張する人々がいたが，彼らの意見は採用されず，結局，原発事故後に賠償金や汚染水対策など，津波対策工事費をはるかに超える莫大な費用を負担することとなった（アジア・パシフィック・イニシアティブ 2021，60-91 頁）。このような過去の反省を生かすとすれば，菅首相が 2021 年 1 月の施政方針演説で示した気候変動対策の中では，短期的な経済成長主義とは性格を異にし，費用負担を広範囲かつ持続的に求めるカーボンプライシングこそ最も真剣に検討されるべき政策手段であると思われる。そこで次に，この政策に関わる論点をより掘り下げて考察することとする。

（6）カーボンプライシング

カーボンプライシングは，これを単純に漢字に置き換えるなら，「炭素価格設定」となるであろう。要するに，炭素に価格を付けることだが，なぜこのような措置が必要となるのであろうか。分かりやすい比較対象として，まず産業廃棄物の排出について見てみよう。

企業が産業廃棄物を排出する際には，廃棄物処理業者に料金を支払って廃棄物を引き取ってもらい，処分してもらう。その際，企業が業者に支払う料金は，廃棄物の種類や量によって変わってくるから，産業廃棄物の排出には価格が付いていると見なすことができる。企業にとっては，廃棄物は無用の長物であり，廃棄物にかかる費用はできるだけ少ない方がよい。したがって，企業はできるだけ廃棄物の排出量が少なくなるように努力しているはずであり，廃棄物排出の価格が高くなればなるほど，こうした努力の必要性も高くなる。しかし，もし廃棄物を無料で引き取ってもらえるなら，そうした努力はしなくてもよいことになる。その場合，

企業が排出する産業廃棄物の量は増えることになるであろう。

　二酸化炭素をはじめとする温室効果ガスも，こうした廃棄物のようなものである。しかも二酸化炭素については，料金を支払うことなく排出することができたため，個人も企業も際限なく大量排出を続け，地球温暖化を引き起こしてしまったのである。そうであるならば，産業廃棄物のように，二酸化炭素の排出に対しても料金を取るようにすればよいと考えるのは自然な流れであろう。二酸化炭素に価格が付き，それを費用として支出する必要が生じれば，企業は二酸化炭素の排出量を削減しようとするはずである。二酸化炭素に価格がなかったことが気候変動の一因なのである。

　しかし，二酸化炭素の排出に対して料金を支払うとしても，その場合の支払い先は誰になるのであろうか。そもそも企業が二酸化炭素排出料金の支払いに応じる動機はどこから来るのであろうか。産業廃棄物の場合，これを処分しないと工場や事業所が廃棄物で埋まってしまうから，企業としては費用を支出してでも廃棄物を処理しなければならない。しかし，二酸化炭素は気体であるから，勝手に工場や事業所から出て行ってくれる。しかもこれは誰もが排出する気体であり，悪臭や刺激性を持つ有毒ガスではないため，近隣住民から公害の責任を問われることもない。したがって二酸化炭素については，これをどれほど排出しようとも個々の企業にとっては処分の必要性は感じられない。処分の必要性が感じられない以上，処分費用を支出する必要性もない。それゆえ，二酸化炭素は無料で排出され続けた。言い換えれば，二酸化炭素に市場で価格が付けられることはなかったのである。つまり，市場からは企業が二酸化炭素排出料金の支払いに応じる動機は出てこないのである。

　このような場合，市場は問題を解決しないので，政府の介入が必要となる。例えば，政府が二酸化炭素の排出に対して価格を設

定し，それを政府が企業から徴収するというようなことが行われる。言い換えれば，企業は法律に強制されて二酸化炭素排出料金を政府に対して支払う，ということになる。すでに触れたように，ヨーロッパ諸国では1990年代から実際にこのような措置が導入されるようになっていた。その際，二酸化炭素は主に化石燃料の燃焼過程から発生するから，化石燃料が含有する炭素の量に応じて税金を徴収するという方式が取られた。これが，すなわち炭素税であり，カーボンプライシングの代表的な手段の1つである。

　気候変動経済学への貢献で2018年にノーベル賞を授与されたノードハウス（2015）は，炭素価格について次のように述べている。

　　炭素価格は化石燃料の燃焼（および類似の活動）に付与される価格だ。つまり，企業や個人が化石燃料を燃やし，二酸化炭素が大気中に出される都度，その量に応じて企業や個人に追加費用の支払いを求める。（279頁）

　この炭素価格の設定のためには2つの方法があり，「最も簡単なのは」すでに言及した炭素税であるが，もう1つは「キャップ・アンド・トレード」である（ノードハウス2015，280頁）。

　キャップ・アンド・トレードは，まずその社会全体の二酸化炭素総排出量に対してキャップ（上限）を定め，そこから得られる排出枠を個々の経済主体に配分するとともに，この排出枠をトレード（取引）できるようにするものである。この場合，排出総量の上限が決定されることで排出削減が行われ，排出枠が取引されることで炭素に価格が付くことになるが，この取引によって排出削減が効率的に行われると考えられる。例えば，排出枠の市場で炭素1トンの価格が4,000円であったとしよう。もし炭素1トンを削減するのに企業Aでは2,000円の費用がかかり，企業Bでは6,000

円の費用がかかるとすれば，企業 A は自ら削減を進めて余った排出枠を売却すれば炭素 1 トンあたり 2,000 円の利益が発生する一方，企業 B は自ら排出削減する代わりに市場で排出枠を購入すれば，炭素 1 トンあたり 2,000 円の費用を節約することができる。このように，企業によって排出削減にかかる費用は異なると考えられるから，排出枠の取引によって削減費用の少ない企業から排出削減が進んで行き，社会全体として削減費用を最小に抑えることができると考えられる。つまり，効率的に排出削減が実現するわけである。キャップ・アンド・トレードは，排出量取引や排出枠取引，排出権取引などと呼ばれており，EU では 2005 年にこの制度が導入されている。

　排出量取引は，以上のように排出削減に要する費用を最小化するだけでなく，炭素税と比べて次のような長所がある。すなわち，炭素税の場合，二酸化炭素の排出量が課税によって実際にどの程度削減されることになるのかは不確定だが，排出量取引の場合には，はじめに排出量の上限が決定されるので削減量が確定し，確実に削減目標を達成できる。しかし，短所もある。すなわち，排出量取引市場では価格が大きく変動する懸念があり，実際，EUでは炭素価格の乱高下が起きた（ノードハウス 2015，297-300 頁）。こうした大きな価格変動は投機の標的となりやすいことから，排出量取引はマネーゲームを惹起するため望ましくないという批判がある（諸富 2010，71-80 頁）。また，排出量取引には，人々の道徳的直観に抵触するという問題もある。例えば，宇沢弘文（2009）は次のように述べている。

　　二酸化炭素は，植物の生育に不可欠な役割を果たし，すべての生命の営みの過程で大気中に放出され，また人間のすべての営みに重要なかかわりをもつ。たまたま，自らへの割当が必要

とする量より多かったとき，それを排出権と称して，市場で売って儲けようとすること自体，倫理的な面からも，また社会正義の観点からも疑義なしとはしない。(295頁)

また，マイケル・サンデル（2012）は，排出権を購入する側の道徳的問題について，次のような懸念を表明している。

　裕福な国々がお金を払って自国の排出量を減らす義務を免れられるとすれば，環境にかかわる将来の世界的協力に必要な，犠牲の共有という意識が蝕まれてしまうのではないか。(107頁)

このよに，排出量取引には倫理的な問題が付きまとうため，宇沢もサンデルもカーボンプライシングの中では炭素税の方を推奨している。ノードハウスによれば，「経済学者は好ましいアプローチとして炭素税を支持し，交渉担当者や環境専門家はキャップ・アンド・トレードを支持する傾向にある」(300頁)。ノードハウス自身も，迷っている国に対しては炭素税の導入を薦めると述べている（303頁）。

　いずれにしても，カーボンプライシングについての議論は，菅首相による2050年炭素ゼロ宣言を受けて，環境省や経済産業省の中で改めて行われることになった。岸田政権になってからは，GX実行会議が首相官邸に設置され，そこで議論が続けられている。その結果，どのような制度が日本で導入され，どのように運用されるようになるのか，私たちは注意深く見ていく必要がある。本章の以下の部分では，そのような政府内での正式な議論とは別に，本書独自の視点からカーボンプライシングに関連する諸論点を取り上げ，環境と経済の相克と調和について議論してみたい。

　本章の冒頭で見たように，2019年9月，小泉環境大臣は国連気

候行動サミットの開会期間中にステーキを食べたことで批判された。このことを反省したのか，翌年刊行された『環境白書』には「食と環境とのつながり」という項目が設けられ，その中で肉類のカーボンフットプリントが極めて高いことが強調された。「肉類は少ない消費量に対して，全体の約 1 ／ 4 を占めるほどの高い温室効果ガス排出原単位となっています」（環境省 2020, 91 頁）と記され，市民一人一人のライフスタイルの見直しが呼びかけられた。

　私は，2019 年に起きた出来事を真摯に反省し，その反省の上に立って気候変動対策を進めようとした以上のような誠実な姿勢に敬意を表したい。そして，これを機に，市民一人一人のライフスタイルを変容させるような環境政策が導入されることを期待したい。これまで見てきたように，気候変動対策の中で経済学者が推奨する手段が炭素税であり，食べ物の中で環境負荷の度合いが一番高いのが肉類であるならば，炭素税のような税を肉類に課税するのが適切な環境政策ではないであろうか。すなわち，食肉税あるいは肉税である。

（7）環境税としての肉税

　一般に，環境に負荷を与える物質の排出に対して課される税を環境税という。炭素税がその代表である。通常の炭素税は化石燃料が含有する炭素に課される税であるから，この炭素税が導入されれば，生産や輸送等の過程で化石燃料を使用する食肉類の価格もある程度上昇するはずである。しかし，食肉生産が引き起こす環境負荷は，もちろん化石燃料の使用によるものだけではない。例えば，すでに触れたように森林を伐採して牧場に転換すれば，これによって二酸化炭素が放出されることになる。また，畜産独自の温暖化要因として，牛や羊などの反芻動物の消化管内で発生するメタンの問題がある。メタンはゲップやオナラとして排出さ

れて大気中に蓄積されるが，日本の環境省によればメタン1トン
の温室効果は二酸化炭素25トン分に相当する（環境省2017a, 2頁）。
これにより，牛肉や羊肉のカーボンフットプリントは極めて高い
値となる。これに対して反芻動物ではない豚や鶏等から生産され
る食肉のカーボンフットプリントは，牛肉よりもかなり低くなる。
英国の『国民食料戦略』（National Food Strategy 2021）によれば，
100グラムのタンパク質を生産する際に排出される温室効果ガス
の量（kgCO$_2$e）の平均値は，牛肉25，羊肉20，養殖エビ10，豚
肉6.5，鶏肉4.3，卵3.8，養殖魚3.5，豆腐1.6となる（82頁）。そ
こで，化石燃料に課税する炭素税とは別に，気候変動対策として
肉税を導入するとすれば，カーボンフットプリントの大きさに応
じて，言い換えれば，温室効果ガスの排出量に応じて税を課すこ
とになるから，肉税の重量あたりの税額は食肉の種類に応じて異
なってくることになる。

　ブリッグスらのシミュレーション研究（Briggs et al. 2016）に
よれば，英国における食品1kgあたりの温室効果ガス排出量（kg-
CO2e）は，牛肉が66.1，羊肉（Lamb）64.3，豚肉7.9，家禽肉
（Poultry）5.4，魚5.4，卵4.9，等々であり，これに食品100gあ
たりのtCO2eにつき2.86ポンドの税を課すとすれば，これによる
食品1kgあたりの価格の上昇は，牛肉が1.79ポンド，羊肉1.74ポ
ンド，豚肉0.12ポンド，家禽肉0.05ポンド，魚0.05ポンド，卵0.03
ポンドとなる。この課税措置を上記の畜産物や魚の他，生鮮野菜，
生鮮果実，菓子類，ビール等々の全食品グループのうち温室効果
ガス排出量が平均値を超える食品グループに対して実施する場合，
これによる購入量の変化は，牛肉で21.26％，羊肉で16.62％の減
少となる一方，豚肉は12.10％，家禽肉は9.80％，魚は2.01％の増
加となる。生鮮果物は変化せず，生鮮野菜もほとんど変化しないが，
パンやケーキ類の購入量は増加する。その結果，温室効果ガスの

排出量は全体として 18,900 ktCO₂e 削減される。

　ブリッグスらの研究は英国を対象としているが，全世界を対象とした同趣旨の研究としてスプリングマンらのシミュレーション分析（Springmann et al. 2017）がある。これによれば，温室効果ガスの排出価格を tCO₂e につき米ドルで 52 ドルとすると，各食品 1kg あたりの税額は牛肉 2.8 ドル，羊肉 1.3 ドル，豚肉 0.3 ドル，家禽肉 0.3 ドル，ミルク 0.2 ドル，卵 0.2 ドル，米 0.1 ドル，等々となる。この税を全食品に課す場合，温室効果ガスの排出量は 1,003 MtCO₂e 削減されるが，対象を動物由来の肉と卵とミルクに絞っても 959MtCO₂e 削減され，さらに牛肉だけに絞ったとしても 657MtCO₂e 削減される。

　このように，温室効果ガス排出量に応じて食品に課税すると，肉類に対する税額が大きくなり，特に牛肉においてそれが最も高くなる。そして，動物由来食品に対する課税の温室効果ガス削減効果は大きく，特に牛肉に対する課税効果が顕著である。ただし，肉生産に伴う温室効果ガスの排出量は動物の飼養方式によって異なり，放牧方式に比べて工場畜産方式の方が排出量は低くなる。日本は後者の方式が主流であるため，牛肉と豚肉の税額の差が欧米とは若干異なることが考えられる。とはいえ，基本的な傾向は変わらないと考えられることから，とりあえずここでは議論を容易にするために，次のような肉税を提唱してみたい。すなわち，日本政府が 100 g の牛肉に 25 円，羊肉に 20 円，豚肉に 4 円，鶏肉に 4 円の肉税を課す，というのがそれである。次節では，この肉税に対して賛成する見解と反対する見解をディベートの立論風に提示するとともに，コロナ後の見地からも肉税の妥当性について論じてみたい。

第3節　肉税をめぐる諸論点

（1）肉税に賛成する見解

　小泉環境大臣がニューヨークでステーキを食べたのは 2019 年 9 月のことであったが，それより少し前の 8 月に，ドイツの社会民主党と緑の党の議員が肉税の導入を提案して世界的な話題となっていた。すなわち，ドイツでは付加価値税の税率が 19％であるが，食肉を含むほとんどの食品に対しては 7％の軽減税率が適用されている。しかし，気候変動対策として，食肉については軽減税率を止め，本来の 19％に引き上げるべきである，というのである。

　ドイツに限らず，ヨーロッパでは以前から肉税の導入が議論されてきている。その一方，日本ではこうした議論が注目されることはほとんどなかった。しかし，このような食肉の生産・流通・消費への政府の介入は，日本の歴史を振り返れば珍しいことではなく，むしろ重要政策として実施されてきたものであることがわかる。天武天皇に始まり，豊臣秀吉を経て徳川綱吉へと至る食肉政策の歴史は第 3 章で見たところであり，本章第 1 節では江戸時代の環境共生型の経済が牛肉を食べないことで成り立っていたことを見た。とはいえ，もちろんここで議論する肉税は，現代の政治経済制度を前提とした環境政策の一手段であり，封建的生産様式に組み込まれていたかつての牛馬保護とは異なるものである。肉税は，かつてのような牛肉食を禁じるものではなく，肉の生産消費に伴って生じる温室効果ガス排出量に応じて，100 ｇの牛肉に 25 円，羊肉に 20 円，豚肉に 4 円，鶏肉に 4 円というような仕方で税金を課すものである。牛肉を食べたければその分の税金を払えばよいだけであり，税金の支払いを出来るだけ抑えたければ

牛肉を減らして豚肉や鶏肉を食べればよい。また、肉税を払いたくなければ魚を食べればよい。このような消費者の行動によって、牛肉の生産と消費が抑制され、結果として温室効果ガスの排出量が削減される。温暖化から地球を守るための仕組みが肉税なのである。

　しかし、肉税の温室効果ガス削減効果は、税金の支払いを抑制したいという心理だけに基づくものではない。新しい税の導入にはアナウンスメント効果というものがある。肉税の導入は、食肉と地球環境との関係を国民に広く周知させることになり、これによって食肉消費が自主的に抑制されると考えられるのである。例えば、小泉環境大臣は2019年9月の時点でステーキと気候変動との関係を意識していなかったようだが、もし仮に、それ以前に肉税が日本で導入されていたり、肉税の導入が国会で審議されたりしていたとすれば、環境大臣が国連気候行動サミット開催期間中に「ステーキを毎日でも食べたい」と発言するようなことはなかったであろう。新しい課税制度の導入に対しては、通常、国内の様々な方面から反発の声が上がり、大きな議論となるものである。ましてや食肉という日々の食生活の中心に位置する品目への課税となれば、国民的議論が巻き起こるのは必定であろう。そしてその過程で食肉の生産消費と地球環境との関係についての知識が国民各層に浸透し、この知識それ自体が人々の消費行動の変容を惹起することになると考えられる。もちろん、すべての国民がこのように自主的に消費行動を変えることはないかもしれないが、少なくとも環境に関わる行政や教育研究に携わる人々はそうするであろうと思われるし、環境問題に関心を持っている人々や倫理観の高い人々も同様であろう。こうした人々にとっては、公共の福祉に即した行動は、支払額の若干の上昇以上に重要なのである。

　とはいえ、人一倍倫理観の高い人であっても四六時中、年がら

年中環境を意識して買い物をしているわけではないであろう。特に，肉税の導入から時間がたてば，肉と環境との関係を意識することも次第に少なくなり，ついにはすっかり忘れてしまうことも多くなるであろう。また，世の中には環境のことなど全く眼中にない人々もいる。さらには，気候変動問題を一部のエリート層による陰謀だと考えている人もいる。しかし，どんな人であっても買い物をする際には常に価格を見て判断しているのであって，この事情は市場経済の中で暮らしている限り変わることはない。そして，肉税が導入されていれば，鶏肉や豚肉よりも牛肉の方が肉税の分だけさらに高くなっているのであるから，多くの消費者は自然に牛肉の消費を抑制することになるであろう。このことは，地球温暖化問題は陰謀であり欺瞞だと考えている人や，環境のことなど全く眼中に無い人に対してもあてはまる。彼らも価格を見て買い物をしているから，結果として牛肉の消費を抑え，意図せずして温室効果ガス排出削減に貢献してしまうのである。そして，このことこそ環境税としての肉税の優れた点なのである。人々の倫理観や利他心に頼ることなく政策目的を実現できるのである。

　一方，新しい税が創設されれば，新しい収入が政府にもたらされることになる。政府はこれを使って温室効果ガスの削減に取り組む畜産農家や関連企業を支援することができるようになる。実際，牛が排出するメタンの量を削減する研究をしている人々がいる。政府の補助金によってこのような研究が成果を上げ，食肉生産過程から放出される温室効果ガスの量が削減されることになれば，気候変動対策は大いに前進することになる。

　しかし，このような食肉税に対しては，すぐに次のような反論が出てきそうである。すなわち，たばこや酒は嗜好品であるが，食肉は必需品であり，これに課税すると国民の食生活に過度な負荷をかけることになるのではないか，というのがそれである。こ

のような反論の背景には，たばこや酒は嗜好品である上に健康に
よくないから酒税やタバコ税は当然だが，食肉は健康の維持増進
のために必要だから肉税は不適切だ，という認識がある。しかし，
食肉の消費が健康に良いというのは誤解であり，むしろ健康に
良くないというのが本当のところなのである。特に，ハムやソー
セージなどの加工肉（processed meat）と牛肉，羊肉，豚肉など
の赤肉（read meat）には発癌性があり，このことは WHO（世界
保健機関）の外部組織である「国際がん研究機関」（IARC: Inter-
national Agency for Research on Cancer）の研究によって確かめ
られている。前節で取り上げたブリッグスらの論文（Briggs et al.
2016）は，実は食品と健康との関係についての研究であり，タイ
トルは「砂糖入り飲料税と合わせた食品価格への炭素コストの内
部化が健康に及ぼす影響のシミュレーション」である。この研究
によれば，温室効果ガス排出量が平均値を超える食品グループに
対して前節で紹介したような方式で税を課すシナリオでは，牛肉
や羊肉等の消費量が減るなどして，300人が死ぬのを免れるとい
うのである。また，スプリングマンらの研究（Springmann et al.
2017）も，食品に対する炭素課税が健康にどのような影響を及ぼ
すかをシミュレーション分析したものであり，赤肉への課税は全
世界で144,570人の死亡を防ぐとしている。つまり牛肉や羊肉は，
たばこや酒と同じように健康に悪いのである。したがって食肉税
は温室効果ガスの排出量を削減してくれるだけでなく，がんに罹
患する人々の数も削減してくれる非常に良い税金だということに
なる。
　さらに，肉税は健康や温暖化対策以外の領域においても有用で
ある。第1に，畜産農場は環境汚染の汚染源となることがあるから，
食肉税はこうした環境汚染を低減させる環境税としての側面を持
つ。前章で見たように，現代の畜産は昔のような放牧による粗放

的な生産方式ではなく，大規模な畜舎の中で家畜を密飼いする工業的な大量生産方式が主流となっている。これに対応して畜産農場では産業廃棄物として大量の家畜糞尿が発生する。この家畜糞尿に含まれる物質は本来，植物の肥料となりうるものであるが，適切に保管され処理されないと土壌や地下水を汚染する汚染源となる。家畜糞尿の適切な管理には費用がかかるため，実際には不適切な管理によって環境問題が惹起されることが少なくない。このような畜産由来の環境問題としては，水質汚濁関連の他に，悪臭やハエなどの害虫に関連する被害が代表的なものであり，主に地域住民が被害者となる。農林水産省の「畜産経営に基因する苦情発生状況令和2年4月」によると，2019年の苦情発生戸数は1,491戸で，発生率は2.0％である。苦情発生率は2005年以降2.0％前後で推移している。食肉税の導入は，こうした畜産環境問題の被害の減少にも貢献することになる。

　第2に，食肉生産には土地や水や飼料などの大量の資源が使用されているが，食肉税はこうした資源の浪費を低減させる効果もある。本章の第1節で触れたように，ブラジルのアマゾンでは広大な熱帯雨林が伐採され牧場に転換されてきた。これによる地球温暖化の促進や生物多様性の喪失といった問題を脇に置いたとしても，ここにはまだ土地の効率的な利用という問題が残っている。この土地で穀物や野菜を栽培してそれを直接人間が食べれば，より多くの人々を養うことができる。食肉生産は，飼料を生産して家畜に食べさせ，その家畜の肉を人間が食べるという方式であるから，資源浪費的なのである。2021年3月23日付『朝日新聞』に「『SDGs的な生活』無理なくできる？」という大変すばらしい記事が掲載されていたが，これによると，「SDGs的な生活」とは「肉食をやめる生活」である。その根拠として，この記事には次のようなデータが記載されている。

1kgの生産に必要な穀物の量：牛肉　11kg, 豚肉　7kg, 鶏肉　4kg。
1kgの生産に必要な水の量：牛肉　20.6㌧, 豚肉　5.9㌧, 鶏肉　4.5㌧,
　　とうもろこし　0.4㌧, じゃがいも　約0.2㌧, 大豆　約2.5㌧。

　このように，食肉生産のためには厖大な資源が使用されているから，食肉の大量消費は大変な贅沢なのである。その一方で，SDGsの第1目標は「貧困をなくそう」であり，第2目標は「飢餓をゼロに」である。世界には飢餓に苦しむ人々が存在しているのに，他方で食肉の食べ過ぎで癌になる人々がいるというのは倫理的に見ていかにも不合理である。少なくともヨーロッパ諸国や日本のような先進国では食肉の消費を抑制し，それによって浮いた植物資源が飢餓の撲滅に回るようにすべきである。食肉税は，限られた資源を有効活用し，貧困や飢餓のない持続可能な世界を作るためにも貢献することになる。

　第3に，肉税の導入は，畜産業におけるアニマルウェルフェアの向上のためにも有効である。この項の冒頭で触れたように，2019年8月にドイツでは社会民主党と緑の党の政治家たちが肉税を提案したが，その提案理由の中には気候変動対策と並んでアニマルウェルフェアが含まれていた。すなわち，食肉に課す付加価値税を12％引き上げることで新たに税収が得られるから，それをアニマルウェルフェアの向上に使用すべきである，というのである。実際，畜産業におけるアニマルウェルフェアの向上には設備投資が必要となるが，畜産農家がその費用全てを負担するのは困難な場合が少なくない。そこで，アニマルウェルフェアの向上を目的とした設備投資に対しては，政府が補助金を支出することが望ましいと考えられる。特に日本では，欧州に比べ，アニマルウェルフェアへの対応が全く進んでいなかったことから，政府による

支援が不可欠である。食肉税からの税収はアニマルウェルフェア推進のための貴重な財源となりうるものである。

　ところで，食肉税の導入によって食肉の需要が抑制されれば，代替品の需要が伸びることが予想される。食肉の代替品としては，まず第1に魚が挙げられるが，需要が肉から魚へ移行することは地球環境にとって望ましいことである。先に取り上げた『環境白書』の資料（環境省 2020，91頁）によれば，肉類では物的消費量5に対するカーボンフットプリントが23である一方，魚介類では物的消費量4に対するカーボンフットプリントが7であり，魚介類消費の環境負荷が格段に少ないことが分かる。しかも，日本において肉類の消費量が魚介類の消費量を上回るようになったのは近年のことであり，元々日本では肉よりも魚の方が食べられていたのである。それゆえ，仮に肉税の導入で肉の消費が魚の消費を下回ることになったとしても，それは日本の伝統的な食習慣に戻るだけのことであるから，何の問題もない。むしろ，食肉税は日本の伝統的な食習慣を擁護し促進する愛国的な税制であるということができるであろう。

　第2に，食肉の代替品として近年注目されているものに，「人工肉」，「代替肉」ないし「植物肉」がある。これは，大豆やエンドウ豆などの植物性蛋白質から作られる食品で，食肉に極めて類似した風味を持つ。日本では 2019 年から植物肉ブームに関する報道が始まり，2020 年にはさらに多くの報道が見られるようになった。これは欧米の動向を報じたものであったが，このブームに便乗して日本でもすでに伊藤ハム，日本ハム，不二製油グループ本社，モスフードサービスなどの企業が植物肉市場に参入している（『日本経済新聞』2020 年 2 月 29 日）。肉税の導入は，このような植物肉の需要拡大の追い風となる。魚介類の生産拡大には資源枯渇の問題が伴うが，「植物肉」の生産拡大にはこの問題はない。しかも，

植物肉であるからアニマルウェルフェアの問題も存在しない。植物肉の市場はすでに成長が見込まれる有望な新市場となっており，肉税の導入は，この市場を一気に拡大させることになるであろう。以上，現代社会が抱える様々な問題の解決のために，私たちは肉税の導入を急ぐべきであると考える。

（2）肉税に反対する見解

　肉税は庶民苛めの悪税である。食生活の中心ともいえる食肉に税金が上乗せされれば，様々な食品の価格が上がることになる。牛肉には特に高い税率で課税されるはずだから，庶民の味方である牛丼の値段も上がることになる。仮に肉税によって牛丼 1 杯の価格が 25 円上昇したとすれば，月に 20 杯牛丼を食べる人は月に 500 円，年間では 6,000 円の負担増になる。もちろん，年収 2 千万円の高所得者にとっては，月 500 円はほとんど意識されない金額であろうが，年収 200 万円の低所得者にとっては無視できない負担となる。年収に占める肉税の負担割合は，低所得者において圧倒的に大きくなる。肉税は逆進性が高いのである。このため，高所得者はこれまで通り牛丼を食べ続けられる一方，低所得者の生活は，牛丼を食べ続けることによってますます苦しくなるのである。

　それでは，と肉税の賛成者は言うであろう，牛丼を食べるのを止めればいいではないか，と。税率が高い牛丼を止め，税率が低い豚丼や親子丼，あるいは肉税自体が課されない鰻丼を食べればいいのではないか，と。これこそまさに，肉税のような庶民苛めの悪税を思いつく人々の思考様式なのである。彼ら高所得者は，そもそも牛丼を主力にするようなチェーンレストランでは食事をしない。牛丼を食べたことはあるかもしれないが，彼らにとっては鰻丼や鰻重の方が馴染み深い食べ物なのである。牛肉を食べる

としても，彼らが通常好むのは，アメリカ産牛肉の牛丼ではなく，高級黒毛和牛のステーキやすき焼きである。しかも，肉税は肉の価格ではなく重量に対して課されるから，安価なアメリカ産牛肉を大量に消費する庶民の方が，高級和牛を少量しか食べない富裕層よりも，より多くの肉税を負担することになるのである。

　確かに気候変動を防止し，地球環境を守るのは大事なことかもしれない。しかし，そのための手段が，なぜ庶民の日々の生活を圧迫する肉税でなければならないのか。経済を回しているのは，安価な食肉を消費しつつ重労働に従事している庶民であることを忘れるべきではない。特に，近年は世界的に富裕層と庶民との間の経済格差が拡大してきている。重税によって庶民の怒りが爆発すればどのようなことが起こるかは，フランスの例を見れば容易に分かることである。すなわち，2018年11月，フランスのマクロン大統領は燃料税の増税を発表したが，これに反対する人々が黄色いベストを着て路上に現れ，道路を封鎖する抗議活動を始めた。この黄色いベスト運動はフランス全土に広がり，破壊行為などの暴動的な様相も呈するに至ったため，マクロン大統領は増税を延期するだけでなく，低所得者への減税や，エリート養成校である国立行政学院の廃止等をも約束する事態に追い込まれた。

　フランスではオランド政権時代の2014年に炭素税が導入されていた。二酸化炭素1トン当たり7ユーロの税率でスタートし，毎年税率を引き上げて2030年には1トン当たり100ユーロにする予定であった。2017年に大統領に就任したマクロンは気候変動対策に積極的で，炭素税の税率引き上げのテンポをさらに速めた。いうまでもなくフランスは原子力大国であり，電力の約4分の3を原子力発電で賄っていたため，炭素税の主な標的はガソリンや軽油などの燃料となった。これにより，マクロンによる燃料税の増税は，地方に住む所得の低いドライバーを直撃することとなった。

日々の生活を自家用車による移動に依拠する彼らにとって，増税による燃料価格の上昇は死活問題であった。日本の地球温暖化対策税の税率は二酸化炭素1トンあたり289円であるが，2018年のフランスの炭素税は1トン当たり44.6ユーロであり，1ユーロ＝130円とすれば，5,798円である。これをさらに増税するというフランス政府の方針は低所得層の怒りに火をつけ，黄色いベスト運動となってフランス全土へと広がり，マクロン大統領を窮地に追い込んだのである。

　マクロンは国立行政学院を卒業後，投資銀行を経てオランド政権の閣僚となり，史上最年少で大統領となった超エリートである。彼は「軽油やガソリンを買うお金がなければ，電気自動車を買えばいい」と発言し，火に油を注ぐ結果となった（石井 2019）。実際にはこの発言はフェイクニュースであったとされるが，気候変動対策として増税政策を進めるエリート層のものの考え方をよく表している。彼らは温暖化防止という高邁な理想に陶酔し，低所得者の日々の生活の現実に目が向かないのである。そもそも炭素税なるものも，象牙の塔で数理モデルをいじって楽しんでいる経済学者が考え出したものである。彼らは，経済的インセンティブを与えることで人々を意のままに動かすことができると信じている。炭素に価格を付け，その価格を引き上げることで人々を脱炭素の方向へ駆り立てようとしている。それは心理学者が餌と電気ショックを与えて動物に一定の行動を教え込もうとするのに似ている。彼らは庶民を見下し，炭素税のような罰を与えなければ，人々は脱炭素への行動を開始しないと思っている。マクロンやノードハウスに共通するのは，こうした独善的なエリート主義である。そして環境税のこのような性格を最もよく表しているのが肉税なのである。

　独善的な性格を持つ税がうまくいかないことは，日本の歴史を

振り返ってみれば明らかである。すなわち，徳川綱吉の「生類憐みの令」の顛末である。綱吉は「生類憐みの令」を発令して肉食を禁じた一方，野犬を保護する巨大な収容施設を作り，その運営費のために江戸の庶民に重税を課した。この政策による庶民の苦しみは甚大で，新井白石は「此事によりて罪かうぶれるもの，何十万人といふ数をしらず。当時も御沙汰いまだ決せずして，獄中にて死したるものの屍を塩に漬しも九人まであり。いまだ死せざるものまた其数多し。此禁除かれずしては，天下の憂苦やむ事あるべからず」（1999, 133頁）と記している。綱吉は学問に秀でた一種の「哲人王」であったようだが，庶民の生活の現実には思慮が及ばなかったようである。「生類憐みの令」は彼の死後，即座に廃止されたのであった。仮に何かの間違いで肉税が導入されたとしても，「生類憐みの令」と似たような運命を辿るのは必至であろう。

　また，このような日本の特異な歴史的経験は，肉税が不必要な別の要因の背景ともなっている。すなわち，「生類憐みの令」の根拠となった不殺生思想はこの法令の前後にも社会の中に浸透していて，日本では千年以上もの間，家畜の屠畜が原則として禁じられていた。このため，牛肉や豚肉の消費が始まるのは明治維新以降のことであり，それが庶民の間に広く普及するのは高度経済成長期以降のことであった。これはヨーロッパとは全く異なる食肉消費の歴史である。このような歴史を持つ日本では，今もなお，欧米と比べて食肉の消費量は多くない。OECDの比較データ（2022）によれば，2019年の1人当たり牛肉（Beef and veal）消費量はアメリカが26.3kg，イギリスが11.4kgであるのに対し，日本は7.5kgである。また，牛肉，豚肉，家禽肉（Poultry meat），羊肉を足し合わせた食肉の消費量はアメリカが100.8kg，イギリスが61.4kgであるのに対し日本は41.6kgである。ちなみに，中国は45.7kgであ

る。このように，近年，日本の食肉消費量が増えてきたのは事実であるが，それでも欧米諸国と比べれば，日本人は遥かに少ない食肉しか食べていないのである。逆に言えば，欧米では食肉の消費量が多すぎるのである。健康を害するくらい食肉を食べまくっているのである。それゆえ，欧米に限っていえば，肉税を導入する理由は確かにあるのかもしれない。しかしそれは，食肉を過度に食べ続けてきた欧米だからこその事情である。欧米人は健康と地球環境のために食肉消費を減らすべきかもしれないが，肉と魚をバランスよく食べている日本人は，現在のままで何の問題もない。むしろ，健康の維持増進のために，現在の食生活を続けるべきである。

　以上のように，肉税は逆進性の高い庶民苛めの悪税であり，食肉消費量の少ない日本では不必要な税である。よって，肉税は導入されるべきではない。

（3）コロナ後の視点

　2021年1月，新型コロナウイルス（SARS-CoV-2）の起源を解明するため，WHO（世界保健機関）と中国の国際合同調査団は新型コロナウイルス感染症（COVIT-19）の震源地である中国の武漢に入った。同調査団は1月14日から2月10日まで調査を行い，3月30日にその報告書（WHO 2021）がWHOから公表された。それによると，新型コロナウイルスが中国科学院武漢ウイルス研究所から流出して人間に感染した可能性は極めて低く，最も可能性が高いシナリオは，ウイルスを保有していた自然宿主の動物から別の動物にウイルスが伝播し，この中間宿主の動物の間で感染が広がった後，人間に伝播したというものである（同上111-120頁）。想定される自然宿主はコウモリあるいはセンザンコウであり，中間宿主の候補としてはミンク，センザンコウ，ウサギ，タヌキ等

が考えられるが，真相は未解明である（同上 92-93 頁）。同報告書は，コウモリとセンザンコウの中国および中国以外でのさらなる調査が必要であるとしているとともに，中間宿主については，食用や毛皮用に飼育されている野生動物と家畜のより広範な調査が必要であると勧告している（同上 109 頁）。

　新型コロナウイルスの感染源としては，当初からコウモリやセンザンコウのような野生動物が強く疑われていた。最初に大規模なクラスターが発生した武漢の海鮮市場でも野生動物が取引されていた。中国政府は 2020 年 2 月に食用目的の野生動物取引の禁止を決定したが，毛皮用の野生動物の飼育農場は閉鎖されなかった。また，WHO の上記報告書は，新型コロナウイルスの起源が中国以外の地域であることを否定していない。霊長類の研究者として著名なラッセル・ミッターマイヤーは，新たな動物由来感染症のパンデミックを防ぐために，「野生動物の商業的売買は，食用にせよ，薬品用（漢方薬等）にしろ，愛玩動物用にせよ，即刻止めるべきだ」（2020，103 頁）と主張している。彼は，自身が所属する野生生物保護団体と他の 3 つの国際自然保護団体と共に「エンド・ザ・トレイド」を立ち上げ，各国政府に対して「消費のための陸上野生動物の商業取引と市場売買を永久に停止する，適切な法律を制定すること」（同上 104 頁）等を提言している。彼らによれば，動物由来感染症のパンデミックは，気候変動および生物多様性の喪失と並ぶ人類的危機の 1 つであり，この危機を防ぐには野生動物の取引を止める必要があるというのである。

　しかし，野生動物の売買が禁止され，野生動物を食べることができなくなるのならば，その代わりに人類は牛や豚や鶏などの家畜を以前よりも多く食べるようにすべきなのであろうか。実は，そうではないのである。この点がミッターマイヤーの見解の興味深いところであって，彼によれば，「私たちは大規模な肉の消費か

ら離れ，植物を基本にした食生活に移行する必要がある」(2020,
102 頁) というのである。というのは，家畜化された哺乳類は地
球上の全哺乳類のバイオマスの 60% を占めるまでになっている
が，家畜の飼育環境はウイルスなどの病原体にとって好都合な一
方，人間にとっては極めて危険な環境だからである。生物多様性
に富んだ生態系であれば，多くの種が病原体からのバッファーに
なってくれるが，畜産農場の単純化された生態系にはそれがない。
進化の過程では，特定の種が超豊富になると，この種を餌食とす
る捕食者，寄生虫，バクテリア，ウイルスなどの進化が促される。
食用家畜を大量生産する現代の畜産農場は，病原体にも「食肉」
を提供しているようなものであって，新興感染症の発生の場とし
て最も適切な条件を備えているのである。こうしたことからミッ
ターマイヤーは，新たなパンデミックを防ぐために，生物多様性
を守ること，野生動物の商業的取引を止めること，そして，肉食
から植物食へと移行することが必要であると主張するのである。
　このような主張は，現在の生活を大きく変えることを意味して
いるから，その実現性は，あまり高いとはいえないように見える。
しかし，上で触れた WHO の報告書を改めて読んでみると，それ
は必ずしも過激な主張というわけでもないようである。同報告書
によれば，新興感染症の 4 分の 3 近くが動物に由来しており，種々
の鳥インフルエンザウイルスやヘニパウイルスがその典型例であ
る (WHO 2021, 92 頁)。現代の畜産農場の危険性について，鳥イ
ンフルエンザについては前章で取り上げられているので，ここで
はヘニパウイルスに属すニパウイルスの感染症について見ておこ
う。
　ニパウイルス感染症は 1998 年にマレー半島で初めて発生し，マ
レーシアでは 1998 年から 99 年の間に 265 名の感染者と 105 名の
死者を出した (加来 2005, 17 頁)。致死率が 40% に達するこの恐

るべきウイルスは，オオコウモリを自然宿主としており，そこからまず豚に伝播し，豚の間で感染が広がった後，豚の中で増幅されたウイルスが人間に伝播したと推測されている（同上18頁）。オオコウモリでは無症状であるが，豚では呼吸器感染症，人間では脳炎の症状が現れる。マレーシアでは流行を終息させるために100万頭を超す豚が殺処分され1,800カ所以上の養豚場が閉鎖された（同上）。

　マレーシアでのニパウイルス感染症の場合，被害者の大半は養豚場と屠畜場の労働者で，医療関係者の中に患者が見られなかったことから，人から人への感染はほとんどなかったと考えられている。しかし，その後バングラデシュでも同感染症が発生し，その際には人人感染の可能性も指摘されている（同上）。いずれにしても，ウイルスが野生動物から豚や鶏などの家畜に伝播すると，極めて恐ろしい事態が出来することは，こうした事例からも明らかである。2009年に世界的に流行した新型インフルエンザも養豚場に由来するもので，当時は豚インフルエンザといわれていた。やはり私たちは，1カ所に厖大な数の家畜を集めて飼養し，安価な食肉を大量生産する現行の方式を見直すべきなのかもしれない。新たな感染症の出現を根本から防ぐためには，食肉の消費量を減らし，それによって家畜の数を減らしていくのが望ましいというのは決して過激な考え方であるとは思われない。

　もちろん，世界中の人々が一挙にベジタリアンになるのは無理な話であるから，何らかの手段で食肉の消費量を少しずつ減らし，植物由来の食品の消費を少しずつ増やしていくのが妥当であろう。そして，そのための手段としては，おそらく肉税の導入が有力な選択肢の1つとなるのは間違いない。

　幸い，欧米諸国と比べて東洋の国々では，食肉消費量の削減がそれほど大きな苦痛を伴うことなく進む可能性が残されているよ

うに思われる。私は 2019 年の 9 月に台湾を訪れ，毎日異なったベジタリアンレストランで食事をしてみたが，何れも大変満足できる料理であった。台湾は菜食主義を掲げる一貫道や伝統的な大乗仏教が影響力を保持しているせいか，菜食主義のレストランが多く，セブンイレブンやファミリーマートにも素食と記されたベジタリアン向けの食品が多く陳列されていた。一度，回転寿司店で夕食をとったが，そこもベジタリアンレストランで，シャリの上のネタは全て植物から作られたものであった。もちろん，本物の刺身に比べれば風味は落ちるが，見た目はさほど変わらず，味も十分満足できるものであった。肉税が導入され，植物加工食品の開発競争が進めば，植物ハンバーガーや植物寿司の美味しさも格段に向上していくであろうことは容易に予想されるところである。

　日本の仏教も，かつては台湾仏教のように菜食主義を理想としていた。明治生まれの私の曾祖母は，普段から肉を決して食べようとしなかったが，自分の子や夫の命日には「精進」といって，好物の魚も食べなかった。江戸時代には，僧侶以外の一般の人々にも「精進日」があり，親族の命日ないし忌日には動物性の食材を含まない「精進料理」を食べていたようである。平出美穂子『古文書にみる会津藩の食文化』（2014）には，1788 年に江戸幕府が派遣した巡検使に対して会津藩が出した接待膳のメニューが掲載されているが，通常の夕食膳には玉子や鯛，鱒，鮭などの魚が含まれている（牛肉や豚肉等の赤肉は一切含まれていない）のに対して，巡検使である三枝重兵衛の精進日の食材は，くず引き，くわい，皮ごぼう，きくらげ，香物，しめじ，みつば，飯，となっており，菜食メニューである（40-41 頁）。この時訪れた 3 人の巡検使の中の 1 人，川口久助には月に 4 回の忌日が，もう 1 人の藤沢要人には 3 回の忌日があり，これらの精進日に彼らは家臣ともども精進料理を食べたわけである。このように，各人に月に何日

264

か精進日があれば，それらの日には肉はおろか玉子も魚も食べないのであるから，地球環境にとっては大変良いことであったであろう。現代のミートフリーマンデーよりも，よほど環境にやさしい習慣だったと思われる。もちろん，今日では精進日の習慣はほぼ失われてしまっており，赤肉の消費も一般化して久しいが，一方で精進料理の伝統は残っている。例えば，高野山の宿坊に泊まれば誰でも本格的な美味しい精進料理を楽しむことができるし，鎌倉に行けば精進料理のレストランをすぐに見つけることができる。こうした菜食の伝統を持つ我が国では，肉税導入によって消費者が被る不快感は，欧米諸国と比べ，はるかに少ないであろうと思われる。

　欧米諸国では，牛肉や羊肉の生産は生存のための手段にとどまるものではなく，伝統的な文化や景観の重要な構成要素となっている。イギリスの『国民食料戦略』（National Food Strategy 2021）は，肉類の消費を10年間で30％削減するという目標を掲げ，脱炭素効果が大きい手法の一つとして，牛や羊の放牧場を森林へ転換することを挙げている。しかし，その一方で次のようにも述べている。

　　私たちは，私たちの田園地帯に，牧羊のための場所があると思っている。白い羊の点々に覆われたあのなだらかな緑の丘――それは，文化的，審美的に，私たちの国民的自己イメージの一部を形作っている。（National Food Strategy 2021，92頁）

　前章でも触れたように，長距離列車でイギリスの田園地帯を移動する際に目を奪われるのは，次々に現れる牛や馬や羊の放牧場の景色である。とりわけ，緑の牧草に覆われたなだらかな丘の斜面に羊の群れが点在している光景を見ると，そのあまりの美しさ

に，童話の世界に迷い込んだような気分になったりする。イギリスの『国民食料戦略』は，羊が地球環境にとって有害であるとする環境学者の見解を紹介しつつも，上のように述べざるをえなかった。牧羊とそれがもたらす景観は，イギリスの国民的自己イメージの一部なのである。しかし，それでもなお『国民食料戦略』は，あまりにも多くの土地が牧場になっていること，もっと多くの土地が森林に転換されなければならないことを主張している。脱炭素の実現のために，伝統文化の重要な構成要素についても，これをある程度犠牲にしなければならないことを訴えているのである。

FAO 統計のデータによれば，イギリス（2019 年）では牛や羊や馬を飼うための永年採草・放牧地が国土の 46.8％を占めているのに対し，日本ではこの土地の利用形態が極めて少なく，統計上は存在すらしていない。イギリスでは放牧場を森林に転換することが有力な脱炭素の手段となるが，放牧場がほとんどない日本ではこの手段は脱炭素に貢献しない。土地利用方式の転換という点で日本で問題になることがあるとすれば，それは水田である。イギリスの『国民食料戦略』には次のような記述がある。

　　地球上で放出されるメタンの 50％は農業に由来するが，そのほとんどはただ 2 つの食料によって生み出されている。すなわち，米（水田の湿った土壌の中の発酵性細菌が大量のメタンを出す）と反芻動物，主に牛と羊，がそれである。（National Food Strategy 2021, 76 頁）

また，日本の『環境白書』（2020）も次のように述べている。

　　穀類は米が水田からの CH_4 発生等から，他の作物と比較して高い排出原単位となり，我が国では米を多く消費するため，カー

ボンフットプリントが高い傾向にあります。（91 頁）

　このように，メタンの放出ということでいえば，水田は牛や羊などの反芻動物に次いで責めを負うべき存在であるということになる。そしてそうであるなら，我が国は稲作を止め，国土を覆っている水田を森林に転換することによって脱炭素を推進すべきだという主張も成り立つであろう。そうすれば，2050 年のカーボンニュートラル達成にとって大いにプラスになるはずである。

　すでに見たように，メタン 1 トンあたりの温暖化効果は二酸化炭素よりもはるかに大きい。イギリスの『国民食料戦略』によれば，20 年という期間で見るとメタンの温暖化効果は二酸化炭素の 85 倍も大きい（National Food Strategy 2021，75 頁）。しかし，100 年間で見ると 34 倍になる（同上）。これは，大気中に放出されたメタンが二酸化炭素に比べて速やかに消滅してしまうからである。二酸化炭素が数世紀間にわたって大気中に留まり続けるのに対して，メタンの大気中の寿命は 12 年である（同上 76 頁）。したがって，もし仮に地球上の反芻動物と水田を一夜にして除去することができれば，12 年後には大気中のメタンは大幅に削減されていることになる。つまり，メタンの排出削減は極めて即効性の高い温暖化防止対策となるのである。

　それでは，我が国は稲作を止め，水田を果樹園や栗林や森林地帯に変えてしまうべきであろうか。仮に，米の関税率を即日ゼロにし，米農家への補助金の支払いも止めてしまえば，国産米は安価な輸入米に取って代わられ，多くの水田が耕作放棄地となり，自然に水田が雑木林へと転換されていくであろう。このような事態は，脱炭素にとっては良いことのように見える。しかし，日本国民にとって良いことであるとは思えない。というのは，食料自給率が低く，カロリーの約 6 割を海外に依存する日本においては，

ほぼ 100％の自給が可能な現在の米の生産体制が，食料安全保障上，極めて重要だからである。2022 年 2 月に始まったロシアによるウクライナへの軍事侵攻により，世界の穀倉地帯である両国からの小麦の輸出が滞った。これにより穀物価格が上昇し，世界で食料危機が意識された。主食の国内自給の必要性は，以前にもまして高まっているといわなければならない。

　日本政府はかつて減反政策を採用し水田の削減を進めていたが，それは米の価格を維持することによって日本の稲作を守るためであって，水田を環境にとって有害な存在として位置付けていたのではない。水田はむしろ環境保全にとって不可欠な存在とされており，中山間地域等の水田に対しては政府は補助金の支払いによってその維持を支援してきた。2014 年に成立した「農業の有する多面的機能の発揮の促進に関する法律」によれば，農業には農産物の供給以外にも，国土の保全，水源の涵養，自然環境の保全，良好な景観の形成，文化の伝承等の諸機能が備わっている。しかし，これらの機能をすべて備えているのは農業一般ではなく，主に水田稲作である。特に，日本の田園地帯の景観を形成し，伝統文化の基盤となってきたのは水田である。私は年に何度か東京駅で新幹線に乗り岩手県の盛岡まで行くことがあるが，車窓から見えるのは美しい水田風景であって，牧場が見えたことは一度もない。イギリス人の国民的自己イメージの一部を形作っているのが牧場の景色であるとすれば，日本人にとってのそれは水田の景色であるといってよいであろう。しかも水田稲作は日本の伝統文化の源でもある。農林水産省（2020b）の『農村の伝統祭事』によれば，日本全国で春夏秋冬に行われる祭りは，それぞれ田植え，稲の成長，稲刈り，および農閑期に対応しており，「日本の年中行事や祭りの多くは，稲の豊作を祈る・感謝するなど農耕の祭事に由来して」いる（1 頁）。天皇陛下の代替わりがあった 2019 年には，大嘗祭

で使用される米が栃木県と京都府の水田で収穫されることが発表され，話題となった。水田稲作は，今でも日本文化の中心に位置しているといっても過言ではないのである。

このように，食料安全保障，および水田稲作が持つ多面的機能の重要性に鑑みれば，脱炭素のために水田を削減の対象にするのは妥当ではないと考えられる。水田については，むしろこれを拡張する方向で議論するのが適切なのである。

それでは，メタンの排出削減はどのようにして進められるべきであろうか。2050年カーボンニュートラルの達成のためには，即効性のあるメタンの排出削減は不可欠である。しかも，イギリスが伝統的景観を犠牲にしてまでメタンの排出削減に取り組もうとしているときに，日本が食の領域で何の犠牲も払わないというのは不名誉なことである。脱炭素の実現のためには世界的な犠牲の共有が必要なのであって，日本がこれに加わらないということがあってはならない。日本が水田を削減できないとすれば，代わりに反芻動物の削減を真剣に考えてみるべきである。そして，そのための手段としては，肉税の導入が有力な選択肢の1つとなると思われる。

もしも肉税が導入されれば，日本が脱炭素やパンデミックなどの地球的な諸問題に取り組んでいるという事実が世界に向けて発信されることになる。2019年の気候行動サミットと気候変動枠組条約第25回締約国会議において，日本の評判は低かった。2020年のカーボンニュートラル宣言で，ようやく日本は脱炭素をめぐる世界的競争に加わる姿勢を示すことができた。次の問題は，目標達成のためにどのような具体的施策を実行に移すかである。もしも肉税が日本でいち早く導入されるようなことがあれば，これによって日本の国際的評判が高まるであろうことは大いにありそうなことである。

第5章　倫理的理念と政治経済

第1節　奴隷制廃止と人権の理念

（1）人間社会と理念

　人間は社会的動物である。この点で人間は，ネコやフクロウとよりも，アリやハチやシロアリと似ている。これらの昆虫の群れには分業体制があり，数千の個体が忙しく動き回る様子は社会規範がよく行き届いた都市国家のようである。群れに危機が迫った時，働きアリや働きバチは兵士のように防衛にあたる。その際，彼女たちが示す自己犠牲的行動は印象的で，社会倫理という面においてもアリやハチは人間に勝るとも劣らない性質を備えているように見える。

　とはいえ，いうまでもなく人間と昆虫の社会との間には大きな相違がある。最も大きく異なるのは，人間社会に比べると，昆虫社会には歴史的変化といえるものが見られないことである。女王バチ，オスバチ，働きバチで構成されるミツバチ社会の中の相互関係には，人間が観察し得るような歴史的変化がない。人間を社会的動物と規定したアリストテレスの時代以来2000年以上にわたって，ミツバチの社会は同じような社会関係の中で運営されてきたのである。

　一方，人間社会はアリストテレスの時代と比べ大きく変化した。彼が生きていた古代ギリシアは奴隷制を基盤とする社会であったが，現代の文明国で奴隷制を正式に採用している国はない。第2

章で見たように，18世紀から19世紀の欧米社会において奴隷制を反倫理的であるとする認識が急速に支持を拡大し，多くの人々が奴隷制廃止の理念の下に参集するようになったのである。英国ではこの理念が議会での議決によって法制化され，米国では南北戦争を通じて現実化された。アリストテレスが「自然的」と見なした奴隷制は，実際には「歴史的」な社会関係だったのである。

　もちろん時間幅を十分に長くとれば，昆虫の社会も進化という一種の歴史的変化の産物であるといえる。しかし，生物の進化は遺伝子のランダムな変異を通じて引き起こされるのであって，理念によって主導されるのではない。アリもハチも，新しい倫理的理念あるいは理想を打ち立て，その実現のために社会構成員の多くがまとまって行動するということがない。逆に言えば，新しい倫理的理念を創出し，これを実現することで歴史的変化を作り出すことに人間社会の特徴があるといえる（カウツキー 1930, 91頁）。人間は社会的動物であるが，とりわけ理念で結合し，新たな社会的関係を生み出すことを特徴とする理念的存在なのである。そして，このような理念による歴史的変化の動きを加速させてきたのが18世紀以降の欧米社会である。

（2）アメリカ独立宣言と奴隷制

　1776年7月，アメリカ独立宣言が大陸会議で採択された。そこには近代の人権の理念が次のように明確に表明されていた。

　　われわれは，自明の真理として，すべての人は平等に造られ，造物主によって，一定の奪いがたい天賦の権利を付与され，そのなかに生命，自由および幸福の追求の含まれることを信ずる。（高木他 1957, 114頁）

　このような理想が議会で正式に決議され，そして実際にこの理念に基づく新しい国家が生まれたことは，後の世界に巨大なインパクトを与えることとなった。しかし，同時代の人々からは，この独立宣言が諸手を挙げて歓迎されたわけではない。当然のことながら，アメリカ植民地の独立に反対するイギリスの論者たちはこれを執拗に批判し，特に宣言のこの部分を偽善であるとして攻撃した。例えば次のように。

　　原理において，彼らは自由の最も熱烈な擁護者である。実際において，彼らは最も過酷な暴君である。「生命，自由および幸福の追求の権利，これらは誰にも譲ることのできないものである。」しかし，多くの場合彼らは，自分たちの不正で暴虐な行為について言い訳する振りすらせずに，これらの譲ることのできない権利を侵害してきたのである。彼らは断言する，「すべての人は平等に造られている」と。しかし，彼らは恥ずべきことに富のために購入した同胞を使って財産を作り出し，最も卑しく困難な作業を強い，創意に富んだ残酷さなら発明できるか，あるいは無慈悲な虐政なら実行できるような，最も不正で過酷な拷問を科すことによって，彼らを徹底的に不幸にしている。（Brown 2006, 131 頁）

また，次のように。

　　本質的に最も笑うべき対象があるとすれば，それは片方の手で独立の決議に署名しておきながら，もう一方の手ではおびえる奴隷に鞭を振りかざすアメリカの愛国者である。（アーミテイジ 2012, 87 頁）

　アメリカ植民地での奴隷制は，以前からイギリスに住む人々に嫌悪感を与えていた。アダム・スミス（2014）が『道徳感情論』の中で黒人奴隷を使役する人々を「ヨーロッパの監獄の屑のような連中」（445頁）と記したのはその最も有名な例である。また，アメリカとイギリスのクエーカー教徒は以前から脱奴隷制に取り組んでいた。しかし，アメリカの独立が現実的なものとなるまで，奴隷制の是非をめぐる議論は，倫理や宗教の領域にとどまり，国政上の争点となることはなかった。アメリカ独立宣言の自由と平等の理念が，奴隷制の問題を政治論争の場面へと浮上させることとなったのである。

　イギリス側の論者が奴隷制を持ち出すことで独立宣言を偽善として批判した一方，アメリカ側の論者もイギリスの姿勢を偽善だとして非難した。すなわち，アメリカの奴隷制はイギリスの国王と議会と法によって確立されたものであるから，それはイギリスのせいだというのである（Brown 2006, 141-143）。もともと，独立宣言以前から，アメリカ植民地の諸州では奴隷の輸入を抑制しようとする動きがあった。彼らは奴隷輸入に関税を課そうとしたが，その目的が奴隷取引の抑制や禁止である場合，基本的にそれは本国政府によって拒否された（同上144頁）。トマス・ジェファソンが起草した独立宣言の最初の草案には，イギリス国王を糾弾する次のような一節が含まれていた。

　　彼は，人間の本性そのものに対する残酷な戦争を行ってきた。彼を攻撃したこともない遠隔地の人々の生命と自由という最も神聖な権利を侵し，その人々を地球上の別の半球へ奴隷として捕えて運び，そちらへ移送する際に悲惨な死に至らしめた。この海賊的な戦闘行為は異教徒の諸権力の手になるものと非難されているが，まさにキリスト教徒であるグレイト・ブリテンの

国王によってなされてきた戦いである。人身売買市場の維持を
決めたことによって，彼はこのひどい商売を禁止あるいは抑制
しようとするあらゆる法的試みを抑圧し，卑劣な目的に供した
のである。（アーミテイジ 2012，189 頁）

　この部分は大陸会議での討議の過程で独立宣言から削除された
が，ジェファソンは 1780 年代初めに執筆した『ヴァジニア覚え書』
の中でも次のように述べている。

　　国王が統治していた時代に，一時われわれは，奴隷の輸入に
　対し，これを禁止するにほぼ等しい額の関税を課する法律を成
　立させたが，ただちにある会期の無分別な議会が，特殊な状況
　の中でこの法律を廃棄してしまったのであった。この廃棄を当
　時の君主は喜んで認可した。その後の植民地議会は，毎会期必
　らずといっていいほど，可能な限りの手段方策を講じ，この関
　税の復活に対する国王の同意を得ようと努めたが成功しなかっ
　たのである。共和制政体のもとで最初に開かれた会期で，邦議
　会は奴隷の輸入を永久に禁止する法律を可決した。これによっ
　て，この重大なる政治的・道徳的害悪の増加はいくぶん食い止
　められるであろう。そして，その間にわが市民たちの心の中では，
　人間性の完全なる解放の機が熟することであろう。（ジェファソ
　ン 1972，163-164 頁）

　ここでは，奴隷制とこの害悪をもたらしたイギリス国王に対す
る非難が改めて表明されている。アメリカの奴隷制に対するイギ
リスの批判は，イギリスの奴隷貿易に対するアメリカの非難とし
てブーメランのようにイギリス側に戻ってきたのである。

（3）奴隷貿易廃止の理念と帝国主義

　アメリカ独立戦争の敗北と植民地13州の喪失は，イギリスにとって大きな損失であり屈辱であった。しかし，この国民的災難は，イギリス人に帝国の道徳的性格を再考する機会を与えた。自由を尊び自由のために献身する国という国民的自己イメージが，奴隷貿易と両立しえないことは今や明らかであった。アメリカ独立後，奴隷貿易を廃止するための請願は国民的運動となり，やがて1807年の奴隷貿易廃止法と1833年の奴隷制廃止法に結実する。この倫理的事業は，アメリカ独立で傷ついたイギリス人の国民的プライドを再建することに寄与しただけでなく，世界に先駆けて奴隷貿易と奴隷制を廃止した国としてイギリスの道徳的地位を高めることにも貢献した。第2章で引用したヘーゲルの文を，ここでもう一度見てみよう。

　　過去から現在にかけての黒人とヨーロッパ人の唯一の実質的なつながりは，奴隷売買というかたちのつながりです。黒人は奴隷制度を不都合なものとは思っていないので，奴隷売買と奴隷制度の廃止に最大限の力をかたむけるイギリス人が，黒人から敵としてあつかわれるしまつです。（ヘーゲル1994，168頁）

　ここでは，奴隷貿易によって莫大な利益を得たイギリス人が敬意を持って描かれ，奴隷貿易の被害者であるはずのアフリカ人がその廃止に敵対する人々として見下されている。東洋人の目からは奇妙な顛倒のように見えるが，この19世紀前半最大の哲学者にとって，奴隷制廃止を先導するイギリスの道徳的優越とそれに抗うアフリカの劣後は明らかなのである。そして，このような見方は，19世紀の欧米社会の指導層に共通していたと思われる。というの

は，欧米諸国が奴隷貿易廃止についてイギリスの外交的努力に応じるようになっていく一方で，西欧列強によるアフリカの「文明化」が 19 世紀を通じて進められていったからである。

奴隷貿易を廃止したイギリスは，他の欧米諸国に対して同様の措置をとるよう強く働きかける立場に立った。ナポレオン戦争後のウィーン会議では，イギリスは，奴隷貿易に対する非難を記した条項を 1815 年の議定書に加えることに成功した。そして，オランダやフランス，スペインなどの欧州列強に働きかけ，それらの国々と奴隷貿易廃止の条約を結んでいった。また，イギリスは海軍を西アフリカ沿岸に派遣し，奴隷船を見付け出して拿捕する活動を始めた。拿捕された奴隷船の多くはシエラレオネに連行され，そこで裁判にかけられた（布留川 2020，110 頁）。有罪判決が下された場合，奴隷船にいた奴隷たちは解放された。シエラレオネは，1780 年代から「アフリカを文明化し，奴隷貿易という贖罪を償い，それに代わって合法貿易を推進するモデル・ケース」（同上 93 頁）としてイギリスが開発を進めてきた植民地であった。1844 年までにシエラレオネで解放されたアフリカ人は 8 万人近くに上った（同上 115 頁）。さらにイギリスは，奴隷船を拿捕するだけでなく，奴隷の輸出拠点を取り締まることにも力を傾けた。西アフリカの王たちとの間で奴隷貿易廃止条約の締結交渉を進め，これに応じない国に対しては軍事力の行使も辞さなかった。現ナイジェリア最大の都市ラゴスは奴隷の輸出港として栄えていたが，コソコ王が条約締結に同意しなかったため，イギリスはラゴス島を砲撃し，コソコ王を追い払った。ラゴス島は 1861 年に正式にイギリスの植民地となり，さらにそれから数十年後，「奴隷制と残虐行為を抑制する」ために，イギリスはラゴス内陸部への軍事侵攻を行った（竹内 2003，136 頁）。先のヘーゲルの言葉を使えば，「奴隷売買と奴隷制度の廃止に最大限の力をかたむけるイギリス人が」，「奴隷

制度を不都合なものとは思っていない」アフリカ人自身のために，アフリカを武力で制圧して植民地化する，という構図である。奴隷貿易廃止という崇高な理念は，アフリカの文明化という上から目線の理念と手を携え，いつの間にかアフリカの植民地化を正当化する帝国主義的理念としても機能し始めていたのである。

　かつてヘーゲルが上記引用文を含む歴史哲学を講じていたベルリンで，欧州列強によるアフリカ分割のための会議が開催されたのは 1884 年のことである。翌 1885 年，アフリカ植民地化のルールを定めたベルリン協定が締結されるが，その第 1 章は自由貿易，第 2 章は奴隷貿易禁止を謳うものであった。この協定でコンゴの支配を認められたベルギー国王レオポルド二世は，アフリカの文明化のために尽力する慈善家として知られていた。彼は「奴隷貿易商が暗躍するコンゴで奴隷を解放し，軍隊を派兵してアフリカ人を保護するべきであり，これこそがコンゴを近代化させる第一歩であると主張」（ポメランツ他 2013，268 頁）していた。もともと彼は，海外に植民地を持つという念願を持っていたのであるが，奴隷貿易廃止という人道主義的な理念を掲げることでそれを実現したのである。ところが，レオポルド二世支配下のコンゴ自由国で実際に起きたのは，苛酷な強制労働と虐待，そして殺戮であった。

　　当時の状況を記した歴史書によると，働けない人々の手首を切断し，多い日には 1 日 1,308 もの手首が行政官に渡されたとか，働かない現地の人々に対する見せしめとして，1 日で 100 人の頭部を切断したなどの記録が残されている。（松尾 2014，78 頁）

　このような暴虐な植民地開発はやがて国際社会の知るところとなり，レオポルド二世は欧米諸国から激しい批判を浴びることとなった。コンゴ自由国はレオポルド二世個人が支配する私有地の

ような存在であったが，このような形態はもはや維持できなくな
り，1908 年に正式にベルギーの植民地となった。ベルギーの政府
と議会は当初，人道的な理由からレオポルド二世が進めるコンゴ
の植民地化に乗り気ではなかったといわれる（同上）。しかし，小
国であったベルギーは，これによって広大な植民地を保有する有
力国の地位を得ることとなった。

　　ここから生み出される資源，特にゴムと象牙によって，ベル
　ギー経済は大いに潤った。1927 年には，ベルギーはイギリス，
　アメリカ，ドイツ，フランス，オランダに次ぐ世界第 6 位の豊
　かな国となった。（同上 78 頁）

コンゴ自由国での虐政に気づき，国際社会を反レオポルド二世
へと導く上で最も貢献したのはエドモンド・モレル（1873-1924 年）
をはじめとするイギリス人であった。イギリス議会は 1903 年，コ
ンゴ自由国においてアフリカ人が人道的に統治されるべきことを
求める決議を採択した。奴隷貿易廃止の理念で世界を主導してい
たイギリスは，レオポルド二世の行き過ぎに対してはこれを強く
非難したわけである。とはいえ，アフリカの植民地化によって経
済的利益を得たことでは，結局のところ，イギリスも一緒である。
同じように，ドイツもフランスもアフリカ分割によって利益を得
た。さらに，程度の差はあれ，アフリカやアジアの植民地で何ら
かの形の強制労働を利用したことにおいては，イギリスもドイツ
もフランスもオランダも同罪である（Rutz 2018, 3 頁）。奴隷制廃
止という理念の道徳的正当性は疑うべくもないが，しかしこの理
念の実現過程では，列強による帝国主義的利益の追求が跋扈し，
さらにはこの理念自体に全く反するような所業も見られたのであ
る。ヘーゲルは，世界史とは自由の理念の実現過程であると喝破

したが，しかし「一般理念の実現は，特殊な利害にとらわれた情熱ぬきには考えられない」(1994, 63頁)と付言した。そしてさらに，「地獄図絵のような事件は，歴史の実体的なねらい，ないし絶対的な究極目的，ないし真の結論を実現するための，その手段を提供する場だ」(同上，45頁) と講じていた。おおかた，その通りのことが起ってきたのであろう。奴隷制の廃絶は世界史上の偉大な成果であるが，それは諸個人や諸国家による政治経済的利害の追求を通じて実現されたのである。

（4）日本での奴隷船裁判

　ともあれ，奴隷制廃止という理念が持つ力は強力であり，それは文化や歴史の相違を超えて通用する一般理念として，世界各国の法制度の改変を導くようになっていった。日本も例外ではなく，リンカーンの奴隷解放宣言（1862年）とベルリン会議（1884-1885年）のほぼ中間にあたる時期に，奴隷船をめぐる国際事件を通じてこの理念の洗礼を受けている。

　1872年7月，ペルー船マリア・ルス号がマカオからペルーに向かう途中暴風雨に会い，修理のため横浜港に入港した。船内にはマカオで買われた約230人の清国人（中国人）苦力が軟禁されていたが，苦力の一部が海に飛び込んで逃げ，停泊中であったイギリスの軍艦に救助された。奴隷貿易が廃止された「新世界」では黒人奴隷に代わる労働力が必要とされていて，苦力と呼ばれたインドや中国の労働者がその需要に応えていたのである。しかし，この苦力貿易は奴隷貿易とほとんど同様のものであると考えられていた（森田 2005，203-207頁）。その後，マリア・ルス号の苦力問題は神奈川県での2回にわたる裁判へと発展し，この件を担当した神奈川県権令の大江卓は，日本は奴隷貿易を禁止しているとして，清国人苦力の引き渡しを求めるペルー側の主張を退け，最

終的に清国人を解放した。この大江の判決は今日でも高く評価されているが，興味深いのはその背後に次のような事情があったことである。

　まず，この裁判で弁護人を担当していたのは，原告であるペルー側についても被告である清国人側についても，イギリス人であった。また，判決を下すにあたって大江は，イギリス代理公使のワトソンを介してイギリス上海高等法院判事長のホーンビーから助言を得ていた（下重 2012，222 頁）。さらに，この裁判は元々，ワトソンの勧告に従って開かれることになったものであり，外務卿の副島種臣はホーンビーから「今，日本は国際社会の新しい一員として自らを主張する好機にある」（森田 2005，150 頁）とほのめかされていたのであった。つまり，この奴隷貿易をめぐる国際事件の背後で始めから最後まで日本を指導していたのはイギリス人であったのである。イギリスはシエラレオネで行っていた奴隷船の国際裁判を，マリア・ルス号事件では，日本人を操縦して神奈川県で実施したといえるかもしれない。いずれにしても，明治維新政府は奴隷制廃止の先導者であったイギリスの影響下で奴隷貿易を公式に否定して見せ，文明国の仲間入りを果たすことに成功した，ということができるであろう。

　ところで，この裁判の中でペルー側の弁護士は，「吉原における遊女奉公契約」（森田 2005，177 頁）を持ち出し，ペルー側の主張の妥当性を立証しようとした。すなわち，遊女売買の基となる遊女奉公契約は「日本の法律によって執行され，また厳しい強制力をもっている」（同上）のであるから，これに照らし合わせれば，日本は，船長と清国人苦力たちとの間で交わされた契約書に基づき，彼らをマリア・ルス号に乗船させペルーへ向かうよう強制するのが妥当だ，というのである。当時の遊女が奴隷のように売買されていたことは以前から政府内で問題視されていたが，裁判で

のこうした議論を受けて遊女問題への対応が進み，1872年11月，「芸娼妓解放令」が布告された。これに対する欧米先進国の反応は次のようであったという。

　　マリア・ルス号事件に対する日本の行動は，世界から大きな称賛を受けた。今度は遊女という旧体制の奴隷解放を称賛し，西洋人が大きな役割を果たしたことを指摘しつつ，日本の文明化への進歩を高く評価している。（森田 2005, 256頁）

　このように，日本は奴隷制廃止の理念を掲げて世界を教導するイギリスに従い，その良き生徒のような存在として振舞った。そして，タイミング良く「文明国」の列に加わることができたわけである。これに対して，奴隷取引が残存し，「奴隷制度を不都合なものとは思って」いなかったアフリカは，イギリスをはじめとする「文明国」による軍事介入を招いてしまった。そして，強制的な「文明化」のために「文明国」の植民地にされてしまった。もちろん，奴隷制廃止という理念が倫理的に正当であることはいうまでもないことである。しかしこの崇高な倫理的理念は，世界をこの理念に従う者とそうでない者へと二分し，一方による他方の支配を正当化することとなった。そして，「文明国」は「非文明国」を利用厚生することで，そこから大きな政治経済的利益を引き出したのである。

（5）現代の強制労働問題

　第二次世界大戦後，アフリカやアジアの植民地は次々に独立を果たし，今や奴隷取引を口実とした軍事介入は起こりえないように見える。そもそも，国連加盟国の中で，奴隷制度が公式に行われている国はない。しかし，強制労働廃絶のために他国の経済に

介入するという動きは 21 世紀においても存在しており，しかもそれは近年ますます強まっている。

　2021 年 1 月，アメリカは日本のアパレル企業ユニクロのシャツの輸入を差し止めた。ユニクロ製のシャツが，強制労働によって生産された疑いがあるという理由からであった。ただし，ユニクロの工場内部で強制労働が行われていたというのではない。ユニクロのシャツの原材料として，中国の新疆ウイグル自治区で強制労働によって生産された綿製品が使われていた疑いがある，というのである。アメリカ国務省の 2021 年版『人身取引報告書』によれば，中国政府はウイグル族をはじめとする少数民族のイスラム教徒を国営施設に収容し，「職業訓練」と称して労働を強制している。収容者は衣服，履物，絨毯，糸等から太陽光発電の原材料まで様々な製品の生産を強制されており，これらの製品は世界中に輸出されている（Trafficking in Persons Report 2021, 47 頁）。同じく 2021 年の 7 月に，フランスでも同じ疑いで検察当局がユニクロの捜査を始めたとの報道があった。新疆ウイグル自治区で行われている強制労働への関与は，それが間接的なものであったとしても，フランスでは「人道に対する罪」が適用されることになる（『日本経済新聞』2021 年 7 月 3 日）。さらに同年 12 月，アメリカで「ウイグル強制労働防止法」が成立した。これによりアメリカは，新疆ウイグル自治区で生産された製品や，それを一部でも含む製品を強制労働によって作られた製品と見なし，その輸入を差し止めることができるだけでなく，同自治区での強制労働に責任を負う個人や企業に対する制裁も発動できるようになった。中国はこのアメリカの措置に対して「人権の看板を掲げた内政干渉だ」として強く反発したが，アメリカ政府は「米国は世界が追随する手本を示した」との声明を出した（『朝日新聞』2021 年 12 月 25 日）。新疆での強制労働という人権侵害は，それが真実であるのならば

看過しえない事態であるが，一方で，アメリカの措置が内政干渉であることは中国が主張する通りであろう。19世紀には奴隷貿易廃止の看板を掲げた軍事介入が行われたが，21世紀の現在では，強制労働防止の看板を掲げた内政干渉が行われているのである。

いうまでもなく，強制労働が問題視されているのは新疆ウイグル自治区だけではない。アメリカ国務省の『人身取引報告書』は世界のいたるところで強制労働が行われていることを告発している。日本については以前から外国人技能実習制度が問題視されており，2021年版の同報告書においても，この制度が強制労働の温床となっていると指摘されている。

（6）ビジネスと人権

強制労働防止の取組は現在，欧米発の人権対策の中核部分に位置しているといってよい。1789年に憲法制定国民議会で「人権宣言」が採択された当時，フランスは現在のハイチに40万人以上の奴隷を保有し，彼らを強制労働に駆り立てていた。人権宣言と強制労働が並び立っていたのである。しかし，その後イギリスに先導される形で奴隷制の廃止が進んでいったことはすでに見たとおりであり，1948年に国連で採択された「世界人権宣言」は，その第4条で次のように謳っている。

> 何人も，奴隷もしくは苦役の下におかれることはない。奴隷および奴隷売買は，いかなる形においても，禁止される。（高木他1957，403頁）

こうした条文を含む「世界人権宣言」は，それまでの世界史が生み出した大きな成果である。しかし，理念についての世界的な共通認識は得られたとしても，それが現実の経済社会の中で実行

に移されるかどうかは，また別の問題となる。実際には様々な形の人身取引や強制労働，児童労働が残存し，現在も行われている。われわれはそのことを上掲の『人身取引報告書』や，同じくアメリカ国務省の『国別人権報告書』等で知ることができる。暴力や脅迫の下で低賃金・長時間労働を強制されている人々や，学校に行くことなく労働に従事させられている子供たちが世界の様々な地域に実在している。こうした状況は特に 1990 年代に進んだ経済のグローバル化を通じて可視化され，意識化されるようになった。先進国の大手企業が自国内でデザインした製品を賃金水準の低いアジアの国々で製造するという方式が一般化する中で，製造工場の劣悪な労働条件や児童労働の利用が批判的に報道されるようになっていた。これに対して，大手企業の担当者の中には，下請け業者の労働条件に責任はないという人もいた（ヘンダーソン 2020, 96 頁）。むしろ先進国の企業が途上国の貧困層に仕事を与えてあげているのであるから，感謝されるべきではないか，というわけである。

　この問題は国際連合の中でも議論され，取り組まれることとなり，「ビジネスと人権に関する指導原則」が 2011 年に採択された。これは「すべての国家とすべての企業に適用される」指導原則であるとされているが，そこでは企業の責任について次のように記されている。

　　人権への負の影響を特定し，防止し，軽減し，そしてどのように対処するかということに責任をもつために，企業は人権デュー・ディリジェンスを実行すべきである。（国際連合広報センター 2011）

　そして，この「人権デュー・ディリジェンス」の対象は，次の

ように，取引関係にも及ぶとされている。

　企業がその企業活動を通じて引き起こしあるいは助長し，または
その取引関係によって企業の事業，商品またはサービスに直接関係す
る人権への負の影響を対象とすべきである。（同上）

　これにより，ビジネスの領域における重要課題の1つとして「人権
デュー・ディリジェンス」が急浮上することとなった。しかし，「デュー・ディリジェンス」とは何なのか。日本の一般市民の感覚からすれば，そもそもこのカタカナ用語が発音しづらく，耳慣れないものである。また，「人権への負の影響を特定し，防止し，軽減し，そしてどのように対処するかということに責任をもつ」という，この用語の意味内容も容易には理解しえないものである。原文が英語であるということからも想像がつくように，このような領域では，やはりイギリスやアメリカが主導的な位置に立つようである。2015年にイギリスは「現代奴隷法」を制定し，一定規模以上の企業に対して，自社およびそのサプライチェーン上で人身取引や強制労働，児童労働等が行われていないことを確保する措置を講じているか否か情報開示するよう義務付けた。企業は，自社の中だけでなく，遠く離れた外国の取引先での強制労働や児童労働等の有無をも点検しなければならなくなったのである。フランスも「人権デュー・ディリジェンス」の実施を義務付ける法を2017年に導入し，他の西洋諸国もこれに追随している。かつて奴隷制廃止が文化や歴史の相違を超えて通用する一般理念として世界の法制度を変えていったように，今や人権が普遍的理念として企業活動を規制するようになってきている。文明国であるためには，自国で活動する企業に対して「人権デュー・ディリジェンス」を求める必要が生じているのである。

（7）人権の理念をめぐる東西の相違

　しかしながら，国連で「ビジネスと人権に関する指導原則」が採択されてから 10 年以上が経過した 2022 年 12 月末現在においても，日本ではイギリスの「現代奴隷法」のような法律は制定されていない。強制力のない人権デュー・ディリジェンス指針が導入されただけである。米英基準の「現代奴隷」からすれば，日本の外国人技能実習生の中には奴隷として取り扱われている人々がいるということになるが，日本政府はこの問題に対して米国政府とは異なった認識を持っているように見える。これまでのところ，米国政府の関心は中国の人権問題に集中してきたため，日本政府は自国の問題について明確なメッセージを出さずに済んでいるようである。

　一方，中国政府は新疆ウイグル自治区で強制労働は行われていないという声明を出し，米国政府の見解を明確に否定してきた。しかし，米国バイデン政権は同自治区での人権侵害を，強制労働批判からさらに進めて，「ジェノサイド」であると非難するに至った。イギリス議会やフランス議会もこれを「ジェノサイド」だとする非難決議を採択した。これに対して，日本の衆議院は 2022 年 2 月 1 日，「新疆ウイグル等における深刻な人権状況に対する決議案」を可決したが，そこには「ジェノサイド」という語はおろか，「強制労働」や「人権侵害」，さらには「非難」という言葉すら入っていなかった。それは，「自由・民主主義・法の支配といった基本的価値観を踏まえ，まず，この深刻な人権状況の全容を把握するため，事実関係に関する情報収集を行う」とともに「人権状況を監視し，救済するための包括的な施策を実施すべきである」という，ごく穏当な決議であった。また，2022 年 12 月 5 日，参議院本会議においても，ほぼ同一の内容の決議案が採択された。かつて 19 世紀

の奴隷船裁判では素直にイギリスの指導に従った日本であったが，現代の人権問題では米英の先例に倣うのは容易ではなかったようである。こうした日本の判断の背景には，最大の貿易相手国である中国への配慮があったのは間違いないであろうが，それと同時に日本がまだ現代の人権理念を自分のものとはしていないという事情もあるのではないかと思われる。

　人権は，いうまでもなく欧米が生み出した理念である。欧米の歴史や文化への言及なしに人権理念を十分に理解することはできない。そもそも「人権」という2文字が"human rights"という語の意味内容を正しく伝えているのか，ということについても疑問が呈されてきた。「権」という字が「力」という意味を持つため，漢字世界では権利（rights）と権力（power）が容易に混同されてしまうのである（柳父 1982，151-172頁）。こうしたことから，欧米とは異なる歴史と文化を持つ日本や中国のような国が，現代の人権理念を完全に受容するのは必ずしも容易なことではない。少なくとも，中国は欧米流の考え方とは異なった人権の概念を持っているようであり，「生存権と発展権が最重要の基本的人権。人民の幸福な生活が最大の人権」であると主張している（金森 2021，9頁）。この立場からすれば，銃乱射事件が多発し社会不安が広がるアメリカよりも，経済成長と社会の安定が実現されている中国の方が，より良く「人権」が保障されている，ということになる（同上，9-10頁）。実際，経済成長の恩恵を受けていない地域で児童労働の撤廃を一方的に求めても，当事者たちの支持を得られないどころか，逆効果になる場合があることが報告されている。例えば，1990年代のバングラデシュでは，アメリカの経済制裁を恐れた繊維産業で児童労働者が大幅に解雇されたが，児童の多くは学校に通うのではなく，より危険な産業で労働に従事するようになってしまった（筒井 2022，146-147）。場合にもよるであろうが，発展

途上国の低所得層の間では，児童労働や低賃金長時間労働を「現代奴隷」と見なす英米流の人権概念よりも，「生存権と発展権」に基づいて経済成長を優先する中国流の人権概念の方が受け入れられやすいのかもしれない。中国政府は，新疆ウイグル自治区で少数民族を綿花収穫に動員していることについても，貧困層を救うための政策であって強制労働ではないと主張している。この問題に関しては日本の中にも中国寄りの見解を発表する研究者がいることから（熊倉 2022, 211 頁），まずは「事実関係に関する情報収集を行う」ことが必要だとする国会決議は妥当であったといえるのかもしれない。

　日本は中国やバングラデシュと比べ先進国となってからの歴史が長く，欧米化の度合も高いのは確かである。欧米流の人権概念よりも中国流の人権概念の方が日本に適合的であるとはいえないであろう。とはいえその一方で，日本の雇用慣行が英米の雇用慣行と著しく異なることは第 2 章で見たとおりである。職務・労働時間・勤務地が無限定の日本型雇用は，英米的な自由労働の理念からすると，しばしば奴隷制的に見える。外国人技能実習制度も，こうした日本の雇用文化の中から出てきたものであるとすれば，強制労働の温床としてこの制度を一方的に否定するのは適切ではないように見える。さらにいえば，現代の支配的な人権理念は，欧米とは異なる歴史と文化を持つ国々の経済活動に対して，抑圧的に作用する傾向があるように思われる。欧米が振りかざす理念によって様々な国々の伝統的な雇用慣行や取引慣行，貧困対策が破壊されてしまうのは望ましくないという考え方もあり得るはずである。我が国は欧米からの人権理念の押し付けに対して毅然とした態度をとるべきである，という主張にもそれなりの妥当性があるといえるかもしれない。

　その一方，それでもやはり日本は，明治維新期にそうしたように，

現代の人権問題においても脱亜入欧を進め，先進資本主義国の中で確固たる地位を占めるよう努めるべきではないか，という意見を持つ人々も少なくないと思われる。というよりもむしろ，こちらの意見を持つ人々の方がよほど多いのではないであろうか。これまで本書では，それぞれのテーマについて対立する2つの見解を取り上げ，これらをできるだけ均等に取り扱うように努めてきた。しかし，全体のまとめとなるこの最後の章では，主に後者の見解を敷衍してみることとしたい。すなわち，日本は欧米由来の人権理念を完全に受容し，法によって人権デュー・ディリジェンスを企業に義務付け，サプライチェーンから強制労働や児童労働を排除するとともに，外国人技能実習制度を廃止するのが妥当である，という方向で論を進めてみたい。次節では，その理由を示すために，まず第3章で見たアニマルウェルフェアと，第4章で取り上げた脱炭素について，もう一度振り返っておくこととする。というのは，これらの理念も欧米起源であるが，これらは人権に比べて遥かに歴史の浅い理念であり，そうであるがゆえに，これらを分析することを通じて欧米の理念戦略の性格をより容易に理解することができると考えられるからである。

第2節　アニマルウェルフェア，脱炭素，理念帝国主義

（1）アニマルウェルフェアをめぐる贈収賄事件

アニマルウェルフェアという語を日本のテレビや新聞で目にする機会はあまり多くない。しかし，一度だけ例外的なブームの時期があった。2020年12月，突如この語が新聞の一面に登場し，一時的に世間の耳目を集めたのである。

第3章で触れたように，イギリスで生まれEU（欧州連合）で

採用されたアニマルウェルフェアの理念は，今やOIE（国際獣疫事務局）を通じて世界中に浸透しつつある。しかし，OIEが採卵鶏のアニマルウェルフェア基準を導入しようとしたとき，日本の農林水産省はOIEが提示した案に強く反対した。すなわち，OIEが鶏を飼養するケージに止まり木や巣箱等の設置を義務付ける国際基準案を提示したところ，農水省はこれをやめさせようとしたのである。なぜ，先進国を自認する日本が，鶏を倫理的に取り扱おうとする世界的潮流に頑なに抗おうとするのであろうか。訝しく思っていたのは私だけではない。ところが，この疑問は全く思いもよらなかった事件報道によって氷解することとなった。

　2020年12月，吉川貴盛衆議院議員が，農林水産大臣在任中の2018年10月から2019年9月までの間に，鶏卵生産大手アキタフーズの秋田元代表から計500万円の現金を受領したとの疑惑が報道された。秋田元代表は当時，業界団体の幹部を務めていたのだが，この元代表はOIEが提示したアニマルウェルフェア基準案に反対するように農水省側に要請していたというのである。つまり，養鶏業界の幹部が農水大臣に現金を渡してアニマルウェルフェアの国際基準の一部を葬り去ろうとした，というわけである。秋田元代表は検察の聴取に対して現金の提供を認め，吉川貴盛氏は報道の直後，衆議院議員を辞職した。そして東京地検特捜部は2021年1月15日，元代表を贈賄罪で，元農相を収賄罪で在宅起訴した。

　なるほどそういうことだったのか，と私は思った。しかし，よくよく考えてみれば，農水省がOIE基準案に反対したのは農水大臣が秋田元代表から現金をもらったからだ，と単純に決めつけることはできないようにも思われる。報道によれば，農水省ではOIE案に対して「反対意見を出す方向性は最初から決まっていた」のであった（『朝日新聞』2021年1月16日）。そしてこのことは，この事件を受けて農水省が設置した「養鶏・鶏卵行政に関する検

証委員会」の報告書でも確認されている。むしろ，ここで興味深いのは，OIE のアニマルウェルフェア基準案に対して示された，農水省，鶏卵業者，および政治家の反応である。というのは，そこには欧州起源の倫理的理念に対する日本の対応が典型的ともいえるような形で現れているからである。そこでまず，養鶏・鶏卵行政に関する検証委員会が提出した「報告書（令和 3 年 6 月 3 日付）」と，これに付された別冊資料に基づいて事件のあらましを改めて確認しておこう。

　2018 年 10 月，農林水産省は OIE 基準の 2 次案を入手した。1 次案とは異なり，2 次案では「止まり木等の設置を必須事項とする内容となっていた」（農林水産省 2021a，14 頁）。しかし，「今これが国際基準になってしまうと日本で 9 割以上を占めているケージ飼いの方法が困難となり，ひいては卵の価格が高騰する可能性もあった」ことから，農水省内では「我が国として反対意見を出すべきという方針を固め」た（同上 14-15 頁）。

　第 3 章で見たように，日本で 9 割以上を占めるケージは，バタリーケージあるいは従来型ケージと呼ばれる一種の鳥籠であるが，ペット用の鳥籠にはほぼ必ず止まり木が設置されているのに対して，採卵鶏用の従来型ケージには止まり木はなく，鶏が翼を広げられるようなスペースもない。EU（欧州連合）は，この従来型ケージがアニマルウェルフェアの理念に反しているとして，ケージに止まり木や巣箱を設置することを義務付けた。OIE 案は，この EU 基準を国際基準として取り入れようとしたものであったが，これが通ってしまうと日本の業者はケージを新しいものと入れ換えなければならなくなる。それは回避したいということで，農水省は OIE 案に反対する方針を固めたわけである。

　2018 年 11 月，鶏卵生産大手の秋田元代表から吉川農林水産大臣（当時）に「要望書」（平成 30 年 11 月 12 日付）が手渡された。

この要望書は，「国内の95％以上の『従来型ケージ飼養』をしている採卵養鶏場での『巣箱や止まり木』の設置は現実的には不可能」であり，「わが国に適した『アニマルウェルフェア基準』が検討されるべき」であると訴えるものであった（農林水産省2021b, 3-4頁）。また，この要望書に付された別紙は，巣箱や止まり木の設置を求める考え方は「科学的に検証された結論ではなくむしろ印象評価です」と断定する一方で，「産卵率や生存率が科学的な根拠に基づいた指標であ」ると主張しており，巣箱や止まり木の必要性を全面的に否定する内容となっていた（同上，5頁）。さらに，同年12月，秋田元代表等から吉川農林水産大臣（当時）に「要望書（2）」（平成30年12月14日付）が手交された。そこでは，「新OIE基準案では，『止まり木』や『巣箱』の設置が義務化されていますが，義務化については反対していただきたい」と述べられているとともに，最後に「尚，」として，「インド，中国，フィリピン，パキスタンやその他の国々も今回の修正2次案には反対で，『現在のケージ飼養』をグローバル基準とするよう主張していることを申し添えます」と記されていた（同上，29頁）。

2019年1月，農林水産省はOIE基準の2次案に対する対応を決定した。同省の「OIEにおける採卵鶏のアニマルウェルフェア指針（案）に対する我が国の対応について」（平成31年1月付）には，「『巣』や『止まり木』の設置が必須とならず，多様な飼養管理方法が可能な柔軟な指針となるようOIEに主張していく」と記されている（同上，33頁）。実際にも農水省はこの方針に則ってコメントを作成し，OIEに提出した。その後，同年10月に農水省が入手したOIE基準の3次案では，巣箱や止まり木の設置は必須事項ではなくなっていた。

その後の報道によれば，秋田元代表が吉川元大臣に要望書を手渡した9日後の2018年11月21日，「大臣就任お祝いの会」が開

催されたが，その際秋田元代表は「トイレに立った吉川元農水相を追いかけ，『お祝いです』と言って 200 万円入りの封筒を上着のポケットにねじ込んだ」（『朝日新聞』2021 年 6 月 29 日）のであった。秋田元代表は裁判で贈賄を認め，有罪が確定している。

　以上が採卵鶏のアニマルウェルフェア基準をめぐる関係者の対応のあらましである。元代表が賄賂によって巣箱や止まり木の設置を回避しようとしたのは明らかであるが，農水省では元代表から要望書を受け取る以前から従来型ケージを維持する方針を固めていたとすれば，両者の間に何らかの共通認識が存在していたとしても，同省が賄賂によって政策判断を変更したとまではいえないと思われる。報道によれば，農水省内では「『わざわざカネを出して要請する必要はなかった』との見方が強」く，贈賄までした「秋田氏の真意は『謎』だと受け止められている」（『朝日新聞』2021 年 1 月 18 日）。しかし同じ新聞報道は，業界関係者の話として，OIE 基準案を知り「『大変なことになる』といち早く問題意識を持ったのが秋田氏だった」こと，また同氏が 2019 年 7 月にアニマルウェルフェア対応型の養鶏場を作っていたことを紹介している（同上，2021 年 1 月 17 日）。おそらく秋田元代表は，日本の鶏卵業界を代表する人物として，アニマルウェルフェアに関する世界の潮流を他の誰よりも強く実感することができていた。そしてそうであったからこそ，欧州発の潮流に必死の抵抗を試みつつも，他方では，その流れに掉さすべくアニマルウェルフェア農場を新設したのであろう。いずれにしても，日本社会は欧州で生まれたアニマルウェルフェアの理念に適切に対応することができず，農林水産大臣を巻き込む贈収賄事件を引き起こしてしまった。農林水産省や政治家は，アニマルウェルフェアに対して異なる対応はできなかったのであろうか。

（2）アニマルウェルフェアへの政権政党の対応

　事件が起こる前年の 2017 年 10 月に衆議院議員総選挙が行わ
れたが，この時の政権党であり，この選挙で大勝利を収めた自由
民主党と公明党の選挙公約を見ると，アニマルウェルフェアとい
う語は出てこない。「小動物の動物看護士」という語が出ているが，
畜産動物のアニマルウェルフェアとは無関係の政策である。2019
年の参議院選挙においても公明党は「愛玩動物看護士」制度に言
及し，犬猫の殺処分ゼロ等についても比較的詳しく触れている。
しかし，やはり畜産動物への言及はない。自民党の選挙公約には「愛
護動物の虐待をなくし，不適切な動物取扱業者への対応を強化し
ます」という一文があるだけである。政権政党の関心がこのよう
なものであるとすれば，農林水産省の中で採卵鶏のアニマルウェ
ルフェアを推進しようとする動機が働かないのも無理はない。も
ともと動物愛護法は環境省の所管であり，農水省の役目は食料の
安定供給の確保であるから，農水省が動物の健康に関心を向ける
とすれば，優先されるのは食料の生産と消費に甚大な悪影響を及
ぼす鳥インフルエンザ，口蹄疫，豚コレラ，BSE などの感染症対
策であろう。利他的で慈善事業的な色彩を持つアニマルウェルフェ
アが後回しにされるのは自然な成り行きであったともいえる。と
はいえ，もしも市民の間でこの問題への関心が強かったなら，政
治家も農水省ももう少し異なった対応をとっていたはずである。
しかし，アニマルウェルフェアは，そのカタカナ表記に示されて
いるように，外来の理念であり，『広辞苑』第 7 版（2018 年）にも
採用されていないほど普及度が低い。しかもこの理念は，第 3 章で
見たように，日本の伝統思想とは接続しにくい性格を持っている。
　アニマルウェルフェアは科学であるといわれている。実際，EU
のアニマルウェルフェア政策は動物科学者らの研究成果に基づい

て立案されているのであるから科学には違いない。しかし，秋田
元代表らの「要望書」で述べられているように，巣箱や止まり木
等の設置を求める考え方は「科学的に検証された結論ではなくむ
しろ印象評価です」という判断が当てはまる側面もある。第3章
で見たように，巣箱や止まり木の設置の必要性は，アニマルウェ
ルフェアの理念が明文化されている「5つの自由」のうちの「正
常行動発現の自由」から出て来るものであるが，「5つの自由」の
考案者であるウェブスターは「正常行動発現の自由」をカント倫
理学の「自律性」の概念と，キリスト教神学を想起させる「テロ
ス」という語を用いて解説している。つまり，アニマルウェルフェ
アの科学の根底には倫理があるのであり，アニマルウェルフェア
は倫理的な理念としての側面を持っているのである。しかも，「5
つの自由」のうちの「正常行動発現の自由」は，日本の思想的伝
統にとって最も異質ともいえる倫理思想に基づいている。したがっ
て，巣箱や止まり木等の設置の必要性に対して，一般の消費者な
いし市民の多くがこの必要性を感じていないとしても不思議なこ
とではないのである。

　しかしながら，幸か不幸かアニマルウェルフェアをめぐる贈収
賄事件が起こり，この理念の知名度は飛躍的に高まった。公明党は，
2021年10月の衆議院議員総選挙の「衆院選政策集」で次のよう
に述べている。

　　畜産動物管理の在り方について，快適でストレスの少ない環
　境で飼養する取り組みであるアニマルウェルフェアに関して，
　最新の科学的知見や国際的動向，国内の畜産農家等の状況も踏
　まえながら，その普及に努めることにより疾病等の減少や安全
　な畜産物の生産につなげるよう，科学的・戦略的に進めます。

　この公明党のアニマルウェルフェア政策は，養鶏・鶏卵行政に関する検証委員会の次のような提言とも符合している。

　　今後の我が国におけるアニマルウェルフェアの推進に当たっては，最新の科学的知見，国際的動向，流通・食品加工・外食・小売事業者の動向等の様々な要素も考慮した上で，より科学的・戦略的に対応していくべき。（農林水産省 2021a，64 頁）

　このように，日本の政党関係者も，欧州から押し寄せるアニマルウェルフェアの波を無視し得なくなり，ようやく何らかの対応をとる方向へと動き始めたようである。その際，上記の両文書では「科学的・戦略的」という語がキーワードとして使用されているが，「科学的」と「戦略的」のどちらに力点を置くかによって，対応の方向性が異なってくるように思われる。今後考えられる幾つかの対応のうち，両極端な 2 つの方向性を簡単に示してみたい。

　まず，「科学的」よりも「戦略的」の方を重視するとすれば，次のような理想的なシナリオが考えられる。すなわち，アニマルウェルフェアの理念が世界に浸透し世界を支配するようになることを見越して，畜産農家を経済的に支援しつつ一刻も早く EU と同等なアニマルウェルフェア法を制定する，というのがそれである。もしこうしたことが実現するならば，日本はかつて「芸娼妓解放令」が布告された時のような反応を欧米先進国から受けることになるであろう。鶏卵業界からの「要望書 (2)」では，日本はインド，中国，フィリピン，パキスタンの列に連なるべきことが示唆されていたが，そうではなく，倫理と生産設備の水準において欧米先進国の列に加わることになるであろう。このことは，日本の国際的評判を高めることになり，長い目で見れば経済的にもプラスになるはずである。

　一方,「科学的」の方を重視するとすれば, ケージへの巣箱や止まり木の設置を科学的な証明が十分でないとして否定し続けることは可能であろう。また, 日本の高温多湿な気候や平地の狭さ, 生卵を食べる食習慣などを強調し, これによって従来型ケージの必要性を「科学的に」立証することも可能であろう。すでに見たように, アニマルウェルフェアは科学であると同時に倫理的な理念でもある。倫理的な側面に理解が及ばないのであれば, アニマルウェルフェア政策が欧米のような形で進むことはないであろう。実際これは, 捕鯨問題の先例があるだけに, かなりありそうなシナリオである。

　捕鯨問題において, 欧米人は反捕鯨の理念を作り出し, この理念を世界に広げ, ついには IWC（国際捕鯨委員会）を通じて商業捕鯨を禁止することに成功した。これに対して日本は IWC を脱退し, 商業捕鯨も再開し, 国際的非難を浴びながらも鯨肉を食べ続けている。上場企業に対しては欧米の投資家からの圧力があるため, 大手スーパーの中には鯨肉の取り扱いを控えるところもある。このため鯨肉消費の飛躍的な拡大は見込めない。しかし, それでも欧米からの批判の声に耳を塞ぎ, 伝統的な食習慣に従って鯨肉は食べ続けられている。鶏卵も国内自給率が 97％（2020 年度, 重量ベース）と高いのであるから, これについても国際基準を無視して自給自足体制を続けることが可能である。仮に OIE 基準が強化されたとしても, 鶏卵の輸出を断念し, ESG 投資等の力が及ばないエリアに後退して, 従来型ケージ飼養を防衛し続けることはできるであろう。欧米からの道徳的な批判は強まるであろうが, 捕鯨においてと同様に英語で発信される情報を遮断し, 日本語世界の中に立て籠もってしまえばそれほど気になることもないであろう。幸いインド, 中国, フィリピン, パキスタンは今のところ従来型ケージの維持を主張しているということであるから, 当面

は日本もこれらの国々と一緒になって欧州のアニマルウェルフェア主義に抵抗し続けることができる。アニマルウェルフェアはイギリスの歴史と風土の中から出てきた欧州的な理念であり，これを全世界に押し付けるというのは一種の帝国主義であるともいえる。アジアはイギリスとは全く異なる歴史と風土を持っているのであるから，欧米人がどれほど倫理的な攻撃を仕掛けてこようとアジア的な食料生産を続ければよいという議論は成り立つはずである。

　しかしながら，このように欧米発の倫理的理念に背を向けていられるのは，日本の鶏卵業者が欧米の消費者の声に耳を傾けなくても企業活動を続けられるからである。仮に鶏卵が欧米市場への重要な輸出品であったとすれば，日本の鶏卵業者も輸出向け養鶏場でのバタリーケージ使用をとっくの昔に止めていたであろう。しかし，日本からの鶏卵の輸出先は，ほとんどがアジアである。2020年9月に「鶏卵輸出が倍増」したとのニュースが大きく報道されたが，それは「輸出量の97％以上を占める香港の伸びが大きい」というものであり，日本の鶏卵が欧米市場で評価されたわけではない（『日本経済新聞』2020年9月12日）。日本の業者は，欧米のアニマルウェルフェア主義から免れた経済圏で生き延びることができるわけである。

（3）脱炭素への対応

　脱炭素の場合はアニマルウェルフェアのようにはいかない。第4章で見たように，脱炭素も欧米で生まれ，欧米で育まれた理念である。日本は原発事故が発生する直前までの一時期を除き，脱炭素に対して消極的な姿勢を取り続けてきた。しかし，2019年にEUが「欧州グリーンディール」を発表し，そこに「炭素国境調整メカニズム（CBAM）」が含まれていたことが分かると，日本

の経済界は大きな衝撃を受けた。炭素国境調整メカニズムは国境炭素税とも呼ばれ, 脱炭素対策が不十分な国からの製品に事実上, 関税を課すという措置である。もしこれが実行されるようなことになれば, 火力発電への依存度が高い日本にとっては打撃である。例えば石炭火力による電力を使用して生産された日本の機械製品に対してEUが事実上の関税を上乗せするということも, 将来的にはあり得ない話ではなくなる。経済的利益を守るために, 日本も国を挙げて脱炭素に取り組まなければならなくなったのである。

しかし, 国境炭素税は, 関税を撤廃し自由貿易を促進するというWTOの理念に反する疑いが残る措置である。EUが実際に国境炭素税を課し始めた場合, これをWTO協定違反として提訴する国が出てきてもおかしくはない。それにもかかわらずEUがこうした措置を打ち出してきたことは, 今や脱炭素が自由貿易に優先する普遍的な理念であることを意図的に示そうとしているものと受け取ることができる。

欧州は, 日本が不良債権処理や原発事故対応, デフレ対策等に追われている間も着々と気候変動対策を進めていた。欧州諸国はすでに1990年代から炭素税を導入し始め, 2005年にはEU域内での排出量取引も始めた。株式市場や債券市場ではESG投資が世界に先駆けて拡大し, 企業に気候変動対策を促す投資家の金融的圧力が高まっていた。いうまでもなく, 気候変動対策には巨額の資金が必要となることから, ESG投資信託やグリーンボンド等の金融商品の取引拡大は極めて重要である。このためEUは,「環境的に持続可能な経済活動（environmentally sustainable economic activities）」とは何かを定義し分類するタクソノミー（taxonomy）の策定を進め, 2020年に分類体系の大枠となるEUタクソノミー規則を導入した。このタクソノミーによって投資家は, サステイナブルな企業活動に投資しやすくなるとともに, うわべは環境に

配慮しているように見えて実際には内実を伴わない金融商品を排除することができるようになる。どれがサステイナブルであるのかをタクソノミーが示してくれるからである。また，金融の領域では中央銀行も例外ではなく，英国のイングランド銀行は世界で初めて脱炭素を金融政策の使命の1つとして追加し，これに欧州中央銀行（ECB）等が追随した。さらに欧州諸国は，石炭火力発電からの撤退を最も重要な気候変動対策の1つとして位置付ける一方，電気自動車へのシフトを明確に打ち出し，ガソリン車の新車販売禁止を期限を切って宣言した。そしてEU理事会は2022年12月，炭素国境調整メカニズムをまずは鉄鋼，アルミニウム，セメント，肥料，電力，水素等を対象として導入することで合意した。

　このように，欧州は1990年前後から着実に進めてきた気候変動対策を，今やタクソノミーや炭素国境調整メカニズムを用いて全世界に輸出しようとしている。19世紀に奴隷貿易廃止の理念がイギリスの帝国主義的支配を支えたように，現代の欧州は脱炭素の理念によって世界を主導し，世界を自分たちが定めた分類や基準や規制に合わせて変えようとしている。このような動きは，理念と経済力を利用して他国を支配する一種の帝国主義のようにも見える。

　しかし，輸出企業としては与えられた基準や規制に則って事業活動をしなければならない。トヨタはハイブリッド車によって自動車の環境対応をリードしてきたが，EUが2021年7月に発表した案は，ハイブリッド車を含むガソリン車の新車販売を2035年に事実上禁止するというものであった。これは，ハイブリッド車製造の技術で日本の自動車メーカーに太刀打ちできない欧州が，脱炭素の推進を利用して市場競争で優位に立とうとする戦略であると受け取ることもできる。トヨタは2021年5月に，ハイブリッド車を含めた「電動車」の世界販売台数を2030年に800万台，その

うち電気自動車と燃料電池車から成る「ゼロエミッション車」の販売を200万台にするという目標を発表していた。しかし，ハイブリッド車の排除を打ち出したEUの方針を受け，トヨタは同年12月2日，欧州で販売する新車を2035年までにすべてゼロエミッション車にすることに決め，さらに同年12月14日，2030年の電気自動車（EV）の販売目標を350万台に引き上げると発表した。EVシフトに懐疑的であったトヨタも，軌道修正を余儀なくされたわけである。また，翌2022年1月にはソニーのEV事業への参入が明らかにされ，同年3月にソニーとホンダがEV開発のための共同出資会社を設立することが発表された。日本を代表する巨大企業も，欧州から押し寄せる脱炭素の流れに抗しきれなくなり，むしろその流れに乗る決断を下さざるを得なかったのである。

　第4章で触れたように，1990年前後の日本では，気候変動問題は環境対策の中心には置かれていなかった。気候変動防止という理念は理解できるが，現実的な対応が必要なのは公害や廃棄物問題の方であると思われていた。しかし，日本が現実的な目先の問題の対応に終始している間に，欧州は気候変動防止の理念に基づいた様々な施策を実行していた。そして気付いた時には，脱炭素の理念は日本企業に迅速な軌道修正を迫るような「現実」になっていたばかりか，日本はカーボンプライシングでもエネルギー構成でも欧州諸国に大きく後れを取っていることが明らかになった。

　2020年10月，菅首相はカーボンニュートラル宣言を出し，脱炭素を成長戦略の1つに位置付けた。アニマルウェルフェアとは異なり，脱炭素においては政治が大きく動いたわけである。政府が脱炭素の方向に明確に舵を切ったとなれば，企業家も賄賂で目先の危機を回避するというような発想は持たないであろう。今後は脱炭素関連の市場で日本企業が競争力を発揮する場面も多く見られるようになるかもしれない。

　しかし，輸出企業が EV をはじめとする優れた脱炭素製品を開発することに成功したとしても，生産過程で使用される電力が化石燃料由来のものであれば，結局のところ，それらの製品は炭素フリーであるとは評価されない。欧州では特に石炭火力を廃止する動きが急速に進んでおり，フランス，イギリス，イタリア，ドイツは2030年までに石炭火力発電から撤退することになっている。これに対して2021年10月に閣議決定された日本の「第6次エネルギー基本計画」では，2030年の電源構成の見込みとして「石炭火力は19％程度」としている。こうした姿勢は先進国の中で特異なものである。原発事故を経験し，原発の新増設が容易でない状況では，やむを得ない対応であるとはいえ，世界市場での日本企業の利益を考慮すれば，石炭火力への依存は大きな不安要因である。

（4）理念による帝国主義

　脱炭素は今や，かつて奴隷貿易廃止の理念がそうであったように，国境を越え，歴史や文化の違いをも超越する普遍的理念になりつつある。中国が2021年9月の国連総会で石炭火力発電の輸出停止を表明したことは，脱炭素の理念の強力さを改めて示すことになった。欧州のみならずアメリカも脱炭素を重要課題として掲げている今，この理念に背を向け，石炭火力発電所の新増設を進めるのは危険ですらある。19世紀後半に奴隷制を維持しようとしたアフリカが欧州諸国によって植民地化されてしまったように，21世紀後半に石炭火力を維持する国は，欧州からの厳しい制裁を招き寄せることになるであろうと予料される。欧州は，新たな理念を考案し，それを輸出して世界に拡げ，それによって世界を支配する，理念の帝国主義的運用に長じている。脱炭素が倫理的に正しい理念であることは疑うべくもないが，この理念の実現を推

し進めるのは政治経済的利益であり，この事情は19世紀も21世紀も変わらないと考えるべきである。

　1997年に日本で採択された京都議定書は，先進国に対して国ごとの温室効果ガス削減目標を割り当てた一方，発展途上国に対しては削減義務を課さなかった。しかし，2015年にフランスで採択されたパリ協定は，各国が自国の削減目標を定めて国連に提出するという方式をとり，途上国に対してもその義務を課している。パリ協定は産業革命以降の気温上昇を1.5℃以下に抑えることを努力目標として掲げているが，いうまでもなく産業革命を始めたのは欧州であり，その恩恵を最も受けてきたのも欧米先進国である。そして，欧米先進国が地球を最も酷使している状況は21世紀の今も変わらない。2019年の1人当たり二酸化炭素排出量を見ると，北米が14.5トン，欧州が6.34トン，アジアが3.89トンであるのに対し，アフリカは0.971トンであるにすぎない（日本エネルギー経済研究所2022，248頁）。しかし，欧州はアフリカからも石炭火力発電所を取り除こうとしている。今後，欧州の意図通りに脱炭素が進めば，石炭だけでなく，あらゆる化石燃料による火力発電が失われることになり，それに代わって導入されるのは原子力や再生可能エネルギーによる発電ということになるであろう。その際，アフリカの豊かな自然は，欧州諸国にとって再生可能エネルギーの有力な供給源として現われる。すでに欧州諸国はアフリカでグリーン水素を製造する事業に乗り出している（『日本経済新聞』2021年9月25日）。太陽光や風力を用いて，水を電気分解して製造する水素は炭素フリーであり，グリーン水素と呼ばれる。アフリカは太陽光にも風力にも恵まれており，欧州にも近いことから，かつての宗主国によって新たに開発利用される可能性が高いと思われる。

　欧州人は，新しい倫理的理念を考案し，それを育て上げ，世界

に輸出し，国際社会で優位な位置に立つことに長けている。また，彼らはこの優位な位置から国際基準を作り出し，そこから経済的利益を引き出すことも得意である。アニマルウェルフェアも脱炭素も理念としては理解できるが，そこから作り出される欧州基準は日本にとって受け入れがたいものである。しかし，巣箱や止まり木の設置に対しては反対できても，EV 化の流れには乗らざるをえない。そして，同じことは人権についてもいえる。鶏のウェルフェアに対しては目を瞑ることができても，人権侵害や人道危機に対しては無反応でいることは許されない。2022 年 2 月 24 日に開始されたロシアによるウクライナへの軍事侵攻を受け，アメリカのエクソンモービル，フォード・モーター，アップル，ナイキ，ディズニー，イギリスの BP やシェルなどの有名企業は，いち早くロシアでの事業からの撤退や事業停止を発表した。日本の企業の対応が注目されたが，トヨタは 3 月 3 日にロシアでの生産とロシアへの輸出を停止すると発表し，ホンダも輸出停止を決定した。これに対してファーストリテイリングの柳井会長兼社長は，「衣服は生活の必需品。ロシアの人々も同様に生活する権利がある」と語り，ロシアでのユニクロの営業を続ける方針を示していた（『日本経済新聞』2022 年 3 月 7 日）。しかし，ウクライナの人道危機が深刻の度を増す中でユニクロに対する国際的な批判が高まり，ファーストリテイリングは一転してロシアでの事業の停止を決定せざるをえなくなった。柳井氏は「『安易に政治的立場に便乗することはビジネスの死を意味する。これが商人としての私の信念』と語っていた」が，実際のところは「柳井氏の信念が世界には通じなかった」のであった（『日本経済新聞』2022 年 3 月 12 日）。アメリカとイギリスから発信されるロシア非難の情報量は厖大で，ロシアの立場にも配慮を示す中国やインドのような姿勢は日本では影響力を持たなかった。激しいロシア非難の中で，「西側」と「東

側」という冷戦期の用語が復活し，日本は米英を中心とする「西側」陣営の中にいることが改めて確認された。このような状況において「政治的立場」の表明を回避し，深刻な人権侵害に目を瞑ることは，むしろ「ビジネスの死を意味する」ということが明らかになったのである。

　人権の領域では，アメリカとイギリスは国際社会の中で特別な地位を占めてきた。少なくとも，人権先進国としてのイメージ作りにおいて，米英両国に一日の長があることは否定しえないと思われる。2003 年にアメリカとイギリスがイラクに軍事侵攻したとき，日本では侵攻によるイラクでの人権状況に対してそれほど大きな関心は集まらなかった。むしろイラクのフセイン政権による自国民への人権侵害が憂慮されていた。一方，2022 年のロシアによるウクライナへの軍事侵攻の際には，米英によるロシア非難は極めて迅速で激しいものであった。国連はロシアの国連人権理事会理事国としての資格を停止し，さらに同人権理事会はウクライナにおける人権状況の悪化を惹起したとしてロシアを非難する決議を採択した。日本の国会も「ロシアによるウクライナ侵略を非難する決議案」を可決するとともに，欧米による前例のない徹底した経済制裁に日本も「西側」陣営の一員として参加した。しかし，もし仮に，日本がウクライナでの人道危機に目を瞑り，ロシアとの取引で経済的利益を上げるようなことをしていたとすれば，欧米を中心とする国際社会での日本の評判は著しく低下していたことであろう。日本は先進国にふさわしいモラルを欠いた国として見下されることになっていたにちがいない。そしてもし日本が道徳的に劣後した存在と見なされるようなことにでもなれば，欧米諸国の道徳的優越性は相対的に高まり，日本に対する干渉が正義の行為となる。人権侵害に関与したと見なされた日本企業は不買運動やダイベストメント（divestment）の対象となり，さらに

は欧米諸国による制裁の標的とされることになるであろう。こうしたことは，日本の企業にとって，何としても避けなければならない事態である。

　すでに見たように，新疆ウイグル自治区での強制労働や「ジェノサイド」については，日本の国会は「深刻な人権状況の全容を把握するため，事実関係に関する情報収集を行う」としており，アメリカやイギリスのような明確な非難はしていない。日本は国内に外国人技能実習制度という強制労働問題を抱えているのであるから，これを棚に上げて，他国の強制労働問題を非難するのは偽善であるという事情もあるであろう。しかし，それにもかかわらず，あるいはむしろそうであるからこそ，日本は欧米先進国と同様の水準で，他国の人権侵害を非難した方が，結局はよい結果をもたらすのではないかと思われる。というのは，日本が他国を批判すれば逆に日本は他国からの批判を受けることになるが，長い目で見れば，批判の応酬は両国の人権状況を改善する方向に作用するであろうからである。

　前節で見たように，イギリスを奴隷貿易廃止へと導いた要因の1つは，アメリカ独立宣言をめぐるイギリスとアメリカの批判の応酬であった。また，東西冷戦期にアメリカは市民の政治的自由が抑圧されていることについてソ連を批判し，ソ連はアメリカの人種差別を批判したが，この批判の応酬は両国の人権状況の改善に帰結した（筒井 2022, 84-89 頁）。すなわち，アメリカでの黒人による公民権運動が 1964 年の公民権法制定という成果をもたらしたこと，1975 年にヘルシンキ合意が成立し東欧で民主化が進展したこと，これらの背景には米ソ間での批判の応酬があり，これが東西両陣営での人権状況改善の一因になったのである（同上）。一般に，他者を批判すれば，その批判は自分自身に跳ね返ってくる。日本が他国で行われている強制労働を強く批判するならば，他国

は日本の外国人技能実習制度やブラック企業の問題を取り上げて批判するであろう。仮に他国がそのような批判をしなかったとしても，日本国内からそのような批判が出て来るであろう。すでに見たように，かつてイギリスが植民地での黒人奴隷制を廃止しようとしていたとき，国内からは自国の工場で奴隷のように酷使されている白人児童はどうなのかという批判の声が上がった。植民地での黒人の取り扱いを改善するのなら，イギリス国内の児童の境遇も改善すべきであるというわけである。実際，その後イギリスでは児童労働が禁止され，フランスなどの欧州諸国もこれに続いた。日本も遅まきながらこれに続いたのは第2章で見たとおりである。そしてこの児童労働をはじめとした強制労働禁止の流れは今もなお続いている。他者に対する正当な批判は，自己に対する正当な批判を招来し，結局は自己の向上に帰結するというわけである。

　欧米諸国が掲げる人権や脱炭素といった理念は，その背後に彼らの帝国主義的な動機が垣間見えるとはいえ，それ自体は倫理的に正しい理念であるといわなければならない。アニマルウェルフェアも，動物にとってはよりましな生活環境が得られて満足度が多少なりとも向上するのであるから，この理念を倫理学的に否定するのは困難である。ある理念が自国の文化や伝統と異なるところから出てきたものだとしても，それが高い倫理性と普遍性を持ち，実際に世界に広がりつつあるのならば，その理念に従って社会の諸制度を変えていくのは妥当なことであると思われる。そして，そうすることが欧米諸国による帝国主義的な干渉から逃れる方途でもある。我が国は欧米由来の理念を受容しつつ，日本発の理念も掲げることによって，世界の中での道徳的地位を高めるよう努めるべきである。

第 3 節　日本発の普遍的な倫理的理念

（1）人種差別撤廃提案

　本章では，イギリスをはじめとする欧米諸国が普遍的理念を掲げ，それによって政治経済的利益を得てきた様子を振り返った。欧米人は新たな理想や理念を打ち出し，それを世界に向けて発信することに長けている。その一方，長期間にわたって鎖国をしていた日本は，理念で世界を主導するようなことは不得手であるように見える。しかし，かつては日本も国際社会の原則となるべき理念を提出し，世界から注目されたことがあった。本節では最後に，日本が今後も発信し続けていくべき日本発の理念について考えてみたい。

　2019 年 10 月 4 日，第 200 回国会の所信表明演説で安倍晋三内閣総理大臣は次のように述べた。

　「提案の進展を，全米 1200 万の有色の人々が注目している」
　100 年前，米国のアフロ・アメリカン紙は，パリ講和会議における日本の提案について，こう記しました。
　1000 万人もの戦死者を出した悲惨な戦争を経て，どういう世界を創っていくのか。新しい時代に向けた理想，未来を見据えた新しい原則として，日本は「人種平等」を掲げました。

　1919 年，第一次世界大戦で戦勝国となった日本は，イギリス，アメリカ，フランス，イタリアと並ぶ五大国の 1 つとしてパリ講和会議に参加した。その際，日本は国際連盟規約の審議の場で「人種差別撤廃提案」を行った。すなわち，国際連盟創設にあたって，

その規約の中に「人種平等」の原則に関わる文章を入れるよう提案したのであった。この提案の背景には，当時，日本人がアメリカで差別待遇を受けていたという事情があった。とはいえ「人種平等」の理念は普遍的なものである。そして，そうであるからこそ「全米 1200 万の有色の人々」が注目したのであった。特に，とりわけ厳しい人種差別を受けていたアメリカの黒人社会は日本のこの提案に期待した。日本でもこの提案への期待が高まっていた。このとき，もしこの提案が採択されていたとしたら，日本は人種平等あるいは人種差別撤廃の理念の主導者として国際社会で道徳的な優位性を獲得できていたかもしれない。それは日本人に国民的矜持をもたらしてくれていたことであろう。実際には，その結末は日本にとって残念なものであった。国際連盟自体も不幸な経過をたどった末に消滅した。それでも，極めて重要な国際会議の場で人種差別撤廃の理念を初めて掲げたという歴史的事実は消えることはない。そして，日本がこの歴史的資産を活用して世界を主導し，それによって政治経済的利益を享受するということも考えられないことではない。しかし，それについて語る前に，まず人種差別撤廃提案の背景を振り返っておこう。

　本章第 1 節で触れたように，奴隷貿易が廃止された南北のアメリカでは黒人奴隷に代わる労働力が必要とされていた。19 世紀中葉以降のアメリカのカリフォルニア州では，苦力と呼ばれた中国からの移民労働者がこの労働力需要に応えるようになっていた。彼らは金の採掘や鉄道建設等で経済が活況を呈していた時期は重宝されていたが，それが一段落すると，今度は排斥の対象とされるようになった。彼らは白人労働者の雇用を圧迫し労働条件を引き下げる邪魔者と見なされるようになったのである。カリフォルニアでは中国人排斥は暴力事件へと進展し，「1855 年中に 538 人のインディアン，メキシコ人，中国人が白人によって殺されたが，

その大部分は中国人であった」（若槻 1972, 16 頁）。1858 年，カリフォルニア州議会は中国人の移民を禁止する州法を成立させた。この州法は最高裁判所で却下されたものの，その後も中国人排斥運動は続き，1882 年には連邦議会で中国人排斥法が通過するに至る。アメリカは中国人労働者の入国を禁止したのである。

　中国人が法による制度的人種差別の対象とされたということになれば，同じ黄色人種である日本人が同様の待遇を受けることになるのは必至であろう。実際，1897 にアメリカ西部の労働組合の連合体の会合で日本人労働者の移民に反対する決議が成立していた（渋沢 1970, 151 頁）。1906 年にはサンフランシスコで，日本人学童を公立学校から排除する動きが現れた。すなわち，カリフォルニア州では「学務局は悪習もしくは伝染病を有するもの，またインディアン，中国人，蒙古人のために隔離学校を設ける権限」（若槻 1972, 66 頁）を持っていたのであるが，サンフランシスコの学務局は日本人学童をこの隔離学校に転校させる決定をしたのであった。日本政府はこの人種差別についてアメリカ側に抗議する一方で，日本からの移民を制限することに同意した。セオドア・ルーズベルト大統領の尽力もあり，日本人学童差別待遇は取り下げられるが，その後もカリフォルニアでの排日運動は続き，1913 年に排日を目的とする人種差別的な土地法案が州議会を通過するに至る。これは，日本人による農用地の所有を禁じ賃借も制限する内容を含むもので，日本からの抗議やウイルソン大統領の介入にもかかわらず，カリフォルニア州知事の署名を得て発効した。これによる日本側の失望は非常に大きなものであったといわれる（渋沢 1970, 249 頁）。

　そうして，1919 年，日本はパリ講和会議の場で「人種差別撤廃提案」を行った。日本の首席全権は西園寺公望, 副全権は牧野伸顕, 内閣総理大臣は「平民宰相」として名高い原敬であった。安倍首

相が演説で述べたように，この提案に対しては日本人のみならずアメリカで暮らす黒人も大いに期待した。しかし，最後の採決の際，フランスやイタリアは賛成したものの，イギリスとアメリカが反対したため，結局日本の提案は否決されてしまった。イギリスとアメリカは奴隷貿易廃止については世界の主導者であったが，人種差別撤廃に対してはその妨害者として振舞ったのである。

　その後もアメリカにおける日本人移民差別はエスカレートしていった。1920 年にカリフォルニア州では排日をさらに強化する土地法の改正が成立した。これに刺激されて同趣旨の土地法がアメリカの他の諸州でも制定されていった（若槻 1972，169 頁）。そして 1924 年，ついにアメリカ連邦議会の本会議で「排日移民法」と呼ばれる法案が審議されることとなる。この法案を，日本の識者たちは，日本人に対して劣等民族の烙印を押すものとして受け取った。

（2）渋沢栄一の尽力と原敬の正義

　このような状況を深く憂慮し，日本の民間人の立場から排日法案回避のために尽力したのが日本資本主義の父，渋沢栄一であった。渋沢は経済界の代表として日本を訪れる国賓を歓迎したり，海外を訪れて国際交流を深めたりする立場にあった。1902 年に初めてアメリカ旅行をした際，彼はセオドア・ルーズベルト大統領に謁見したのをはじめとして各地で要人と面会し，「誠に愉快なる旅行を了って帰朝した」（渋沢 2008，231 頁）のであったが，1 つだけ気懸りなことがあった。それは，サンフランシスコの公園のプールで「日本人泳ぐべからず」と書かれた掛札を見たことであった（同上 229 頁）。このとき渋沢は，サンフランシスコにいた日本領事に次のように語った。

　こういうことが段々増長して行くと，終には両国の間に如何なる憂うべきことが生ずるかも知れぬ。さなきだに東西洋の人種間には，種族の関係，宗教の関係というものは，かくのごとく親しんでおるとも，いまだ全く融和したとは言えないように思うのに，そういうことが現れたのは，真に憂うべきことである。（同上，230 頁）

　その後，サンフランシスコでの日本人移民差別は実際に憂うべき方向へと増悪し，上で見たように，カリフォルニア州議会に日本人差別的な土地法案が上程されることになる。これを受けて，日本では東京商業会議所などによって「日米同志会」が設立され，渋沢が会長に就任した。彼はそれを「条理を尽くして米国人を説得し，両国の親善をはかろうとする」会と位置づけ，情勢改善のために米国の有力な知人たちに働きかけるなどした（渋沢 1970，247-248 頁）。1915 年にはサンフランシスコで万国博覧会が開催されるのに合わせ，日米親善を目的にアメリカに渡った。渋沢は，サンフランシスコ商業会議所が開催した会合で「日本としては在米同胞がヨーロッパ人と違う差別的な待遇をうけるということは，どうしても堪えることができない」などと日本側としての意見を述べた（同上，300 頁）。カリフォルニア州で土地法の改正が日程に上っていた 1920 年には「日米関係委員協議会」が，翌年には「日米有志協議会」が，それぞれ米国の有力者を招いて東京で開催された。渋沢は，両会議で座長を務め，アメリカ側の率直な意見を求めた。アメリカの参加者たちからは「多くの村や町で日本人は一部に密集して住んでいて米人と交際しようとしない」（同上，333 頁）とか，「日本にも人種差別があるではないか，日本も中国人の入国を制限し，彼らに土地の所有権や借地権を与えていないではないか」（同上，344 頁）といったような発言があり，これに

対して日本側が反論するなど，会議を通じて日米間の相互理解は深まったといわれる。しかし，こうした渋沢の尽力にもかかわらず，1924年4月，「排日移民法」は連邦議会の上下両院を通過してしまう。日本人は移民としてアメリカに入国することを認められなくなったのである。このニュースを聞いた直後，渋沢は講演の中で次のように述べた。

　　私は下院は通過するとも上院は通るまいと思っていた。しかるに上院までも大多数で通過したということを聞いたときには，七十年前にアメリカ排斥をしたが，当時の考えを思い続けていたほうがよかったか，というような考えを起こさざるをえないのであります。（同上，418頁）

　渋沢は若かりし頃，外国人を排斥し追い払おうとする攘夷思想に深く傾倒した。「外国人と見たら，片ッ端から斬り殺してしまうという戦略」（渋沢1984，36頁）を立て，同志とともに武器を買い集めて横浜の外国人居住区を焼き討ちしようとしたのであった。幸い，友人に引き留められて決行を思いとどまり，その後は欧州旅行を通じて考えを大きく変えることになった。しかしながら，「排日移民法」の通過を聞いた今，かつての攘夷思想を捨てない方がよかったと思った，というのである。フランスの経済思想に学び，日本の資本主義化を導いた合理的な経済人ですらこのような考えを持たざるをえなかったのであるから，一般の愛国者がアメリカ憎しの感情に走るのは避けられなかったであろう。多くの日本人の心の底にアメリカに対する敵愾心が形成されることとなった。そして結局この敵愾心は，第二次世界大戦の終結まで続いたのである。

　第二次大戦後の日本は，国際社会において，第一次大戦後の時

とは逆の立場に置かれた。日本が国際連合へ加盟したのは 1956 年 12 月のことであり，戦後の国際社会を理念の面で主導できる立場にはなかった。1965 年 12 月に国連総会で「あらゆる形態の人種差別の撤廃に関する国際条約」が採択されたが，これは日本のイニシアティブによって実現したものではない。日本がこの条約に加入したのは 1995 年のことである。第二次世界大戦中，ドイツ，イタリアと並ぶ「ファシスト勢力」（筒井 2022，58 頁）と位置付けられた日本が，人権の領域で世界をリードするのは困難であったといわなければならない。

　とはいえ，100 年以上も前に日本が「人種差別撤廃提案」を初めて提出したという事実は消えることはない。この歴史的資産を活用し，今後，人種差別の実質的な撤廃の領域で，日本が主導的な役割を果たすことは全く不可能というわけではないと思われる。イギリスの外交文書によれば，人種差別撤廃案は原敬首相によって示唆されたものであるという（池井 1963，47 頁）。原首相は，アメリカ大統領ウイルソンが発表した十四カ条の平和原則に触発されて，同じように高い理想を放つ人種差別撤廃案を提出したものと思われる。しかし，原首相はこの提案が国際連盟規約の中に容易に取り入れられるとは思っていなかったようである。彼は日記に「此事元来成功するや否や覚束なき事柄なれば」（原 1965，77 頁）「体面を保つ事を得ば可なり」（同上，81 頁）と記している。国際会議の場で正当な理念を訴えること自体に意義を見出していたのであろう。そしてその効果は実際にあったと思われる。

　パリ講和会議では当時同盟国であったイギリスもこの案の反対に回ったが，その背景には白豪主義を掲げるオーストラリアの姿勢があった。すなわち，講和会議に参加していたオーストラリアのヒューズ首相が極めて強硬に人種差別撤廃案に反対し，イギリスの判断に影響を与えたのである（池井 1963，53-54 頁）。日本案

の否決に関するこの顛末ついては，オーストラリアもその後の日本の反応を気にしていたようで，原首相は，オーストラリアの新聞記者が来訪し人種差別撤廃提案が話題になった時の様子を次のように日記に記している。

　彼は豪州が此問題に反対なりしに因り日本輿論の様子を尋ぬるに付余は豪州に於ても此正義に反対あるべき筈なし，何か誤解に出たるならんとの趣旨を述べ要するに移民にても陸続送付するものと誤解せしならん，誠に謂れなき事なりとの意味を諷示したり。彼地にては有力なる新聞の由なるが豪州政府は我提案に反対したるに因り我意向を探りに来りたるにても之あらん。（原 1965，98 頁）

　ここで原首相は，オーストラリアの記者に対して，オーストラリアにおいても人種差別撤廃提案の「正義に反対あるべき筈なし」と言い切っている。原首相にとって，人種差別撤廃提案は移民に関する実利の問題というよりもむしろ，正義の問題であった。そして，正しい理念を掲げたことによって，ここで原首相はオーストラリア人に対して道徳的優位に立つことができた。世界に向けて人種差別撤廃の理念を発信したことによって，彼は目の前にいる白人よりも倫理的かつ心理的に優越する地位を得ていたのである。正しい倫理的理念の力は強力である。日本案を葬り去ったことで勝利感を味わっていたオーストラリア人も，内心では多少の道徳的引け目を感じていたに違いない。

　結局，オーストラリアは白豪主義を捨て去ることになった。

（3）倫理的理念を掲げることの意義

2020 年に新型コロナウイルス感染症のパンデミックが始まった

とき，アメリカのトランプ大統領はこのウイルスを「中国ウイルス Chinese virus」と呼び，中国を非難した。アメリカでは，大統領のこうした姿勢も背景となり，アジア系市民に対する人種差別が拡大した。アメリカの主要 8 都市でのアジア系への憎悪犯罪が，2021 年には前年比で 4 倍以上に増加した（『日本経済新聞』2022 年 2 月 11 日）。被害者の中には，もちろん日系人も含まれていた。かつての中国人排斥と日本人排斥が蘇ったかのようであった。

　そうしたなか，2021 年 4 月，日本の菅義偉内閣総理大臣はアメリカを訪問し，バイデン大統領との会談に臨んだ。会談後に出された日米首脳共同声明には，「日米両国は，香港及び新疆ウイグル自治区における人権状況への深刻な懸念を共有する」という一文が挿入されていたが，米国でのアジア人差別への言及はなかった。しかし，ホワイトハウスでの日米共同記者会見の際，冒頭発言の中で菅首相は次のように述べた。

　　バイデン大統領とは，全米各地でアジア系住民に対する差別や暴力事件が増加していることについても議論し，人種などによって差別が行われることは，いかなる社会にも許容されないことでも一致いたしました。バイデン大統領の，差別や暴力を許容させず，断固として反対するとの発言を大変心強く感じ，アメリカの民主主義への信頼を新たにいたしました。

　菅首相のこの発言によって，「人種差別撤廃提案」の精神は日本の政治的伝統として辛くも引き継がれたということができるであろう。

　これまで見てきたように，人権の領域においてイギリスやアメリカは，人種差別よりも，強制労働を重視する傾向がある。それは恐らく，英米が奴隷貿易と奴隷制の廃止に力を入れて取り組ん

316

できたという歴史的経緯が1つの要因になっていると思われる。日本は，いうまでもなく英米とは異なる歴史と人種構成を持つのであるから，強制労働よりもむしろ人種差別問題について国際社会で発言し続ける動機があり，またそれが義務であるともいえる。人権の領域において，日本は人種差別撤廃を主導することで国際社会に貢献することが現在でも求められていると思われる。

　しかし，人種差別について他国の状況を批判するとなれば，当然のことながら自国内の状況が他国から批判されることになる。パリ講和会議で日本が人種差別撤廃提案を行ったときも，他国からは「日本でも，朝鮮人，台湾人等を同等視していない」（若槻1972，146頁）といった批判の声が上がった。残念ながら，現在の日本にも差別問題が存在しないとはいえない。人種差別撤廃提案という歴史的資産を活用するのであれば，まず国内の差別問題を解消することが必要となる。日本がアメリカでのアジア人差別を批判するのであれば，日本は国内の差別問題の改善に真剣に取り組む姿勢を示す必要がある。そして，そうであるからこそ，日本は人種差別撤廃提案の精神を引き継ぐことが必要であるともいえる。というのは，このような取り組みは，日本の主張に首尾一貫性を付与するだけでなく，日本社会の倫理的向上にとって望ましいことだからであり，またそれは日本に経済的な利益をもたらすことにもなるであろうと考えられるからである。

　繰り返し見てきたように，イギリスは奴隷貿易廃止の理念を掲げ，これを自国内で実現しただけでなく他国にも輸出し，世界を奴隷制のない世界へと導いた。これにより19世紀のイギリスは，単に経済力と海軍力で世界をリードしただけでなく，道徳的にも優位な地位を得た。この時期にイギリスが世界中で行った横暴は枚挙にいとまがないとはいえ，奴隷貿易と奴隷制の廃止に注ぎ込んだイギリスの力の大きさは世界が認めるところであり，そして

これはイギリスの大きな道徳的資産となった。現代においてもイギリスはこの道徳的資産を受け継ぎ，人権尊重の領域で優越的な地位を維持している。もちろん，かつてのイギリスとは異なり，現代の日本は軍事的優位性を持たない。とはいえ，日本が人種差別撤廃のために尽力するならば，今後，道徳的資産を少しずつ蓄積し，やがてそれをモラル資本として活用することができるようになるかもしれない。

　例えば，人口が減り続けている日本は海外からの優れた労働力を必要としているが，人種差別の不安が他国と比べて少ないという評判が立てば，この点において日本は国際労働力市場で優位に立つことができるであろう。また，企業に人種平等の理念が浸透し，企業内の多様性が増すことは，ESG投資を引き入れることにもつながるであろう。それに加えて，日本国内での外国人差別問題の改善は，近隣諸国との関係改善にもプラスの影響を及ぼすことになるはずである。これによってもたらされる経済的利益は，少ないということはないであろう。少なくとも「おもてなし」の国という日本の国際的評判を，さらに高めることに寄与するであろうことは間違いないと思われる。高い理想を含む倫理的理念を掲げることは，長期的には経済的利益の獲得にも帰結するのであって，渋沢栄一が主張した「利用厚生と仁義道徳の結合」という理念は，こうしたことをも意味していたと考えられる。

（4）理念の波及効果

　1919年の人種差別撤廃提案は，日本国内でも大きな反響を呼んだ。マリア・ルス号事件の際，中国人苦力を解放した大江卓は帝国公道会を創立して部落差別問題に取り組んでいたが，この団体が1919年2月に開催した大会において人種差別撤廃提案に関心が集まった。その論調は「世界に人種差別撤廃を求めるのであれば，

日本国内にある部落差別を撤廃しなければならない」(朝治・守安 2012, 123 頁) というものであった。国際社会での日本の提案が, 日本国内の被差別コミュニティを勇気づけることとなったのである。実際, 1922 年に全国水平社が結成されるが, それに至る過程において人種差別撤廃提案から受けたインパクトは大きなものであった (同上, 124-128 頁)。水平社は戦時中に活動を停止し消滅したものの, その後継団体は現在も活発な活動を続けており, 新たな人権の領域において, 日本から国際社会への数少ない発信者の 1 つとなっている (筒井 2022, 204 頁)。

　政府が高い理想に基づく理念を掲げることは, 社会の近接する領域において別の新たな理念が出現することを鼓舞する。前節でも触れたように, 19 世紀初めのイギリスで奴隷制廃止の理念が実現しつつあったとき, それは児童労働禁止や標準労働日の理念の普及を促進した。植民地の黒人奴隷を解放するのであれば, イギリス国内の工場で酷使されている子供たちを解放しなければならない, という主張が説得力を持ったのである。また, 第3章で見たように, 奴隷制廃止の実現に貢献した有力者たちは, 動物虐待防止協会の設立にも関与していた。奴隷制という人間虐待を禁止するための運動が, 動物虐待防止の理念の浸透を後押ししたのであった。一方, 動物虐待防止協会の活動は労働日の短縮を求める運動を刺激した。動物の虐待が防止されるべきであるのならば, 労働者の虐待も防止されるべきだ, というわけである (マルクス 1997a, 399 頁)。

　そこで, もし仮に日本政府が改めて人種差別撤廃の理念を掲げ, 米国政府が毎年『人身取引報告書』でそうしているように, 世界各国の状況を評価した『人種差別報告書』を発行するようなことを始めれば, そのインパクトは様々な分野に速やかに波及するであろうと期待できる。人種差別批判は, 外国人差別や門地による

差別，職業差別へと波及し，さらには女性差別批判へと行き着く。第 2 章で見たように女性に対する差別待遇の残存は日本の経済成長の桎梏になっている可能性が高い。女性の地位の向上には，こうした回り道を経て到来する推進力も必要であろう。

　また，人種差別批判は英語圏では種差別批判へと波及したが，日本でも同様のことが起きてアニマルライツやアニマルウェルフェアの理念が浸透するようになるかもしれない。そしてもし仮に，アニマルウェルフェアに基づく法令の整備が進められていくようなことになれば，それは労働条件の改善へと波及する可能性もないわけではない。鶏に正常行動発現の自由が必要だというのならば，人間にもそれが必要だからである。そして，そのためには賃金や労働時間の改善が必要だからである。特に長時間労働は過労死の温床となっており回避されるべきであるが，それ以前にそれは人間としての正常行動発現の自由を妨げている。かつて米国カリフォルニア州で日本人排斥の嵐が吹き荒れていたとき，サンフランシスコ市長は次のように述べたという。

　　日本人は沿岸の寄生虫だ。金を儲けて日本に持ちかえり，少しもアメリカを利さない。自分が居住する土地のことは一向に考えないで，自分一身と日本のことのみを考えている。彼らは一日十四時間も十六時間も働き，日曜日も休まない。自分だけでなく，妻も子供も畑にかり出して働かせる。白人は学校を建て，教会を設け，劇場をつくり，社交を重んじ，幸福な家庭をつくらんがために，種々の高尚な努力を費やすが，日本人は働く一方だから競争できるはずがない。（若槻 1972，131-132 頁）

欧米人にとって，市民社会の維持発展と幸福な家庭生活のために「種々の高尚な努力を費やす」のが市民としての正しい在り方

であり，一日に14時間も16時間もただひたすら働き続けている
だけの人間は完成された市民ではない。家畜に例えれば，日本人
は狭いバタリーケージの中でひたすら卵を産み続ける鶏のように
見えたといえるかもしれない。つまり，日本人には人間的な正常
行動発現の自由の意識が欠落し，完成された市民としての振る舞
いができていなかったのである。問題は，21世紀になっても，日
本人の多くが依然として長時間労働に従事し続けているというこ
とである。成人男性労働者の残業時間に対して日本史上はじめて
実質的な上限が設定されたのは2018年のことである。日本人は自
由時間に「種々の高尚な努力を費やす」ことよりも，長時間労働
をすることで残業手当を得ることの方に価値を置いているように
見える。そしてそうであるからこそ，正常行動発現の自由という
理念を理解しえず，鶏舎に巣箱や止まり木を設置することに強硬
に反対し続けるのかもしれない。しかし，もしそうであるのなら，
家畜のウェルフェアが労働者のウェルフェアに先行するというの
は悪い話ではない。家畜に正常行動発現の自由を与えるために新
たな法律が導入され，その結果として畜産物の価格が上昇するよ
うになれば，それを見ていた労働者も，より多くの自由時間を享
受したいと思うようになるかもしれないからである。

　長時間労働のために犠牲にされる自由時間は，「人間的教養のた
めの，精神的発達のための，社会的役割を遂行するための，社会
的交流のための，肉体的・精神的生命力の自由な活動のための時間」
（マルクス1997a，455頁）である。労働者はこのような「知的お
よび社会的な諸欲求の充足のために時間を必要とする」のである
が，しかしマルクスによれば，「それら諸欲求の範囲と数は，一般
的な文化水準によって規定されている」（同上395頁）。欧州に比べ，
日本のアニマルウェルフェアの水準は低く，労働者の労働時間は
長い。このことは，日本の一般的な文化水準が欧州のそれよりも

低いことを意味しているのであろうか。おそらく，そういうことであろう。家畜に正常行動発現のための多少の自由も与えられないような社会では，労働者の生活水準の向上についてもあまり多くは期待できないのである。徳川綱吉が，生類憐みの理念を掲げ，動物の地位の向上と人間の福祉の向上に同時に取り組んだことを，私たちは改めて思い起こすべきであろう。

　欧州は新しい倫理的理念を案出し，それを一般的理念に育て上げ，世界に向けて輸出するのが得意である。しかも，それを単なる理想として保持するのではなく，理念の実現のための具体的方策を導入して，実際に経済社会の改善を進めていく。そして気が付いてみると，いつの間にか欧州がその分野の先進地帯になっていて，世界を教導する立場に立っている。そして今度はこの優位性を利用して世界基準を作成し，そこから経済的利益を搾出する。人権，アニマルウェルフェア，脱炭素。これらはいずれも欧州が育て上げた理念であり，日本はこれらの理念に基づく国際基準に今なお翻弄されている。このような事態は，やはり日本国民として遺憾であるといわなければならない。欧州の理念帝国主義に対抗し，日本が世界で優位に立つことができるような日本生まれの新しい理念が生み出されることを期待したい。

引用文献

青木人志（2002）『動物の比較法文化——動物保護法の日欧比較』有斐閣。

青木美希（2021）『いないことにされる私たち——福島第一原発事故10年目の「言ってはいけない真実」』朝日新聞出版。

明石順平（2019））『人間使い捨て国家』角川新書。

アクィナス，トマス（1985）『神学大全　第18冊』稲垣良典訳，創文社。

朝治武・守安敏司（2012）『水平社宣言の熱と光』解放出版社。

アジア・パシフィック・イニシアティブ（2021）『福島原発事故10年検証委員会　民間事故調最終報告書』ディスカヴァー・トゥエンティワン。

アーミテイジ，デイヴィッド（2012）『独立宣言の世界史』平田雅博・岩井淳・菅原秀二・細川道久訳，ミネルヴァ書房。

新井白石（1999）『折たく柴の記』松村明校注，岩波文庫。

有江大介（2019）『反・経済学入門：経済学は生き残れるか——経済思想史からの警告』創風社。

アリストテレス（2001）『政治学』牛田徳子訳，京都大学学術出版会。

アリストテレス（2002）『ニコマコス倫理学』朴一功訳，京都大学学術出版会。

アリストテレス（2017）『アリストテレス全集4　自然学』内山勝利訳，岩波書店。

池井優（1963）「パリ平和会議と人種差別撤廃問題」『国際政治』No. 23，44-58頁。

石井徹（2019）「炭素税は「政治リスク」か——マクロン批判広がる底流」『朝日新聞』グローブ215号，2019年3月3日。

石弘之（2019）『環境再興史——よみがえる日本の自然』角川新書。

伊勢田哲治（2008）『動物からの倫理学入門』名古屋大学出版会。

板倉聖宣（1992）『生類憐みの令——道徳と政治』仮説社。

伊丹敬之（1987）『人本主義企業——変わる経営　変わらぬ原理』筑摩書房。

伊丹敬之（2019）『平成の経営』日本経済新聞出版社。

伊藤記念財団（1991）『日本食肉文化史』財団法人伊藤記念財団。

ヴェーバー，マックス（1989）『プロテスタンティズムの倫理と資本主義の精神』大塚久雄訳，岩波文庫。

上原まほ（2019）「世界と日本のアニマルウェルフェア畜産ビジネスの新展開（2）——養鶏産業におけるAW食品ビジネスとイノベーション——

　　第2回　グローバル食品企業チェーンにおける FAW 養鶏ビジネス」『畜産の研究』第 73 巻第 3 号，178-185 頁。

植村邦彦（2019）『隠された奴隷制』集英社新書。

宇沢弘文（2009）「比例的炭素税と大気安定化国際基金──京都会議を超えて」『地球温暖化と経済発展──持続可能な成長を考える』宇沢弘文・細田裕子編，東京大学出版会，第 11 章。

梅原猛（1991）『[森の思想] が人類を救う──二十一世紀における日本文明の役割』小学館。

梅原猛（2003）『梅原猛の授業　道徳』朝日新聞社。

梅原猛（2013）『人類哲学序説』岩波新書。

NHK 取材班（2002）『東海村臨界事故　被曝治療 83 日間の記録』岩波書店。

大木茂（2018）「アニマルウェルフェア鶏卵の小売業競争──英米における鶏卵小売業調査から」松木洋一編著『日本と世界のアニマルウェルフェア畜産　下巻　21 世紀の畜産革命　アニマルウェルフェア・フードシステムの開発』養賢堂，103-118 頁。

大沢真理（2020）『企業中心社会を超えて──現代日本を〈ジェンダー〉で読む』岩波現代文庫。

大橋俊雄（1989）『法然全集　第三巻』春秋社。

岡田晴恵・田代眞人（2013）『感染爆発にそなえる──新型インフルエンザと新型コロナ』岩波書店。

岡部信彦（2004）「鳥インフルエンザの流行，2004 年」IASR Vol.25 No.11（No.297）November 2004。http://idsc.nih.go.jp/iasr/25/297/dj2976.html（2022 年 12 月 4 日閲覧）。

岡本新（2019）『アニマルサイエンス⑤　ニワトリの動物学［第 2 版］』東京大学出版会。

岡本達明（2015a）『水俣病の民衆史　第一巻　前の時代──舞台としての三つの村と水俣湾』日本評論社。

岡本達明（2015b）『水俣病の民衆史　第二巻　奇病時代 1955-1958』日本評論社。

岡本達明（2015c）『水俣病の民衆史　第三巻　闘争時代（上）1957-1969』日本評論社。

岡本達明（2015d）『水俣病の民衆史　第四巻　闘争時代（下）1968-1973』日本評論社。

小熊英二（2019）『日本社会のしくみ──雇用・教育・福祉の歴史社会学』

講談社現代新書。

小野沢精一（1985）『新釈漢文大系第 26 巻　書経（下）』明治書院。

カウツキー，カール（1930）『倫理と唯物史観』堺利彦訳，改造社。

加来義浩（2005）「ニパウイルス感染症の最新の知見」『モダンメディア』51 巻 10 号。

鹿島茂（2013a）『渋沢栄一　上　算盤篇』文春文庫。

鹿島茂（2013b）『渋沢栄一　下　論語篇』文春文庫。

加藤尚武・児玉聡編・監訳（2015）『徳倫理学基本論文集』勁草書房。

金森俊樹（2021）「新疆ウイグル問題，5 つの複雑な側面」『国際金融』1348 号，2021 年 9 月 1 日，6-12 頁。

唐木英明編著（2018）『証言　BSE 問題の真実——全頭検査は偽りの安全対策だった！』さきたま出版会。

加茂儀一（1976）『日本畜産史——食肉・乳酪篇』法政大学出版局。

雁屋哲・花咲アキラ（1996）『美味しんぼ 56——恋のキリタンポ』小学館。

環境省（2008）『北斎風循環型社会之解説』。

環境省（2017a）「温室効果ガス総排出量算定方法ガイドライン Ver. 1.0」平成 29 年 3 月，環境省総合環境政策局環境計画課。http://www.env.go.jp/policy/local_keikaku/data/guideline.pdf（2022 年 12 月 4 日閲覧）。

環境省（2017b）「諸外国における炭素税等の導入状況」平成 29 年 7 月。https://www.env.go.jp/policy/tax/misc_jokyo/attach/intro_situation.pdf（2022 年 12 月 4 日閲覧）。

環境省（2020）『環境白書／循環型社会白書／生物多様性白書（令和 2 年版）』。

環境庁（1990）『環境白書　総説』。

カント（1976）『道徳形而上学原論』篠田英雄訳，岩波文庫。

カント（1979）『実践理性批判』波多野精一・宮本和吉・篠田英雄訳，岩波文庫。

希望の牧場・ふくしま（2021）『BECO 新聞第 8 号』2021 年 3 月。

熊倉潤（2022）『新疆ウイグル自治区——中国共産党支配の 70 年』中公新書。

小泉純一郎（2004）「小泉内閣メールマガジン第 131 号」2004 ／ 03 ／ 04。

国際連合広報センター（2011）「ビジネスと人権に関する指導原則：国際連合「保護，尊重及び救済」枠組実施のために（A/HRC/17/31）」2011 年 3 月 21 日。https://www.unic.or.jp/texts_audiovisual/resolutions_reports/hr_council/ga_regular_session/3404/（2022 年 12 月 4 日閲覧）。

国会（2012）『国会事故調　東京電力福島原子力発電所事故調査委員会調査報告書【本編】』平成 24 年 6 月 28 日。https://www.mhmjapan.

com/content/files/00001736/naiic_honpen2_0.pdf　（2022 年 12 月 4 日閲覧）。

駒井亨（2004）「鳥インフルエンザの被害とその克服」月報「畜産の情報」（国内編）2004 年 7 月。https://lin.alic.go.jp/alic/month/dome/2004/jul/wadai1.htm（2022 年 12 月 4 日閲覧）

コロナ下の女性への影響と課題に関する研究会（2021）『コロナ下の女性への影響と課題に関する研究会報告書――誰一人取り残さないポストコロナの社会』内閣府男女共同参画局，令和 3 年 4 月 28 日。

今野晴貴（2012）『ブラック企業――日本を食いつぶす妖怪』文春新書。

齊藤彰一（2019）「マルクス経済学の教育にかんする一考察」岩手大学人文社会科学部紀要『アルテス　リベラレス』第 105 号，2019 年 12 月，67-81 頁。

榊原英資（1990）『資本主義を超えた日本――日本型市場経済体制の成立と展開』東洋経済新報社。

佐藤静夫（2000）「病気と技術対策・サルモネラ菌対策を中心とした養鶏場の衛生管理」『農業技術大系　畜産編　第 5 巻』採卵鶏・ブロイラー，追録第 19 号，基礎編，173-181 頁，農山漁村文化協会。

佐藤衆介（2005）『アニマルウェルフェア――動物の幸せについての科学と倫理』東京大学出版会。

サン＝シモン（2001）『産業者の教理問答　他一篇』森博訳，岩波文庫。

サンデル，マイケル（2011）『これからの「正義」の話をしよう――いまを生き延びるための哲学』鬼澤忍訳，早川書房。

サンデル，マイケル（2012）『それをお金で買いますか――市場主義の限界』鬼澤忍訳，早川書房。

ジェファソン，T.（1972）『ヴァジニア覚え書』中屋健一訳，岩波文庫。

柴谷篤弘・槌田敦（1992）『エントロピーとエコロジー再考――生態系の循環回路』創樹社

渋沢栄一（1927）『青淵回顧録　上巻』小貫修一郎編著，髙橋重治編纂，小室翠雲装幀，青淵回顧録刊行會。

渋沢栄一（1984）『雨夜譚――渋沢栄一自伝』長幸男校注，岩波文庫。

渋沢栄一（2008）『論語と算盤』角川文庫。

渋沢栄一（2010）『渋沢百訓――論語・人生・経営』角川文庫。

渋沢雅英（1970）『太平洋にかける橋――渋沢栄一の生涯』読売新聞社。

下重清（2012）『〈身売り〉の日本史――人身売買から年季奉公へ』吉川弘

文館。

週刊金曜日（2019）『週刊金曜日　臨時増刊号』第 27 巻第 45 号，2019 年
　11 月 28 日。

シンガー，ピーター（1988）『動物の解放』戸田清訳，技術と人間。

シンガー，ピーター（1999）『実践の倫理〔新版〕』山内友三郎・塚崎智監訳，
　昭和堂。

シンガー，ピーター（2013）『私たちはどう生きるべきか』山内友三郎監訳，
　ちくま学芸文庫。

眞並恭介（2015）『牛と土──福島，3.11 その後。』集英社。

新村毅編（2022）『動物福祉学』昭和堂。

末木文美士（2017）『草木成仏の思想──安然と日本人の自然観』サンガ文庫。

杉田陽出・入交眞巳（2010）「ペットの安楽死に関する獣医師の意識調査
　──設問と回答分布」『大阪商業大学論集』第 6 巻第 2 号（通号 158 号），
　103-120 頁。

巣内尚子（2019）『奴隷労働──ベトナム人技能実習生の実態』花伝社。

スミス，アダム（2007）『国富論──国の豊かさの本質と原因についての研究』
　（上），山岡洋一訳，日本経済新聞出版社。

スミス，アダム（2014）『道徳感情論』村井章子・北川知子訳，日経 BP 社。

外山尚之（2020）「アマゾン伐採 32％増」『日本経済新聞』2020 年 6 月 27 日。

高木八尺・末延三次・宮沢俊義編（1957）『人権宣言集』岩波文庫。

高峰武（2016）『水俣病を知っていますか』岩波ブックレット。

竹内幸雄（2003）『自由貿易主義と大英帝国──アフリカ分割の政治経済学』
　新評論。

竹中平蔵（1999）『経世済民──「経済戦略会議」の一八〇日』ダイヤモンド社。

田中克英（1980）「採卵鶏の生理・産卵生理」『農業技術大系　畜産編　第 5 巻』
　採卵鶏・ブロイラー，基礎編，87-100 頁，農山漁村文化協会。

田中智夫（2001）『ブタの動物学』東京大学出版会。

圭室諦成（1963）『葬式仏教』大法輪閣。

圭室諦成（2018）『廃仏毀釈とその前史──檀家制度・民間信仰・排仏論』書
　肆心水。

地球生物会議（2004）『ALIVE 資料集　No.19　海外の動物保護法 5　畜産
　動物の福祉に関する欧州協定と主な EU 法』。

畜産技術協会（2020）「アニマルウェルフェアの考え方に対応した採卵鶏

の飼養管理指針」（第5版）令和2年3月。https://www.maff.go.jp/j/chikusan/sinko/attach/pdf/animal_welfare-46.pdf（2022年12月4日閲覧）。

茅野市神長官守矢史料館（1991）『神長官守矢史料館のしおり』。

塚本学（1993）『生類をめぐる政治——元禄のフォークロア』平凡社。

辻内鏡人（1997）『アメリカの奴隷制と自由主義』東京大学出版会。

槌田敦（1986）『エントロピーとエコロジー——「生命」と「生き方」を問う科学』ダイヤモンド社。

筒井清輝（2022）『人権と国家——理念の力と国際政治の現実』岩波新書。

東京新聞・中日新聞経済部編（2016）『人びとの戦後経済秘史』岩波書店。

冨田秀実（2018）『ESG投資時代の持続可能な調達——市場価値はサプライヤーとの付き合い方で決まる』日経BP社。

中川洋一郎（2004）『暴力なき社会主義？——フランス第二帝政下のクレディ・モビリエ』学文社。

中澤克昭（2018）『肉食の社会史』山川出版社。

中谷巌（1996）『日本経済の歴史的転換』東洋経済新報社。

中谷巌（1998）「クラッシュ回避の五つの課題」『論争　東洋経済』東洋経済新報社，1998年11月号，58-67頁。

中谷巌（2008）『資本主義はなぜ自壊したのか——「日本」再生への提言』集英社インターナショナル。

新潟県（2013）『新潟水俣病のあらまし〈平成24年度改訂〉』。

日本エネルギー経済研究所計量分析ユニット編（2022）『EDMC／エネルギー・経済統計要覧（2022年版）』理工図書。

日本経済団体連合会（2020）『2020年版経営労働政策特別委員会報告——Society 5.0時代を切り拓くエンゲージメントと価値創造力の向上』経団連出版。

日本経済団体連合会（2022）『2022年版経営労働政策特別委員会報告——ポストコロナに向けて，労使協働で持続的成長に結びつくSociety 5.0の実現』経団連出版。

日本原子力学会JCO事故調査委員会（2005）『JCO臨界事故　その全貌の解明——事実・要因・対応』東海大学出版会。

ヌスバウム，マーサ　C.（2005）『女性と人間開発——潜在能力アプローチ』池本幸生・田口さつき・坪井ひろみ訳，岩波書店。

ヌスバウム，マーサ　C.（2013）「「同情と人間性」を超えて——人間以外の動物への正義」『動物の権利』キャス・R・サンスティン，マーサ・C・ヌ

スバウム編，安部圭介・山本龍彦・大林啓吾監訳，尚学社，396-424 頁。

根崎光男（2006）『生類憐みの世界』同成社。

農林水産省（2020a）「2019 年 9 月陸生動物衛生基準委員会会合報告に対する日本のコメント」。https://www.maff.go.jp/j/syouan/kijun/wto-attach/pdf/oie-44.pdf　（2022 年 12 月 4 日閲覧）。

農林水産省（2020b）『農村の伝統祭事』令和 2 年 1 月。https://www.maff.go.jp/j/nousin/noukan/nougyo_kinou/pdf/maturi_zentai.pdf（2022 年 12 月 4 日閲覧）。

農林水産省（2021a）「養鶏・鶏卵行政に関する検証委員会報告書」令和 3 年 6 月 3 日。https://www.maff.go.jp/j/press/kanbo/hisyo/attach/pdf/210603-2.pdf（2022 年 12 月 4 日閲覧）。

農林水産省（2021b）「養鶏・鶏卵行政に関する検証委員会報告書　別冊資料」https://www.maff.go.jp/j/press/kanbo/hisyo/attach/pdf/210603-1.pdf（2022 年 12 月 4 日閲覧）。

農林水産省（2022）「アニマルウェルフェアに関する意見交換会（第 1 回）令和 4 年 1 月 27 日：本体資料」。https://www.maff.go.jp/j/chikusan/sinko/attach/pdf/animal_welfare_iken　-7.pdf（2022 年 12 月 4 日閲覧）。

ノードハウス，ウィリアム（2015）『気候カジノ──経済学から見た地球温暖化問題の最適解』藤﨑香里訳，日経 BP 社。

野村茂夫（1974）『書経』明徳出版社。

ハイエク，F. A.（1992）『科学による反革命──理性の濫用』佐藤茂行訳，木鐸社。

バザールほか（1982）『サン‐シモン主義宣言──「サン‐シモンの学説・解義」第一年度，1828-1829』野地洋行訳，木鐸社。

畑山要介（2016）『倫理的市場の経済社会学──自生的秩序とフェアトレード』学文社。

鳩山友紀夫（2017）『脱大日本主義──「成熟の時代」の国のかたち』平凡社新書。

浜忠雄（1998）『ハイチ革命とフランス革命』北海道大学図書刊行会。

濱口桂一郎（2021）『ジョブ型雇用社会とは何か──正社員体制の矛盾と転機』岩波新書。

原奎一郎編（1965）『原敬日記　第五巻　首相時代』福村出版。

原田信夫（1993）『歴史のなかの米と肉──食物と天皇・差別』平凡社。

針谷勉（2012）『原発一揆──警戒区域で闘い続ける "ベコ屋" の記録』サイゾー。

ハリソン，ルース（1979）『アニマル・マシーン─近代畜産にみる悲劇の主役たち』

橋本明子・山本貞夫・三浦和彦訳，講談社。

ヒックス，J. R.（1995）『経済史の理論』新保博・渡辺文夫訳，講談社学術文庫。

平出美穂子（2014）『古文書にみる会津藩の食文化』歴史春秋社。

平野義太郎（1949）『日本資本主義の構造』日本評論社。

福田千鶴（2010）『徳川綱吉──犬を愛護した江戸幕府五代将軍』山川出版社。

藤井信幸（2012）『池田勇人──所得倍増でいくんだ』ミネルヴァ書房。

布留川正博（2019）『奴隷船の世界史』岩波新書。

布留川正博（2020）『イギリスにおける奴隷貿易と奴隷制の廃止──環大西洋世界のなかで』有斐閣。

古瀬充宏編集（2014）『シリーズ〈家畜の科学〉4　ニワトリの科学』朝倉書店。

フロイス，ルイス（1991）『ヨーロッパ文化と日本文化』岡田章雄訳注，岩波文庫。

フロイス，ルイス（1997）『日本二十六聖人殉教記』結城了吾訳，聖母文庫。

フロイス，ルイス（2000）『完訳フロイス日本史4　豊臣秀吉篇 I　秀吉の天下統一と高山右近の追放』松田毅一・川崎桃太訳，中公文庫。

ヘーゲル（1994）『歴史哲学講義（上）』長谷川宏訳，岩波文庫。

ヘンダーソン，レベッカ（2020）『資本主義の再構築──公正で持続可能な世界をどう実現するか』高遠裕子訳，日本経済新聞出版。

星岳雄（2021）「ゾンビ企業より労働者守れ」『日本経済新聞』2021 年 5 月 13 日。

ボダルト＝ベイリー，ベアトリス・M（2015）『犬将軍──綱吉は名君か暴君か』早川朝子訳，柏書房。

ポメランツ，ケネス，スティーヴン・トピック（2013）『グローバル経済の誕生──貿易が作り変えたこの世界』福田邦夫・吉田敦訳，筑摩書房。

本田雅和（2016）『原発に抗う──『プロメテウスの罠』で問うたこと』緑風出版。

マーシャル（1966）『マーシャル経済学原理 II』馬場啓之助訳，東洋経済新報社。

松尾匡（2009）『商人道ノスヽメ』藤原書店。

松尾秀哉（2014）『物語　ベルギーの歴史──ヨーロッパの十字路』中公新書。

松木洋一編著（2016）『日本と世界のアニマルウェルフェア畜産　上巻　人も動物も満たされて生きる　ウェルフェアフードの時代』養賢堂。

松木洋一編著（2018）『日本と世界のアニマルウェルフェア畜産　下巻　21 世紀の畜産革命　アニマルウェルフェア・フードシステムの開発』養賢堂。

マルクス（1964a）「フランスのクレディ・モビリエ［第一論説］［第二論説］
［第三論説］」『マルクス＝エンゲルス全集第12巻』大内兵衛・細川嘉六
監訳，大月書店，20-36頁。

マルクス（1964b）「クレディ・モビリエ［一］［二］」『マルクス＝エンゲ
ルス全集第12巻』大内兵衛・細川嘉六監訳，大月書店，190-197頁。

マルクス（1997a）『資本論第一巻a』資本論翻訳委員会訳，新日本出版社。

マルクス（1997b）『資本論第一巻b』資本論翻訳委員会訳，新日本出版社。

マンキュー，N・グレゴリー（2019）『マンキュー入門経済学［第3版］』
足立英之・石川城太・小川英治・地主敏樹・中馬宏之・柳川隆訳，東洋
経済新報社。

水口剛（2017）『ESG投資——新しい資本主義のかたち』日本経済新聞出版社。

水町勇一郎（2001）『労働社会の変容と再生——フランス労働法制の歴史と理論』
有斐閣。

ミッターマイヤー，ラッセル（2020）「ブッシュミート——ウイルスにとっ
ての『食肉市場』」『世界』2020年8月号，岩波書店。

水俣病研究会編（1996）『水俣病事件資料集［上巻］1926-1959』葦書房。

宮本憲一（1989）『環境経済学』岩波書店。

宮本憲一（2014）『戦後日本公害史論』岩波書店。

森絵都・吉田尚令（2014）『希望の牧場』岩崎書店。

森岡孝二（2015）『雇用身分社会』岩波新書。

森嶋通夫（1984）『なぜ日本は「成功」したか？——先進技術と日本的心情』
TBSブリタニカ。

森嶋通夫（1994）『思想としての近代経済学』岩波新書。

森嶋通夫（1999）『なぜ日本は没落するか』岩波書店。

森田朋子（2005）『開国と治外法権——領事裁判制度の運用とマリア・ルス号事件』
吉川弘文館。

諸富徹（2010）「排出量取引制度」『脱炭素社会とポリシーミックス—— 排
出量取引制度とそれを補完する政策手段の提案』諸富徹・山岸尚之編，日本
評論社，第1章。

柳父章（1982）『翻訳語成立事情』岩波新書。

山口拓美（2013）『利用と搾取の経済倫理―エクスプロイテーション概念の研究』
白桃書房。

山口拓美（2018）「犬猫の大量生産・大量消費・大量廃棄——公益社団法人
日本動物福祉協会獣医師・調査員　町屋　奈さんに聞く」神奈川大学経済学会

『商経論叢』第53巻第1・2合併号，2018年1月，187-198頁。

山本太郎（2019）『僕にもできた！　国会議員』雨宮処凛取材・構成，筑摩書房。

山田盛太郎（1977）『日本資本主義分析——日本資本主義における再生産過程把握』岩波文庫。

山室恭子（1998）『黄門さまと犬公方』文春新書。

吉川洋（1997）『高度成長——日本を変えた6000日』読売新聞社。

ライリー，ミカエル，ジェイミー・バイロン，クリストファー・カルピン（2012）『イギリスの歴史【帝国の衝撃】——イギリス中学校歴史教科書』前川一郎訳，明石書店。

レーガン，トム（1986）「動物の権利」『動物の権利』ピーター・シンガー編，戸田清訳，技術と人間，35-56頁。

ロールズ，ジョン（2010）『正義論　改訂版』川本隆史・福間聡・神島裕子訳，紀伊國屋書店。

若槻泰雄（1972）『排日の歴史——アメリカにおける日本人移民』中公新書。

渡辺龍也（2010）『フェアトレード学——私たちが創る新経済秩序』新評論。

渡辺靖（2020）『白人ナショナリズム——アメリカを揺るがす「文化的反動」』中公新書。

Bazard, A. et al. 1831. *Doctrine de Saint-Simon. Exposition. Première année. 1828.–1829.*, Troisième édition, Paris: Au bureau de l'Organisateur.

Benton, Ted. 1993. *Natural Relations: Ecology, Animal Rights and Social Justice*. London: Verso.

Bhambra, Gurminder K. 2020. Good riddance to a slaver's statue. *New York Times International Edition*, June 13-14.

Blackburn, Robin. 2013. *The American Crucible: Slavery, Emancipation and Human Rights*. London: Verso.

Briggs, A.D.M., Kehlbacher, A., Tiffin, R., and Scarborough, P. 2016. Simulating the impact on health of internalising the cost of carbon in food prices combined with a tax on sugar-sweetened beverages. *BMC Public Health*, 16 (1). 107. ISSN 1471-2458 doi: https://doi.org/10.1186/s12889-016-2723-8 (accessed December 5, 2022).

Brown, Christopher Leslie. 2006. *Moral Capital: Foundations of British*

Abolitionism. Chapel Hill: University of North Carolina Press.

Fackler, Martin. 2014. Tainted cows left behind but not forgotten. *International New York Times*, January 13.

FAO. 2006. *Livestock's long shadow: environmental issues and options*. https://www.fao.org/3/a0701e/a0701e.pdf (accessed December 5, 2022).

Kane, John. 2001. *The Politics of Moral Capital. Cambridge*: Cambridge University Press.

Kean, Hilda. 1998. *Animal Rights: Political and Social Change in Britain since 1800*. London: Reaktion Books.

Krauss, Clifford. 2019. Whiff of money in the smoke. *New York Times International Edition*, November 6.

Meier, Helmut. 2007. *Thomas Clarkson: 'Moral Steam Engine' or False Prophet?: A Critical Approach to Three of his Antislavery Essays*. Stuttgart: *ibidem*-Verlag.

National Food Strategy. 2021. *The National Food Strategy: The Plan – July 2021*. https://www.nationalfoodstrategy.org/ (accessed December 5, 2022).

National Museums Liverpool. 2010. *Transatlantic Slavery: An Introduction*.

OECD (2022), Meat consumption (indicator). doi: 10.1787/fa290fd0-en (Accessed on 05 December 2022).

Popkin, Jeremy D. 2012. *A Concise History of the Haitian Revolution*. Chichester: Wiley-Blackwell.

Radford, Mike. 2001. *Animal Welfare Law in Britain: Regulation and Responsibility*. Oxford: Oxford University Press.

Regan, Tom. 1983. *The Case for Animal Rights*. Berkeley: University of California Press.

Rutz, Michael A. 2018. *King Leopold's Congo and the "Scramble for Africa": A Short History with Documents*. Indianapolis: Hackett Publishing Company, Inc.

Siddique, Haroon and Clea Skopeliti. 2020. BLM protesters topple statue of Bristol slave trader Edward Colston: Statue that had long been a focal point of local anger rolled down to harbour and pushed into the water. *The Guardian*, Jun 7.https://www.theguardian.com/uk-news/2020/jun/07/blm-protesters-topple-statue-of-bristol-slave-traderedward-colston (accessed December 5, 2022).

Springmann, M., Mason-D'Croz, D., Robinson, S., Wiebe, K., Godfray, H.C.J., Rayner, M. and Scarborough, P. 2017. Mitigation potential and global health impacts from emissions pricing of food commodities. *Nature Climate Change*, Vol. 7, January.

Swarns, Rachel L. 2019. The nuns who bought and sold human beings. *New York Times International Edition*, August 3-4.

Webster, John. 2005. *Animal Welfare: Limping Towards Eden*. Oxford: Blackwell Publishing.

World Economic Forum. 2019. *Global Gender Gap Report 2020: Insight Report*. https://jp.weforum.org/reports/gender-gap-2020-report-100-years-pay-equality/ (accessed December 5, 2022).

World Economic Forum. 2021. *Global Gender Gap Report 2021: INSIGHT REPORT MARCH 2021*. https://jp.weforum.org/reports/global-gender-gap-report-2021 (accessed December 5, 2022).

World Economic Forum. 2022. *Global Gender Gap Report 2022: INSIGHT REPORT JULY 2022*. https://jp.weforum.org/reports/global-gender-gap-report-2022 (accessed December 5, 2022).

WHO. 2021. *WHO-convened Global Study of Origins of SARS-CoV-2: China Part*. 14 January-10 February 2021.

あとがき

　渋沢栄一について，私は特に良い印象を持っていたわけではありませんでした。「日本資本主義の父」という語句から自然に出来上がったイメージが頭の中にありましたので，彼の著書を読んでみようという気も特別起りませんでした。『資本論』を読んだことのない人が「共産主義」という言葉の響きだけでマルクスの人物像を判断するのに似ていたといえるかもしれません。しかし，幸いなことに 2019 年度の大学院の授業で，私は渋沢栄一の思想や事績に触れる機会を得ることができました。私の授業を履修していた陳暁晴さんが渋沢栄一をテーマにした修士論文の準備をしていたのです。陳さんの影響を受け，私も渋沢について深く知りたいと思うようになり，彼の著書や伝記を読むことに一時期かなり集中して取り組みました。そして，私の渋沢に対する印象は大きく変わりました。陳暁晴さんに感謝したいと思います。

　また，同じ時期に仏教経済学に関する修士論文を執筆していた王又尼さんにも感謝したいと思います。菜食主義やアニマルライツ運動，台湾と中国のアニマルウェルフェア事情について，私は王さんから多くのことを学びました。2019 年 9 月に王さんと実施した台湾での聞き取り調査は大変貴重な体験となりました。最近，台湾の一人当たりＧＤＰや最先端の半導体製造のことが話題となりましたが，動物の倫理的取扱いについても，台湾は日本が見本とすべき多くの美点を持っているように思います。

　本書は，2011 年に創風社から刊行された柴田信也先生編著『政治経済学の再生』の第 2 部第 5 章をより具体化し拡張したものです。拙稿を受け入れて下さった柴田先生に改めて感謝申し上げま

す。また，今回も創風社の千田顯史さんに大変ご面倒をお掛けし
ました。心より感謝申し上げます。

2023 年 2 月

山口　拓美

著者紹介

山口　拓美（やまぐち　たくみ）
1963年岩手県生まれ。
福島大学経済学部卒業後，地方銀行に4年間勤務。
東北大学大学院経済学研究科単位取得後満期退学。
博士（経済学）。現在，神奈川大学経済学部教授。

理念の経済倫理——人権，アニマルウェルフェア，脱炭素——

2023 年　3 月 25 日　第 1 版第 1 刷印刷　　Ⓒ
2023 年　3 月 31 日　第 1 版第 1 刷発行

著　者　　山　口　拓　美
発行者　　千　田　顯　史

〒113‐0033　東京都文京区本郷4丁目17‐2

発行所　（株）創風社　電話（03）3818－4161　FAX（03）3818－4173

振替 00120－1－129648

http://www.soufusha.co.jp

落丁本・乱丁本はおとりかえいたします　　　　印刷・製本　協友印刷

ISBN978‐4‐88352‐274‐3